Lorenz Fackler

Nachhaltigkeit als gesetzliche Ausrichtungsvorgabe für die Vorstandsvergütung börsennotierter Unternehmen

utzverlag

Rechtswissenschaftliche Forschung und Entwicklung
Herausgegeben von Prof. Dr. jur. Michael Lehmann, Dipl.-Kfm., Universität München
Band 858

D 61

Fragen zur Produktsicherheit werden hier beantwortet: utzverlag GmbH,
Nymphenburger Straße 91, 80636 München, info@utzverlag.de

Zugl.: Diss., München, Ludwig-Maximilians-Universität. 2024

Bibliografische Information der Deutschen Nationalbibliothek: Die Deutsche Nationalbibliothek verzeichnet diese Publikation in der Deutschen Nationalbibliografie; detaillierte bibliografische Daten sind im Internet über http://dnb.d-nb.de abrufbar.

ISBN (gedrucktes Buch) 978 3 8316 5046 0
ISBN (E-Book) 978 3 8316 7783 2

Printed in EU
utzverlag GmbH, München
089-277791-00 · www.utzverlag.de

Inhaltsverzeichnis

Vorwort

Die vorliegende Arbeit wurde im Wintersemester 2023/2024 von der Juristischen Fakultät der Ludwig-Maximilians-Universität als Dissertation angenommen. Stand der Bearbeitung sowie der berücksichtigten Literatur und Rechtsprechung ist August 2023. Die Arbeit behandelt ein hochaktuelles Thema in einer schnelllebigen Zeit. Insbesondere der Ausblick auf die Pläne für eine Corporate Sustainability Due Diligence Directive auf EU-Ebene ist angesichts jüngster politischer Entwicklungen zwischenzeitlich bereits etwas überholt, das Gesetzgebungsverfahren derzeit aber noch immer nicht abgeschlossen.

Dank gilt meinem Doktorvater Prof. Dr. Rüdiger Veil für die Betreuung der Arbeit und manch ermutigendes Wort in Zeiten nachlassender Motivation. Prof. Dr. Hans Christoph Grigoleit danke ich für die Erstellung der Zweitgutachtens. Die Arbeit entstand während meiner parallelen Tätigkeit in der Rechtsabteilung eines großen börsennotierten Unternehmens, die mir unmittelbaren Praxiseinblick gewährte. Meinem dortigen Teamchef sowie dem General Counsel danke ich für die Ermöglichung und Unterstützung des Projekts in dieser Form, die angesichts einer zu Beginn noch grassierenden Corona-Pandemie und eines damit kurzzeitig einhergehenden Wirtschaftseinbruchs alles andere als eine Selbstverständlichkeit waren.

Besonders zu danken habe ich schließlich meinen Eltern, meiner Familie und zahlreichen lieben Menschen in meinem Umfeld für stete Rückendeckung, klugen Rat und herzliche Verbundenheit – gerade dann, wenn sie am meisten gebraucht sind.

Lorenz Fackler

A. Einführung

I. Vorstandsvergütung als Dauerthema der Rechtspolitik

Die Vergütung von Vorstandsmitgliedern deutscher börsennotierter Gesellschaften ist mittlerweile beinahe eine Wissenschaft für sich. Die in der Praxis etablierten Entlohnungsmodelle sind nicht selten hochgradig komplex. Aufgrund ihrer von der Öffentlichkeit oft als überzogen empfundenen Gesamthöhe, einer als fehlerhaft kritisierten Anreizsetzung sowie ihrer häufig als intransparent wahrgenommenen Zusammensetzung sind die Vorstandsbezüge ein ständiges Politikum. Zahl- und umfangreiche Gesetzesänderungen in den letzten Jahren haben die rechtlichen Vorgaben dazu immer weiter anwachsen lassen. Zuletzt erfolgten mit dem Gesetz zur Umsetzung der zweiten Aktionärsrechterichtlinie (ARUG II) umfassende Neuerungen. Die Aufsichtsräte börsennotierter Gesellschaften müssen seither unter anderem ein abstraktes Vergütungssystem nach den Vorgaben des § 87a AktG beschließen, welches sodann als Grundlage für die konkrete Vergütungsfestsetzung jedes einzelnen Vorstandsmitglieds gemäß § 87 Abs. 1 AktG dient; zudem muss jährlich nach novellierten Anforderungen über die Vergütung aller Verwaltungsmitglieder berichtet werden. Verstärkt werden die gesetzlichen Vorgaben noch durch die Empfehlungen in Abschnitt G „Vergütung von Vorstand und Aufsichtsrat" des Deutschen Corporate Governance Kodex (DCGK). Zwar sind die Empfehlungen des DCGK bekanntlich rechtlich nicht bindend, jedoch bewirkt die Erklärungspflicht des § 161 AktG einen nicht zu unterschätzenden – und vom Gesetzgeber wohl durchaus auch beabsichtigten – Anwendungsdruck für die Unternehmen.[1] Dies verhilft

1 Dazu und zu daraus resultierenden verfassungsrechtlichen Bedenken MüKoAktG/*Goette*,

den Kodex-Empfehlungen in der Praxis zu einer beachtlichen Befolgungsquote,[2] die ihre Bedeutung unterstreicht.

Die vermehrten regulatorischen Maßgaben tragen ihrerseits dazu bei, dass die Vergütungssysteme, die die börsennotierten Unternehmen ihren Aktionären zur nunmehr mindestens alle vier Jahre zwingenden, wenngleich nur konsultativen Beschlussfassung vorlegen, kompliziert und umfangreich werden. Teilweise nehmen die Erläuterungen des Vergütungssystems in der Einladung zur Hauptversammlung mehr als 30 Seiten ein.[3] Interessantes Folgephänomen der zunehmenden Themenkomplexität ist auch die stetig größer werdende Zahl sog. „Vergütungsexperten", die sich darauf spezialisiert haben, die für die Festsetzung der Vorstandsvergütung zuständigen Aufsichtsräte bei der Ausgestaltung des Vergütungssystems unter Beachtung aller regulatorischen Vorgaben und marktüblichen Standards zu unterstützen.[4] Schon der Bedarf für solche Experten belegt, dass der Regelungsstand zur Vorstandsvergütung bei börsennotierten Unternehmen in Deutschland inzwischen ein sehr hohes – mehrfach bereits als überbordend kritisiertes[5] – Maß erreicht hat. Für die große Regulierungsdichte gibt es indes Gründe. Immer wieder stehen Missstände und Exzesse im Bereich der Vorstandsver-

§ 161 Rn. 26 ff.

2 Einer Auswertung von *v. Werder/Danilov/Schwarz*, DB 2021, 2097, 2099 zufolge betrug sie im Untersuchungszeitraum 85,0 %, in den DAX-Unternehmen gar 95,4 %.

3 So etwa in der Einladung zur zuletzt gemäß § 120a Abs. 1 AktG über das Vorstandsvergütungssystem der Gesellschaft abstimmenden ordentlichen Hauptversammlung 2020 der Siemens AG, abrufbar unter https://assets.new.siemens.com/siemens/assets/api/uuid:ca6887d7-e971-46a9-978f-e66a8a6331ff/Siemens-Einberufung-HV2020.pdf (zuletzt abgerufen am 10. 08. 2023), S. 5 ff.

4 Vgl. nur *Habersack*, NZG 2018, 127, 130: „[N]amentlich bei börsennotierten Gesellschaften bildet die Vorstandsvergütung mittlerweile ein hochkomplexes Thema, das ohne Hinzuziehung von Beratern nicht mehr bewältigt werden kann".

5 Etwa *Koch*, § 87 Rn. 2 f. und § 87a Rn. 1, der von einer „legislativen Hyperaktivität" spricht, die die „Komplexität der Entgeltgestaltung unnötig erhöht" habe; kritisch zum stetig anwachsenden Regulierungsumfang auch *Spindler*, AG 2020, 61, 62 („Mehrwert nicht immer völlig nachvollziehbar").

gütung in der breiten öffentlichen Kritik.[6] Die rechtspolitische Diskussion darüber hat zu Beginn der 2000er Jahre und insbesondere im Zuge der Finanzkrise von 2008/2009 einen neuen Höhepunkt erreicht, ihre Ursprünge liegen aber viel länger zurück. Schon im Nachgang der Weltwirtschaftskrise zum Ende der Weimarer Republik gab es eine intensive Debatte über die angemessene Höhe von Vorstandsvergütungen, die trotz der Krise weiterhin üppig ausgefallen waren.[7] Bereits das AktG 1937 sah erstmals rechtliche Vorgaben für die Vorstandsbezüge vor und ordnete in § 78 Abs. 1 AktG 1937 an, der Aufsichtsrat habe dafür zu sorgen, dass die Gesamtbezüge der Vorstandsmitglieder in einem angemessenen Verhältnis zu den Aufgaben des einzelnen Vorstandsmitglieds und zur Lage der Gesellschaft stehen. Als im historischen Rückblick besonders interessant erweist sich zudem die Vorgabe des § 77 Abs. 3 S. 1 AktG 1937, der für etwaige Gewinnbeteiligungen der Vorstandsmitglieder vorschrieb, diese sollten „in einem angemessenen Verhältnis stehen zu den Aufwendungen zugunsten der Gefolgschaft oder von Einrichtungen, die dem gemeinen Wohle dienen“. Auf diese seit 1965 nicht mehr geltende, rechtsgeschichtlich aber äußerst bemerkenswerte Vorgabe wird vor dem Hintergrund des Themas der vorliegenden Arbeit noch zurückzukommen sein. Das Gesetz ermöglichte es damals gar der Staatsanwaltschaft (!), die Beachtung dieses Gebots im Klagewege zu erzwingen.[8]

6 Scharf etwa schon *Binz/Sorg*, BB 2002, 1273 ff.: „exorbitante Zunahme“, „nicht mehr vertretbare Höhe“, „Selbstbedienungs-Mentalität der deutschen Vorstände“; *Adams*, ZIP 2002, 1325 ff.: „astronomische Steigerungen“, „Ausplünderungsverfahren“; siehe auch *Appel*, „Eine Prämie zum Ruin“, FAZ vom 28.03.2009, 9; in jüngerer Zeit gab es starke Kritik an Bonuszahlungen, die VW-Vorstandsmitglieder trotz Dieselskandals erhielten: https://www.zeit.de/news/2019-05/03/volkswagen-zahlt-umstrittene-vorstands-boni-aus-190503-99-66374?utm (zuletzt abgerufen am 10.08.2023).

7 Siehe hierzu den historischen Rückblick bei *Hommelhoff*, FS Hopt, 2020, 467, 468 ff.; *ders.*, in: *Schubert/Hommelhoff*, Die Aktienrechtsreform am Ende der Weimarer Republik, S. 78 ff.; zur historischen Entwicklung auch *Schüller*, Vorstandsvergütung, S. 115 ff.

8 § 77 Abs. 3 S. 3 AktG 1937.

Das Anliegen bei der Regulierung der Vorstandsvergütung war damals wie heute im Grundsatz dasselbe. Stets ging (und geht) es um die Sicherstellung der Angemessenheit der Bezüge. Auch in der Gegenwart steht diese Angemessenheit nicht selten in Zweifel. So verdienten DAX-Vorstände im Jahr 2021 im Schnitt etwa das 53-fache des durchschnittlichen Belegschaftseinkommens ihres Unternehmens.[9] Wie noch näher auszuführen sein wird, lag nach Ansicht des deutschen Gesetzgebers zudem ein Auslöser der Finanzkrise von 2008/2009 in unangemessenen Vergütungsanreizen für Manager, welche diese zu kurzfristigen Unternehmensgewinnen um den Preis großer Langfristrisiken anstachelten. Im Zuge der daraufhin erfolgten gesetzlichen Änderungen wird die Vorstandsvergütung in jüngster Zeit auch als rechtliches Gestaltungsmittel diskutiert, um Vorstände zu einer sozial und ökologisch verträglichen Unternehmensführung anzuhalten.

II. Nachhaltigkeit als Ausrichtungsvorgabe für die Vorstandsvergütung börsennotierter Unternehmen

Die Aufarbeitung jener Finanzkrise brachte auch neue Vorgaben für die Vorstandsvergütung. Der Gesetzgeber ordnete in § 87 Abs. 1 S. 2 AktG an, dass die Vergütungsstruktur für Vorstandsmitglieder bei börsennotierten Unternehmen auf eine „nachhaltige Unternehmensentwicklung" auszurichten ist. Bedeutung und nähere Konkretisierung dieser Vorgabe wurden in der Fachliteratur von Anfang an kontrovers diskutiert. Mit der durch das

9 Siehe die Zusammenfassung der Ergebnisse der Studie der Deutschen Schutzvereinigung für Wertpapierbesitz e. V. zur Vergütung der Vorstände in den DAX- und MDAX-Unternehmen im Geschäftsjahr 2021, abrufbar unter https://www.dsw-info.de/presse/archiv-pressekonferenzen/pressekonferenzen-2022/dsw-vorstandsverguetungsstudie-2022/ (zuletzt abgerufen am 10.08.2023).

ARUG II im Jahr 2019 erfolgten Modifikation der Norm hat die Debatte noch einmal erheblich an Fahrt gewonnen. Die Auseinandersetzung um den Aussagegehalt von § 87 Abs. 1 S. 2 AktG ist auch vor dem Hintergrund zu sehen, dass „Nachhaltigkeit" als Stichwort in den letzten Jahren in immer größerem Maße Eingang in die – zunächst wirtschaftswissenschaftliche, zunehmend aber auch juristische – Debatte um eine gute und verantwortungsvolle Unternehmensführung gefunden hat. Verschiedene Begriffe und Kürzel sind dabei im Umlauf. Unter dem Stichwort „Corporate Social Responsibility" (CSR) wird auf internationaler Ebene schon seit längerer Zeit über die Verantwortung von Unternehmen für die Auswirkungen ihrer wirtschaftlichen Tätigkeit auf Umwelt und Gesellschaft diskutiert. Angesprochen sind damit soziale, ökologische und ökonomische Gesichtspunkte, wie sie auch in international anerkannten Referenzdokumenten (etwa der ILO-Grundsatzerklärung über Unternehmen und Sozialpolitik, der OECD-Leitsätze für multinationale Unternehmen, den UN-Leitprinzipien für Wirtschaft und Menschenrechte oder dem UN Global Compact) zur Unternehmensverantwortung ausgeführt sind. Konkret geht es etwa um den sparsamen Einsatz von natürlichen Ressourcen, Schutz von Klima und Umwelt, mitarbeiterorientierte Personalpolitik und Verantwortung für die Einhaltung menschenrechtlicher und sozialer Standards auch in der Lieferkette. Der europäische Gesetzgeber hat die internationale Debatte 2014 in seiner CSR-Richtlinie 2014/95/EU aufgegriffen und die Richtlinie ausdrücklich als Teil seiner Nachhaltigkeitspolitik deklariert.[10] Danach haben die Mitgliedstaaten dafür zu sorgen, dass große Kapitalgesellschaften eine Erklärung über bestimmte Umwelt-, Arbeitnehmer- und Sozialbelange sowie Aspekte der Achtung von Menschenrechten und der Bekämpfung von Korruption und Bestechung, die für das Verständnis des Geschäftsverlaufs, des Geschäftsergebnisses, der Lage der Kapitalgesellschaft sowie der Auswirkungen ihrer Tätigkeit auf die genannten Gesichtspunkte erforderlich sind, in den Lage-

10 Siehe Erwägungsgründe 1 ff. der Richtlinie 2014/95/EU.

bericht aufnehmen. Erst jüngst wurde eine erhebliche Ausweitung dieser Berichtspflicht mit dem Ziel der Etablierung einer umfassenden Nachhaltigkeitsberichterstattung durch Unternehmen beschlossen.[11] Der europäische Gesetzgeber erhofft sich durch die Pflicht zur Berichterstattung auch eine stärkere Berücksichtigung jener Belange im Rahmen der Unternehmensführung.[12]

Parallel wird zudem seit einiger Zeit unter dem Kürzel „ESG" (Environmental, Social, Governance) ebenfalls über die Nachhaltigkeitsleistung von Unternehmen debattiert. Gemeint ist die Berücksichtigung ökologischer („Environmental") und sozialer („Social") Faktoren in der unternehmerischen Tätigkeit sowie allgemein die Beachtung von Grundsätzen einer verantwortungsvollen Unternehmensführung („Governance"). Immer mehr (institutionelle) Investoren, Banken und Finanzanalysten fordern von Unternehmen die Berücksichtigung von ESG-Faktoren in ihrer Unternehmensführung sowie entsprechende Nachweise darüber. Der Grund hierfür liegt maßgeblich darin, dass Banken und andere Finanzdienstleister gemäß den Vorgaben der europäischen Offenlegungsverordnung (EU) Nr. 2019/2088 neuerdings ihrerseits dazu verpflichtet sind, über die Nachhaltigkeit ihrer Investitionstätigkeiten zu berichten. Dazu benötigen sie aber entsprechende Informationen und die Kooperation derjenigen Unternehmen, in die sie investieren. Da zudem ESG-konforme Investments bei der zunehmenden Zahl nachhaltigkeitsbewusster Anleger bessere Absatzchancen haben, spielt für die Bewertung von Unternehmen neben den finanziellen Kennzahlen immer mehr auch ihre jeweilige ESG-Performance eine wesentliche Rolle.

11 Richtlinie (EU) 2022/2464 des Europäischen Parlaments und des Rates vom 14. Dezember 2022 zur Änderung der Verordnung (EU) Nr. 537/2014 und der Richtlinien 2004/109/EG, 2006/43/EG und 2013/34/EU hinsichtlich der Nachhaltigkeitsberichterstattung von Unternehmen; näher dazu unter G. I. 2.

12 MüKoHGB/*Kajüter*, §§ 289b–289e Rn. 2.

Ob freilich die Vorgabe des §87 Abs.1 S.2 AktG in einem Zusammenhang mit der soeben kurz umrissenen CSR- und ESG-Debatte steht oder vor ihrem ursprünglichen Entstehungshintergrund – der Finanzkrise – unabhängig davon zu interpretieren ist, ist Kern der fachliterarischen Auseinandersetzung und wird eine zentrale Frage der vorliegenden Arbeit darstellen. Auf sie wird im Zusammenhang mit der Untersuchung der Genese der Vorgabe intensiv einzugehen sein.[13]

III. Ziel der Untersuchung und Forschungsfragen

Die vorliegende Arbeit verfolgt als zentrales Ziel, Bedeutungsgehalt und Regelungskontext von §87 Abs.1 S.2 AktG in seiner neuen Fassung nach dem ARUG II herauszuarbeiten. Gemäß den Grundsätzen juristischer Methodik werden dazu Wortlaut, Entstehungsgeschichte, Sinn und Zweck sowie Systematik der Norm eingehend analysiert. Insbesondere ist auch ihr Verhältnis zur allgemeinen Zielkonzeption des deutschen Aktienrechts zu klären. Daneben soll ihre aktuelle Umsetzung in der Praxis betrachtet, denkbare Rechtsfolgen im Falle einer Missachtung der Norm untersucht und zuletzt ein Ausblick auf aktuelle rechtspolitische Entwicklungen und die Rechtslage *de lege ferenda* gegeben werden.

Demgemäß möchte die Arbeit folgende Forschungsfragen klären: Welcher Aussagegehalt kommt der Vorgabe des §87 Abs.1 S.2 AktG n.F. vor dem Hintergrund seiner Entstehungsgeschichte und der *ratio legis* zu? Insbesondere: Ergibt sich daraus eine Pflicht, auch ökologische und soziale Indikatoren als vergütungsrelevante Parameter heranzuziehen? Lässt die Norm

13 Siehe dazu Kapitel C.

Rückschlüsse auf die Zielkonzeption des deutschen Aktienrechts zu, und wenn ja, welche? Welche Folgerungen lassen sich umgekehrt aus der Zielkonzeption des deutschen Aktienrechts für die Umsetzung von § 87 Abs. 1 S. 2 AktG ziehen? Wie sieht die (anhand anekdotischer Beispiele eruierte) rechtstatsächliche Umsetzung der Vorgabe durch die Unternehmen im DAX 40 aus? Welche Rechtsfolgen kommen im Falle einer Missachtung der Norm in Betracht und wie steht es um deren jeweilige Durchsetzbarkeit? Und zuletzt als Ausblick: Welche Anpassungen *de lege ferenda* erscheinen – auch vor dem Hintergrund aktueller rechtspolitischer Entwicklungen auf europäischer Ebene – erwägenswert?

B. Der Begriff der Nachhaltigkeit

Zum Begriff der Nachhaltigkeit, seinen Ursprüngen und seiner Bedeutungsentwicklung existieren ganze Bände von mitunter beachtlichem Umfang.[14] Für die Zwecke der vorliegenden Arbeit soll sich dieses vorangestellte Kapitel auf einen Überblick über die Begriffsevolution beschränken. Ein solcher Überblick ist Voraussetzung, um die unterschiedlichen Standpunkte in der Diskussion um den Aussagegehalt der Nachhaltigkeitsvorgabe in § 87 Abs. 1 S. 2 AktG nachvollziehen zu können.

Die Online-Ausgabe von Deutschlands gängigstem Wörterbuch, dem Duden, enthält für den Begriff „Nachhaltigkeit" zwei Bedeutungseinträge.[15] Nachhaltigkeit kann demnach zum einen eine „längere Zeit anhaltende Wirkung" meinen. Der zweite Eintrag enthält wiederum zwei Unterangaben: Die beiden Sinnrichtungen sind semantisch so eng miteinander verwandt, dass sie von der Redaktion zu einem Eintrag zusammengefasst und in die Punkte „2. a)" und „2. b)" aufgeteilt wurden.[16] Als Bedeutung „2. a)" wird ein „forstwirtschaftliches Prinzip, nach dem nicht mehr Holz gefällt werden darf, als jeweils nachwachsen kann" angeführt. Unter „2. b)" findet sich eine in der Ökologie gebräuchliche Verwendung: Dort meine es ein „Prinzip, nach dem nicht mehr verbraucht werden darf, als jeweils nachwachsen, sich regenerieren, künftig wieder bereitgestellt werden kann".

14 Siehe etwa *Kahl*, Nachhaltigkeit als Verbundbegriff, 2008; *Grober*, Die Entdeckung der Nachhaltigkeit. Kulturgeschichte eines Begriffs, 2010; *Ekardt*, Das Prinzip Nachhaltigkeit, 3. Auflage, 2016; *Pufé*, Nachhaltigkeit, 3. Auflage, 2017.

15 https://www.duden.de/rechtschreibung/Nachhaltigkeit (zuletzt abgerufen am 10.08.2023).

16 Siehe die Erläuterung unter https://www.duden.de/hilfe/bedeutungen (zuletzt abgerufen am 10.08.2023).

Es stellt sich bereits hier – jenseits jeden juristischen Zusammenhangs – eine Mehrdeutigkeit des Begriffs der Nachhaltigkeit heraus, die auch die aktienrechtliche Literatur noch intensiv beschäftigen sollte. Unterscheiden lässt sich im deutschen Sprachgebrauch – mindestens – zwischen einer „zeitlichen" und einer im weiteren Sinne „ökologischen" Bedeutung von Nachhaltigkeit, die eng mit einem forstwirtschaftlichen Fachbegriff zusammenhängt. Obgleich der Duden eine wichtige Referenz ist, um die Bedeutungen eines Wortes im deutschen Sprachgebrauch festzustellen, kann er, auch aufgrund seines begrenzten Umfangs, indes nicht für sich in Anspruch nehmen, stets alle bzw. die alleinig richtigen Sinngehalte wiederzugeben.[17] So kommt in dem soeben zitierten Wörterbucheintrag nicht zum Ausdruck, dass es, wie sogleich noch näher darzulegen sein wird, neben der genannten ökologischen Bedeutung von „Nachhaltigkeit" mittlerweile auch noch einen davon emanzipierten dreigliedrigen Nachhaltigkeitsbegriff gibt, der zwar im Ausgangspunkt auch und gerade ökologische Aspekte beinhaltet, daneben aber eine ebenso bedeutsame soziale, ferner auch eine gleichberechtigte wirtschaftliche Dimension besitzt. Nach einem Blick auf die Ursprünge des Nachhaltigkeitsbegriffs in der Forstwirtschaft soll im Folgenden seine weitere Entwicklung, insbesondere auch seine Bedeutungsaufladung im Kontext der Diskussion auf UN-Ebene um eine verantwortungsbewusste internationale Umwelt- und Entwicklungspolitik, näher betrachtet werden.

17 Die Redaktion des Duden weist selbst darauf hin, dass keine enzyklopädische Vollständigkeit angestrebt werde: https://www.duden.de/hilfe/bedeutungen (zuletzt abgerufen am 10.08.2023).

I. Ursprung im Bereich der Forstwirtschaft des 18. Jahrhunderts

Der Ursprung des Nachhaltigkeitsbegriffs wird im Bereich der Forstwirtschaft des 18. Jahrhunderts verortet[18] und seine „Entdeckung" *Hans Carl von Carlowitz* (1645–1714) zugeschrieben.[19] *Carlowitz* war königlich-polnischer und kurfürstlich-sächsischer Kammerrat sowie Oberberghauptmann des Erzgebirges. 1713 schrieb er mit *„Sylvicultura Oeconomica, oder Hauswirthliche Nachricht und Naturmäßige Anweisung zur Wilden Baum-Zucht"* das wohl erste geschlossene Werk über die Forstwirtschaft.[20] Zentral widmete er sich dabei der Frage, wie die lokalen Wälder einerseits gewinnbringend, andererseits aber gleichzeitig dauerhaft bewahrend – als Gewinnquelle auch für die Zukunft – bewirtschaftet werden könnten. An vielzitierter Stelle formulierte er:

> *„Wird derhalben die größte Kunst/Wissenschaft/Fleiß/und Einrichtung hiesiger Lande darinnen beruhen/wie eine sothane Conservation und Anbau des Holzes anzustellen/daß es eine continuirliche beständige und* ***nachhaltende*** *Nutzung gebe, weiln es eine unentberliche Sache ist/ohne welche das Land in seinem Esse nicht bleiben mag."*[21]

18 *Kahl*, in: *ders.*, Nachhaltigkeit als Verbundbegriff, S. 16 f.; *Sieben*, NVwZ 2003, 1173; *Fleischer*, NZG 2009, 801, 802; *Röttgen/Kluge*, NJW 2013, 900, 901; *Pufé*, Nachhaltigkeit, S. 37.

19 *Grober*, Von Freiberg nach Rio – Die „Sylvicultura oeconomica" des Hans Carl von Carlowitz und die Karriere des Begriffs „nachhaltig" / „sustainable", S. 3 ff.; *Klippel/Otto*, in: *Kahl*, Nachhaltigkeit als Verbundbegriff, S. 39, 44 ff.; *Pufé*, Nachhaltigkeit, S. 37.

20 *Hasel/Schwartz*, Forstgeschichte, S. 229; *Küster*, Geschichte des Waldes, S. 176.

21 *Carlowitz*, Sylvicultura Oeconomica, S. 105 f. (ohne Hervorhebung im Original).

Carlowitz' Werk ist vor dem Hintergrund eines seinerzeit ausufernden Holzbedarfs zu sehen.[22] Insbesondere die Bergwerke und Schmelzhütten des Erzgebirges, damals eines der größten Erzabbaugebiete Europas, verbrauchten immense Mengen an Holz und Holzkohle.[23] *Carlowitz* kritisierte die kurzsichtige, profitorientierte Rodung der Wälder und forderte eine Forstbewirtschaftung, die die langfristige Ertragskraft und Vitalität des Waldes sicherstellt – einerseits durch eine Begrenzung der jährlichen Baumfällungen, andererseits vor allem aber auch durch eine geregelte (Wieder-) Aufforstung. Vordergründiges Ziel war dabei nicht so sehr der idealistische Naturschutz als vielmehr die dauerhafte wirtschaftliche Profitsicherung der Holzproduktion.[24]

Bemerkenswert an *Carlowitz'* Konzept der „nachhaltenden" Forstwirtschaft ist vor allem ihr großer zeitlicher Horizont: Von der Pflanzung eines Baumes bis zu dessen Hiebsreife vergehen – und dieser lange „Produktionszeitraum" unterscheidet die Forstwirtschaft von anderen Arten der Urproduktion wie dem Ackerbau oder der Tierzucht – mehrere Jahrzehnte. Selbst bei einer schnell wachsenden Pappel beträgt die sog. Umtriebszeit 40 bis 80 Jahre, bei einer Eiche gar 140 bis zu 400 Jahre.[25] Die Umsetzung von *Carlowitz'* Nachhaltigkeitsvorgabe ist folglich eine generationenübergreifende Investition, von der der Handelnde wirtschaftlich selbst in der Regel

22 Siehe ausführlich zu den historischen Hintergründen *Grober,* Die Entdeckung der Nachhaltigkeit - Kulturgeschichte eines Begriffs, S. 106 ff.; *ders.,* Von Freiberg nach Rio - Die „Sylvicultura oeconomica" des Hans Carl von Carlowitz und die Karriere des Begriffs „nachhaltig" / „sustainable", S. 6 ff.

23 Eingehend *Hasel/Schwartz,* Forstgeschichte, S. 225 ff., insb. S. 229.

24 Nach *Küster,* Geschichte des Waldes, S. 185, war es bei der Formulierung des Nachhaltigkeitsprinzips ursprünglich sogar *überhaupt nicht* um ökologische, sondern „um rein ökonomische" Belange gegangen.

25 *Stinglwagner/Haseder/Erlbeck,* Das Kosmos Wald- & Forstlexikon, 2016, Stichwort „Umtriebszeit".

nicht mehr profitiert.[26] Dies unterscheidet *Carlowitz'* Gedanken von einer bloßen „mittelfristig vorausschauenden" Planung und prägt den dreigliedrigen Nachhaltigkeitsbegriff, der heute auch einen engen Bezug zum Terminus der Generationengerechtigkeit aufweist,[27] bis in die Gegenwart.

Die Begriffsverwendung durch *Carlowitz* ist noch unter einem weiteren – sprachlichen – Aspekt interessant: Das Wort „nachhaltend" wird in seinem Werk wie dargelegt durchaus mit zeitlicher Bedeutung verwendet; dies belegen die zur Verdeutlichung seines Anliegens mitangeführten Adjektive („continuirlich", „beständig").[28] *Carlowitz* prägte durch sein Werk aber einen neuen forstwirtschaftlichen Fachbegriff für ein weitsichtiges, ressourcenschonendes Bewirtschaftungskonzept. In sprachlicher Hinsicht hatte dies die missliche Konsequenz, dass sich unterschiedliche – aufgrund der Verwendung durch *Carlowitz'* einerseits zusammenhängende, andererseits doch recht bedeutungsverschiedene – Nachhaltigkeitsbegriffe entwickelt haben und heute häufiger (längst nicht nur im Aktienrecht) zu Verwirrung darüber führen, welche Sinnrichtung denn nun gerade gemeint ist.[29] Dieses Problem besteht dabei keineswegs nur in der deutschen Sprache, denn *Carlowitz'* Nachhaltigkeitskonzept wurde bald zu einer weithin gelehrten Grundregel der Forstwissenschaft und machte international Karriere. Ins Englische

26 Vgl. *Grober*, Von Freiberg nach Rio – Die „Sylvicultura oeconomica" des Hans Carl von Carlowitz und die Karriere des Begriffs „nachhaltig" / „sustainable", S. 4 f.

27 *Deter*, ZUR 2012, 157, 158, spricht von einer „unleugbaren Verschwisterung" beider Begriffe; vgl. auch *Ekardt*, Das Prinzip Nachhaltigkeit, S. 25 f.; ein Generationenbezug findet sich auch in Art. 20a GG, dem zufolge der Staat die natürlichen Lebensgrundlagen und die Tiere „auch in Verantwortung für die künftigen Generationen" schützt.

28 Vgl. auch *Grober*, Von Freiberg nach Rio – Die „Sylvicultura oeconomica" des Hans Carl von Carlowitz und die Karriere des Begriffs „nachhaltig" / „sustainable", S. 13.

29 Selbst im öffentlichen Umwelt- und Planungsrecht wird das Wort „nachhaltig" bisweilen mit ganz unterschiedlicher Bedeutung verwendet, weshalb sein Sinngehalt im Einzelfall (wenn überhaupt eindeutig) nur anhand einer teleologischen, systematischen und historischen Normauslegung erschließbar ist. Siehe dazu den im Kern bis heute aktuellen Beitrag von *Ketteler*, NuR 2002, 513 ff.

wurde das Modell von deutschen Forstleuten als *„to give a sustained yield of produce in the future“* übersetzt.[30] Es ist kaum erstaunlich, dass die Begriffe „sustainable“ und „sustainability“ im weiteren Zeitverlauf in der englischen Sprache eine ganz ähnliche Mehrdeutigkeit erlangt haben, wie sie heute im Deutschen für die Begriffe „nachhaltig“ und „Nachhaltigkeit“ festzustellen ist.[31] Freilich wurde diese Entwicklung vor allem auch durch die sogleich noch näher darzustellende, prägende Begriffsverwendung der Brundtland-Kommission im Jahr 1987 befeuert.

Noch heute findet sich das Nachhaltigkeitspostulat mit dem Zweck einer langfristigen Sicherung des Ertrags durch eine rücksichtsvolle Nutzung und Erzeugung des Holzes im deutschen Forstrecht. Es ist sowohl auf Bundes- (§§1 Nr. 1, 11 Abs. 1 S. 1 BWaldG) als auch auf Landesebene (in Bayern: Art. 1 Abs. 1 S. 3 und Abs. 2 Nr. 4, Art. 4 Nr. 1, Art. 5 Abs. 2 S. 2 BayWaldG) als zentrales Grundprinzip verankert.

II. Politische Bedeutungsaufladung ab Ende des 20. Jahrhundert

Erstmals größere öffentliche Aufmerksamkeit erlangte der Nachhaltigkeitsbegriff gegen Ende des 20. Jahrhunderts, als er zum zentralen Schlagwort

30 Dazu *Grober*, Von Freiberg nach Rio – Die „Sylvicultura oeconomica“ des Hans Carl von Carlowitz und die Karriere des Begriffs „nachhaltig“ / „sustainable“, S. 16 ff.; *ders.*, Die Entdeckung der Nachhaltigkeit – Kulturgeschichte eines Begriffs, S. 200 ff. m. w. N.

31 So listet etwa das Cambridge Dictionary für den Begriff „sustainability“ – ähnlich wie der Duden für „Nachhaltigkeit“ – eine zeitliche und eine ökologische Bedeutung auf, nämlich einerseits „the quality of being able to continue over a period of time“, andererseits aber auch „the quality of causing little or no damage to the environment and therefore able to continue for a long time“: https://dictionary.cambridge.org/dictionary/english/sustainability (zuletzt abgerufen am 10. 08. 2023).

der internationalen Umwelt- und Entwicklungspolitik auf UN-Ebene avancierte.

1. Bericht der Brundtland-Kommission 1987

Den entscheidenden Anstoß dazu gab der Abschlussbericht „Our Common Future", den die Brundtland-Kommission 1987 vorlegte.[32] Die Vereinten Nationen hatten im Jahr 1983 eine Sonderkommission (sog. „Weltkommission für Umwelt und Entwicklung" – World Commission on Environment and Development, WCED) eingesetzt und sie mit der Erstellung eines Perspektivberichts zu langfristig tragfähiger, umweltschonender Entwicklung der Erde bis zum Jahr 2000 und darüber hinaus beauftragt.[33] Unter Vorsitz der damaligen norwegischen Ministerpräsidentin *Gro Harlem Brundtland* erarbeitete das Gremium vor dem Hintergrund globaler sozialer, ökologischer und ökonomischer Herausforderungen Grundsätze einer nachhaltigen Entwicklung („sustainable development") der Welt. Ihr Leitbild fasste die Kommission in folgender, berühmt gewordener Definition zusammen:

> *„Sustainable development is development that meets the needs of the present without compromising the ability of future generations to meet their own needs."*[34]

Der umfangreiche Bericht war als Grundlage für eine integrative Politikstrategie im globalen Maßstab gedacht: Die drängenden Probleme der Welt –

32 WCED, Our Common Future, 1987. Der Bericht ist abrufbar unter https://sustainabledevelopment.un.org/content/documents/5987our-common-future.pdf (zuletzt abgerufen am 10.08.2023).

33 Resolution 38/161 der UN-Vollversammlung, abrufbar unter http://www.un-documents.net/a38r161.htm (zuletzt abgerufen am 10.08.2023).

34 WCED, Our Common Future (Fn. 32), Part I, Chapter 2, Ziffer 1.

allen voran Umweltzerstörung, Artensterben, verbreitete Armut und Hunger, internationale Aufrüstung, zunehmende Staatsverschuldung, schnelles Wachstum der Weltbevölkerung und sich beschleunigende Wüstenausbreitung – wurden als Ergebnis eines großen, ineinandergreifenden Wirkungsgeflechts beschrieben, welches sich nicht durch Einzelmaßnahmen in bestimmten Politikbereichen korrigieren lasse.[35] Die Kommission stellte heraus, dass eine nachhaltige Entwicklung der Welt ökonomische, ökologische und soziale Belange in Einklang bringen müsse. Hierfür sah sie einerseits die Notwendigkeit einer Überwindung der Armut in den Entwicklungsländern, was dort wirtschaftliches Wachstum erfordere; die Industrienationen müssten andererseits dringend darauf hinwirken, dass ihre wirtschaftliche Prosperität mit der Erhaltung der Natur als Grundlage allen Lebens vereinbar werde.[36] Die umweltbelastende Konsum- und Lebensweise in den Industrienationen könne nicht auf die gesamte Welt übertragen werden.[37] Stetiges Wachstum der Weltwirtschaft sei zwar grundsätzlich wünschenswert, müsse sich aber innerhalb der Grenzen des für die Erde ökologisch Verträglichen bewegen.[38] Die Kommissionsvorsitzende *Brundtland* fasst in ihrem Vorwort zusammen: „*What is needed now is a new era of economic growth – growth that is forceful and at the same time socially and environmentally sustainable.*“[39] 1989 diskutierte die UN-Vollversammlung den Bericht und beschloss, eine eigene Konferenz für Umwelt und Entwicklung zu organisieren.

35 Vgl. Dokument Nr. 06/2004 der Wissenschaftlichen Dienste des Deutschen Bundestags, „Der aktuelle Begriff – Nachhaltigkeit“, abrufbar unter https://www.bundestag.de/resource/blob/194082/f326b04552483bbb9efad8b0fb0696d2/Nachhaltigkeit-data.pdf (zuletzt abgerufen am 10. 08. 2023), S. 1.

36 WCED, Our Common Future (Fn. 32), Part I, Chapter 3, Ziffer 72 ff. et passim.

37 Vgl. insbesondere mit Blick auf den Energieverbrauch WCED, Our Common Future (Fn. 32), Part 1, Chapter 2, Ziffer 62 et passim.

38 Vgl. WCED, Our Common Future (Fn. 32), Part I, Chapter 3, Ziffer 73 f. et passim.

39 WCED, Our Common Future (Fn. 32), Chairman's Foreword, S. 3 des Vorworts.

2. Konferenz der Vereinten Nationen in Rio de Janeiro 1992

Diese Konferenz – besser bekannt als „Erdgipfel" – fand sodann im Juni 1992 in Rio de Janeiro statt. Beraten wurde die internationale Umwelt- und Entwicklungspolitik im 21. Jahrhundert. Es gelang, alle teilnehmenden Staaten einstimmig zur Anerkennung des Konzepts der „nachhaltigen Entwicklung" als weltweit gültigem Leitbild zu bewegen. Wirtschaftswachstum, soziale Gerechtigkeit und die Sicherung der ökologischen Lebensgrundlagen wurden als gleichwertige überlebenswichtige Ziele benannt, die in gegenseitiger Abhängigkeit zueinander stünden und so integriert werden müssten, dass alle drei generationenübergreifend verwirklicht werden können – das sog. „Drei-Säulen-Modell".[40] Als wichtigstes Abschlussdokument wurde die „Agenda 21" verabschiedet, in der Grundlagen für eine neue weltweite Zusammenarbeit im Bereich der Umwelt- und Entwicklungspolitik im 21. Jahrhundert vereinbart wurden.[41] Gefordert wurde darin eine neue Partnerschaft zwischen den Industrienationen und den Entwicklungsländern; zugleich wurde das Leitbild der nachhaltigen Entwicklung durch die Festlegung entwicklungs- und umweltpolitischer Ziele – etwa der Armutsbekämpfung, der schonenden Bewirtschaftung der natürlichen Ressourcen oder der Reduzierung der Emission von Treibhausgasen – konturiert. Die konkrete Umsetzung der auf UN-Ebene notwendigerweise recht abstrakt formulierten Pläne und Ziele wurde in die Verantwortung der einzelnen Staaten gelegt, die hierzu nationale Strategien erarbeiten sollten.[42]

40 Näher und kritisch zum sog. „Drei-Säulen-Modell" *Murswiek*, NuR 2002, 641, 642.

41 Die deutsche Sprachfassung der Agenda 21 ist abrufbar unter https://www.un.org/depts/german/conf/agenda21/agenda_21.pdf (zuletzt abgerufen am 10.08.2023); eingehend zu den Ergebnissen des Erdgipfels *Hohmann*, NVwZ 1993, 311 ff.

42 Agenda 21 (Fn. 41), S. 337 f.

3. Umsetzung auf deutscher und europäischer Ebene

Um dem Umsetzungsauftrag für Deutschland nachzukommen, bildete der Bundestag Mitte der 90er-Jahre eine Enquete-Kommission, welche aus dem internationalen Leitbild der nachhaltigen Entwicklung Rahmenvorgaben für Deutschland erarbeiten sollte. 1998 legte sie ihren Abschlussbericht vor, in welchem aus dem dreigliedrigen UN-Nachhaltigkeitskonzept ökologische, ökonomische und soziale „Grundregeln" für die deutsche Politik entwickelt wurden.[43] Auch auf EU-Ebene wurde der Umsetzungsauftrag der UN aufgegriffen. Mit dem am 1. Mai 1999 in Kraft getretenen Vertrag von Amsterdam wurde „Nachhaltige Entwicklung" als ein grundlegendes Ziel der Europäischen Union festgelegt (heute festgehalten in Art. 3 Abs. 3 UAbs. 1 EUV und Art. 11 AEUV). Im Jahr 2001 verabschiedete der Europäische Rat in Göteborg eine europäische Nachhaltigkeitsstrategie.[44]

Im selben Jahr setzte die deutsche Bundesregierung einen Rat für Nachhaltige Entwicklung ein – ein Gremium mit Experten aus den Bereichen Wirtschaft, Umwelt und Soziales, das seitdem regelmäßig neu berufen wird und die jeweils amtierende Bundesregierung dazu berät, wie das UN-Leitbild der „nachhaltigen Entwicklung" in Deutschland bestmöglich umgesetzt werden kann. Mit Unterstützung dieses Rats erarbeitete die Bundesregierung 2002 eine nationale Nachhaltigkeitsstrategie[45], die maßgeblich an die Ergebnisse der Enquete-Kommission des Bundestags anknüpfte. Leitlinien dieser Strategie sollten „Generationengerechtigkeit", „Lebensqualität", „so-

43 Abschlussbericht der Enquete-Kommission „Schutz des Menschen und der Umwelt – Ziele und Rahmenbedingungen einer nachhaltig zukunftsverträglichen Entwicklung", BT-Drucks. 13/11200.

44 Siehe dazu den vom Europäischen Rat angenommenen Vorschlag der Europäischen Kommission KOM(2001)264 endgültig.

45 Bericht der Bundesregierung über die Perspektiven für Deutschland – Nationale Strategie für eine nachhaltige Entwicklung, BT-Drucks. 14/8953.

zialer Zusammenhalt“ und „internationale Verantwortung“ sein.[46] Die Bundesregierung benannte 21 Schlüsselindikatoren, anhand derer der jeweilige Umsetzungsstand und ein etwaiger Nachbesserungsbedarf festgestellt werden sollte – darunter etwa die Gesamtausstoßmenge an Treibhausgasen, der Anteil erneuerbarer Energien am Stromverbrauch, der Anteil der Ausgaben für Innovation und Forschung am BIP sowie das vorhandene Ganztagsbetreuungsangebot im Verhältnis zur Zahl der Kinder bis 12 Jahre;[47] letzteres sollte als Indikator des sozialen Zusammenhalts und der Vereinbarkeit von Familie und Beruf dienen.[48] Die deutsche Nachhaltigkeitsstrategie wird kontinuierlich von der jeweils amtierenden Bundesregierung fortgeschrieben, außerdem wird regelmäßig über Fortschritte in der Umsetzung berichtet.[49]

Kritiker bemängeln sowohl an der europäischen als auch an der deutschen Nachhaltigkeitsstrategie neben ihrer jeweils sehr abstrakten Formulierung und fehlenden Verbindlichkeit ein mitschwingendes, zur Idee einer ressourcenschonenden, „nachhaltigen“ Entwicklung gerade im Widerspruch stehendes Wachstumspathos – globale Nachhaltigkeit fordere von den Industrienationen zuallererst Verzicht.[50] Die (damals rot-grüne) Bundesregierung vertrat indes von Anfang an die Auffassung, dass Ökologie und Ökonomie

46 Bericht der Bundesregierung über die Perspektiven für Deutschland – Nationale Strategie für eine nachhaltige Entwicklung, BT-Drucks. 14/8953, S. 7 ff.

47 Bericht der Bundesregierung über die Perspektiven für Deutschland – Nationale Strategie für eine nachhaltige Entwicklung, BT-Drucks. 14/8953, S. 38 ff.

48 Bericht der Bundesregierung über die Perspektiven für Deutschland – Nationale Strategie für eine nachhaltige Entwicklung, BT-Drucks. 14/8953, S. 56.

49 Siehe zuletzt die Unterrichtung durch die Bundesregierung „Deutsche Nachhaltigkeitsstrategie – Weiterentwicklung 2021“, BT-Drucks. 19/27530; siehe außerdem den „Grundsatzbeschluss 2022 zur Deutschen Nachhaltigkeitsstrategie“, BT-Drucks. 20/4810.

50 Deshalb und auch aus anderen Gründen sehr kritisch *Ekardt,* Das Prinzip Nachhaltigkeit, S. 30 f.

nicht im Widerspruch zueinander stünden, vielmehr nur in gemeinschaftlicher Symbiose die anstehende Herausforderung bewältigen könnten.[51]

III. Jüngste Bedeutungssteigerung zu „dem" globalen Zukunftsthema

Nachhaltigkeit hat als Stichwort in jüngster Zeit noch einmal massiv an Bedeutung und Aufmerksamkeit gewonnen. Zurückzuführen ist dies vor allem auf die zunehmende Brisanz des weltweiten Klimawandels. Auf UN-Ebene sind die Diskussionen um das Leitbild der nachhaltigen Entwicklung zuletzt in die Verabschiedung der Agenda 2030 und des Pariser Klimaabkommens gemündet.

1. „Agenda 2030 für nachhaltige Entwicklung" der Vereinten Nationen

Im Jahr 2015 verabschiedeten die Vereinten Nationen die „Agenda 2030 für nachhaltige Entwicklung".[52] Festgelegt wurden darin 17 Ziele für nachhaltige Entwicklung (Sustainable Development Goals, SDGs), die bis zum Jahr 2030 erreicht werden sollen. Im Zentrum steht dabei die weltweite Sicherung der Menschenrechte. Unter anderem möchten die UN Armut „in all ihren Formen und überall" beenden (SDG 1), Ernährung weltweit sichern (SDG 2), Gesundheit und Wohlergehen für alle gewährleisten (SDG 3), glo-

51 Bericht der Bundesregierung über die Perspektiven für Deutschland – Nationale Strategie für eine nachhaltige Entwicklung, BT-Drucks. 14/8953 S. 9 f.

52 Die Agenda 2030 ist abrufbar unter https://documents-dds-ny.un.org/doc/UNDOC/GEN/N15/291/89/PDF/N1529189.pdf?OpenElement (zuletzt abgerufen am 10.08.2023).

bal den Zugang zu hochwertiger Bildung sicherstellen (SDG 4), die Gleichstellung von Frauen und Männern erreichen (SDG 5) sowie allen Menschen den Zugang zu Trinkwasser ermöglichen (SDG 6). Daneben sind aber etwa auch die Gewährleistung von Wirtschaftswachstum und menschenwürdiger Arbeit für alle (SDG 7) sowie „umgehende Maßnahmen zur Bekämpfung des Klimawandels" (SDG 13) beabsichtigt.

Die Agenda 2030 zielt auf eine weitere Konkretisierung des Leitbilds der nachhaltigen Entwicklung ab – dies einerseits durch die 17 SDGs selbst, andererseits aber auch durch einen den SDGs beigefügten Katalog von 169 Zielvorgaben, bestehend aus 107 inhaltlichen Zielen und 62 Umsetzungsmaßnahmen. Viele der 169 Zielvorgaben bewegen sich allerdings ihrerseits auf einem hohen Abstraktionsniveau. Zum Zwecke der Armutsbekämpfung gibt Zielvorgabe 1.5 etwa vor: *„By 2030, build the resilience of the poor and those in vulnerable situations and reduce their exposure and vulnerability to climate-related extreme events and other economic, social and environmental shocks and disasters"*. Für den Klimaschutz besagt Zielvorgabe 13.2 schlicht: *„Integrate climate change measures into national policies, strategies and planning"*. Die konkrete Interpretation und Umsetzung dieser Vorgaben bleibt in das weite Ermessen des Anwenders gestellt. Dieses letztlich doch wieder hohe Maß an Unbestimmtheit, ebenso wie die völkerrechtlich ohnehin fehlende Verbindlichkeit der Agenda 2030, die nur die Qualität einer Absichtserklärung besitzt, sind kritikwürdig. Andererseits ist klar, dass eine Absichtserklärung, und sei sie auch in vielen Punkten unkonkret, immer noch besser ist als gar kein internationaler Fortschritt.

2. Pariser Klimaabkommen und zunehmende Brisanz des Klimawandels

Großen Schub erhält die internationale Nachhaltigkeitsdiskussion aktuell vor allem durch die zunehmende Brisanz der weltweiten Klimaerwärmung, die sich in immer stärkeren Wetterextremen und damit einhergehenden enormen Sach-, Personen- und Umweltschäden äußert. 2014 veröffentlichte der Weltklimarat der Vereinten Nationen (Intergovernmental Panel on Climate Change, IPCC) seinen Fünften Sachstandsbericht zur internationalen Klimaforschung mit einem scharfen Appell an die Weltgemeinschaft, mehr gegen den Klimawandel zu unternehmen.[53] Demnach sei der menschliche Einfluss, vor allem durch die Emission von Treibhausgasen, äußerst wahrscheinlich die Hauptursache der festzustellenden Erwärmung des Klimasystems.[54] Die weltweit beobachteten durchschnittlichen Temperaturen von Land- und Ozeanoberflächen zeigten über den Zeitraum von 1880 bis 2012 eine Erhöhung von etwa 0,85 °C und jedes der drei Jahrzehnte von 1983 bis 2012 sei an der Erdoberfläche sukzessive wärmer gewesen als alle vorangehenden Jahrzehnte seit 1850.[55] Im Zeitraum 1901 bis 2010 sei der mittlere globale Meeresspiegel um etwa 19 cm gestiegen und die Geschwindigkeit des Meeresspiegelanstiegs seit Mitte des 19. Jahrhunderts sei größer gewesen als die mittlere Geschwindigkeit in den vorangegangenen zwei Jahrtausenden.[56] Außerdem sei eine Zunahme heißer Temperaturextreme sowie der Häufigkeit extremer Niederschläge zu beobachten.[57]

53 IPCC, Climate Change 2014: Synthesis Report, abrufbar unter https://epic.awi.de/id/eprint/37530/1/IPCC_AR5_SYR_Final.pdf (zuletzt abgerufen am 10.08.2023).

54 IPCC, Climate Change 2014: Synthesis Report (Fn. 53), S. 2 ff., 40, 45.

55 IPCC, Climate Change 2014: Synthesis Report (Fn. 53), S. 2.

56 IPCC, Climate Change 2014: Synthesis Report (Fn. 53), S. 4, 42.

57 IPCC, Climate Change 2014: Synthesis Report (Fn. 53), S. 7 f., 53.

Im Nachgang dieses alarmierenden Berichts fand im Dezember 2015 die UN-Klimakonferenz in Paris statt. Es gelang, einen völkerrechtlich verbindlichen Vertrag zur Bekämpfung des Klimawandels zu vereinbaren – das Pariser Klimaabkommen.[58] Es sieht eine Begrenzung der globalen Erwärmung auf unter 2 °C, möglichst 1,5 °C im Vergleich zum vorindustriellen Niveau vor.[59] Bis zur zweiten Hälfte des 21. Jahrhunderts soll ein Gleichgewicht zwischen den anthropogenen Emissionen von Treibhausgasen und dem Abbau solcher Gase durch Senken „auf der Grundlage der Gerechtigkeit und im Rahmen der nachhaltigen Entwicklung und der Bemühungen zur Beseitigung der Armut" hergestellt werden.[60] Zur Umsetzung der Ziele legen die unterzeichnenden Staaten nationale Pläne vor.[61]

3. Der „European Green Deal"

Auf europäischer Ebene steht das Thema Nachhaltigkeit derzeit im Kontext des sog. „European Green Deal" ganz oben auf der politischen Agenda. Dieser von der Europäischen Kommission erarbeitete, umfangreiche Aktionsplan zielt darauf ab, die Netto-Emissionen von Treibhausgasen in der Europäischen Union bis 2050 auf null zu reduzieren und Europa damit zum ersten klimaneutralen Kontinent zu machen.[62] Bis 2030 sollen die CO_2-Emissionen der Europäischen Union im Vergleich zu 1990 bereits um 50 bis 55 Prozent gesenkt werden.[63] Der „European Green Deal" umfasst ein ganzes Bündel an

58 Eine deutsche Sprachfassung des Pariser Klimaabkommens ist abrufbar unter https://www.bmuv.de/fileadmin/Daten_BMU/Download_PDF/Klimaschutz/paris_abkommen_bf.pdf (zuletzt abgerufen am 10.08.2023).

59 Vgl. Art. 2 Abs. 1 a) des Pariser Klimaabkommens.

60 Art. 4 Abs. 1 des Pariser Klimaabkommens.

61 Vgl. Art. 3 des Pariser Klimaabkommens („national festgelegte Beiträge").

62 COM(2019) 640 final.

63 COM(2019) 640 final, S. 5 der deutschen Sprachfassung.

Gesetzesvorhaben: Neben neuen Vorgaben etwa für die Energieversorgung, den Verkehr und die Land- und Forstwirtschaft werden insbesondere auch die Finanzmarktregulierung im Rahmen einer „Sustainable Finance“-Initiative und die rechtlichen Vorschriften zur Unternehmensführung im Rahmen einer „Corporate Sustainability Due Diligence“-Initiative novelliert. Auf die konkreten Inhalte und den aktuellen Stand der letztgenannten wirtschaftspolitischen Maßnahmen wird noch zurückzukommen sein.[64] Die Kommission nennt den „European Green Deal“ ausdrücklich einen zentralen Bestandteil ihrer Strategie zur Umsetzung der Agenda 2030 der Vereinten Nationen und der Ziele für nachhaltige Entwicklung.[65]

IV. Zusammenfassende Begriffsannäherung

Der ursprünglich aus dem Bereich der Forstwirtschaft des 18. Jahrhunderts stammende und dort eine ressourcenschonende Bewirtschaftungsmethode mit weitem Planungshorizont bezeichnende Begriff der Nachhaltigkeit ist im heutigen Sprachgebrauch präsenter denn je. Er besitzt jedoch eine problematische Mehrdeutigkeit. Drei Sinnrichtungen lassen sich kontextabhängig grob unterscheiden:[66] Zum einen kann „Nachhaltigkeit“ – wie bereits der Wörterbucheintrag im Duden zeigt – eine zeitliche Bedeutung im Sinne einer langfristigen, dauerhaften Wirkung haben. Daneben kann der Begriff ein (rein) ökologisches, ressourcen- und umweltschonendes Prinzip meinen.

64 Näher zu den das Kapitalmarkt- und Unternehmensrecht betreffenden Plänen unter G. I.

65 COM(2019) 640 final, S. 3 der deutschen Sprachfassung.

66 Vgl. das ähnliche Ergebnis der Begriffsuntersuchung von *Ketteler*, NuR 2002, 513, 521, der mit Blick auf das Umwelt- und Planungsrecht konstatiert: „Eine einheitliche Definition von ‚nachhaltig' gibt es […] somit nicht. Im Laufe der Zeit hat der Begriff in der Gesetzessprache eine Entwicklung erfahren: von der Dauerhaftigkeit über das ressourcenökonomische Verständnis bis hin zu dem dreidimensionalen Konzept im Sinne der Rio-Konferenz."

Aus dieser Bedeutungsrichtung heraus ist wiederum im Zuge der internationalen Diskussion um eine zukunftsfähige und generationengerechte Umwelt- und Entwicklungspolitik ein dreigliedriger Nachhaltigkeitsbegriff hervorgegangen, der aufgrund seiner Prägung durch die Brundtland-Kommission zwar auch und gerade ökologische Aspekte beinhaltet, daneben aber eine ebenso bedeutsame soziale sowie eine gleichberechtigte wirtschaftliche Dimension besitzt. Das Brundtland-Konzept der „nachhaltigen Entwicklung“ zielt auf ein Handeln unter möglichst ausgeglichener Berücksichtigung wirtschaftlicher, ökologischer und sozialer Belange. Teil des Konzepts war es von vornherein, dass die einzelnen Staaten das abstrakte Leitbild der nachhaltigen Entwicklung unter Berücksichtigung ihres jeweiligen soziokulturellen Hintergrunds eigenständig konkretisieren. Gleichzeitig versuchen die UN selbst, dem Leitbild fortlaufend klarere Konturen zu verleihen – zuletzt im Rahmen der Agenda 2030 und des Pariser Klimaabkommens. Trotz dieser Konkretisierung verbleibt der Nachhaltigkeitsbegriff in seiner dreidimensionalen Bedeutungsrichtung vage und ist vor allem als Abwägungsgebot zu verstehen.

C. Nachhaltigkeit und Vorstandsvergütung – Analyse der Rechtsentwicklung

Die vorstehende abstrakte Begriffsbetrachtung führt zu der Frage, wie der Terminus der Nachhaltigkeit in das Recht der Vorstandsvergütung gelangte, welchen Zweck die entsprechende Vorgabe verfolgt und welche Bedeutung dem Begriff dort folglich beizumessen ist. Die Grundsätze für die Bezüge der Vorstandsmitglieder sind in § 87 AktG geregelt. In § 87 Abs. 1 S. 1 AktG heißt es zunächst, dass der Aufsichtsrat bei der Festsetzung der Gesamtbezüge des einzelnen Vorstandsmitglieds (Gehalt, Gewinnbeteiligungen, Aufwandsentschädigungen, Versicherungsentgelte, Provisionen, anreizorientierte Vergütungszusagen wie zum Beispiel Aktienbezugsrechte und Nebenleistungen jeder Art) dafür zu sorgen hat, dass diese in einem angemessenen Verhältnis zu den Aufgaben und Leistungen des Vorstandsmitglieds sowie zur Lage der Gesellschaft stehen und die übliche Vergütung nicht ohne besondere Gründe übersteigen. § 87 Abs. 1 S. 2 AktG schreibt sodann vor, dass die Vergütungsstruktur bei börsennotierten Gesellschaften *„auf eine nachhaltige und langfristige Entwicklung der Gesellschaft auszurichten“* ist. Gemäß § 87 Abs. 1 S. 3 AktG sollen variable Vergütungsbestandteile daher eine mehrjährige Bemessungsgrundlage haben.

Vor dem Hintergrund des damit offensichtlich bestehenden engen Bezugs zu variablen Vergütungskomponenten ist vorab ein Blick auf die wirtschaftswissenschaftlichen Grundlagen variabler Vorstandsvergütung zu werfen. In einem zweiten Schritt werden die Motive zu beleuchten sein, die den Gesetzgeber im Rahmen des VorstAG dazu veranlasst haben, für die Vergütungsstruktur von Vorstandsmitgliedern börsennotierter Unternehmen zwingend eine „nachhaltige“ Ausrichtung vorzusehen. Sodann werden die (Weiter-)Entwicklung der Rechtslage durch das ARUG II sowie ihre Rezeption in der Literatur analysiert und dazu Stellung bezogen.

I. Ausgangspunkt: Die variable leistungs- bzw. erfolgsabhängige Vergütung

Leistungs- bzw. erfolgsabhängige[67] Komponenten sind in Managervergütungssystemen seit langem gebräuchlich und ihre Verwendung bei börsennotierten Gesellschaften heute absoluter Marktstandard. Etwa ab Mitte der 90er-Jahre erfreuten sie sich – einem internationalen Trend folgend – in Deutschland immer größerer Beliebtheit und bildeten bei DAX-Unternehmen bald gar den überwiegenden Anteil an der Gesamtvergütung.[68] Eine leistungsabhängig-variable Managementvergütung besitzt in der wirtschaftswissenschaftlichen Theorie verschiedene Funktionen und dient insbesondere als zentrales Instrument zur Lösung des sog. „Prinzipal-Agent-Konflikts".

67 *Suchan/Winter*, DB 2009, 2531, 2532 f., weisen darauf hin, dass Leistung und Erfolg, jedenfalls im betriebswirtschaftlichen Sinne, nicht dasselbe sind: Wer besonders große Leistung (im Sinne von Arbeitseinsatz) erbringe, müsse deswegen nicht unbedingt auch besonders erfolgreich sein; umgekehrt könne Erfolg auch bei geringem Arbeitseinsatz das Ergebnis äußerer Zufallsfaktoren sein. In der Praxis ist eine Managervergütung nach Arbeitseinsatz (etwa geleisteten Arbeitsstunden) allerdings sehr unüblich. Außerdem kann „Leistung" dem Wortsinn nach durchaus auch den erzielten Erfolg meinen. Die Begriffe „leistungsabhängige Vergütung" und „erfolgsabhängige Vergütung" werden in der juristischen Literatur daher meist – und so auch im Folgenden – synonym verwendet.

68 *Meyer*, Vorstandsvergütung, S. 24.

1. Funktionen

Finanzielle Anreize sind in einer Marktwirtschaft zentraler verhaltensbezogener Steuerungsmechanismus. Leistungsabhängige Vergütungskomponenten sollen das jeweilige Vorstandsmitglied zur Erbringung eines besonders großen Einsatzes motivieren.[69] Bei Definition bestimmter Ziele bzw. Zielwerte und der Bemessung der Vergütung nach dem Zielerreichungsgrad kann eine unter dem Zielwert liegende Schlechtleistung zudem automatisch durch eine Kürzung der vereinbarten Zielvergütung „bestraft" werden (Malus). Neben einer (positiven) Anreizfunktion kann variable Vergütung also spiegelbildlich auch eine (negative, präventiv wirkende) Sanktionsfunktion aufweisen. Ergänzend zu und zusammenhängend mit der reinen Motivationswirkung kommen der leistungsabhängigen Vergütung vor allem zwei weitere Zwecke zu. Zum einen nämlich eine Informationsfunktion: Der Leistende kann (und soll) sich an den vorgegebenen Kenngrößen und Zielen orientieren und hieran erkennen, welche Ergebnisse dem Auftraggeber besonders wichtig sind.[70] Darüber hinaus weisen leistungsabhängige Vergütungssysteme auch eine Selektionsfunktion auf: Überdurchschnittlich produktive Leistungsanbieter entscheiden sich eher für einen Auftraggeber, der ihnen durch finanzielle Anreize die höheren Einkommensmöglichkeiten bietet.[71]

Im Kontext der aktienrechtlichen Vorstandsvergütung werden leistungsabhängig-variable Komponenten nach bestimmten, traditionellerweise rein

69 Etwa *Semler*, Liber Amicorum Happ, 2006, 277, 293; zur Motivationsfunktion auch *Suchan/Winter*, DB 2009, 2531, 2534.

70 *Pletke/Schrader/Siebert/Thoms/Klagges/Teubert*, Rechtshandbuch Flexible Arbeit, Teil B, Rn. 786 f.; siehe auch *Becker/Kramarsch*, Leistungs- und erfolgsorientierte Vergütung für Führungskräfte, S. 11, die neben den hier genannten noch weitere, der Sache nach aber eng miteinander verwandte Funktionen variabler Vergütung unterscheiden.

71 *Pletke/Schrader/Siebert/Thoms/Klagges/Teubert*, Rechtshandbuch Flexible Arbeit, Teil B, Rn. 786 f.; auch *Suchan/Winter*, DB 2009, 2531, 2534.

wirtschaftlichen Schlüsselindikatoren (Key Performance Indicators, KPIs) bemessen, die die Lage des Unternehmens widerspiegeln – etwa der Entwicklung des Aktienkurses, der Höhe des über einen bestimmten Zeitraum erwirtschafteten Umsatzes bzw. Gewinns oder der Liquidität des Unternehmens zu einem bestimmten Zeitpunkt. Da sich die Lage eines Unternehmens regelmäßig nicht verlässlich anhand nur einer einzigen dieser Kenngrößen feststellen lässt, sind Kombinationsmodelle beliebt, deren Verwendung allerdings auch die Komplexität der Vergütungsgestaltung erhöht. Derlei variable Entlohnung ist in vielen Unternehmen freilich nicht nur im Rahmen der Vorstandsvergütung üblich, vielmehr gibt es entsprechende Systeme – jedenfalls ab einer gewissen Führungsebene – meist auch im Rahmen der Mitarbeitervergütung, da hier dieselben Motivations-, Informations- und Selektionsüberlegungen greifen wie gegenüber dem obersten Management.

Im Regelfall bestehen Vorstandsvergütungssysteme aus einer Mischung von festen und variablen Vergütungsbestandteilen. Die festen Vergütungselemente dienen dem Zweck, dem Vorstand eine Absicherung zu verschaffen, die es ihm ermöglicht, seine Tätigkeit ohne ständiges Schielen auf Erfolgsziele im Einklang mit den Pflichten eines ordentlichen und gewissenhaften Geschäftsleiters auszuüben.[72]

2. Insbesondere: Instrument zur Lösung des sog. „Prinzipal-Agent-Konflikts"

Eng verwoben mit der Motivationsfunktion der leistungsorientierten Vergütung ist ihre Verwendung als Instrument zur Abmilderung des sog. „Agency-Problems". Die aus den USA stammende wirtschaftswissenschaft-

72 KBLW/*Bachmann*, DCGK, Empfehlung G.1 Rn. 10.

liche Theorie des „Prinzipal-Agent-Konflikts“[73] geht davon aus, dass im Vertragsverhältnis zwischen einem Auftraggeber (Prinzipal) und einem Auftragnehmer (Agent) regelmäßig ein Wissensvorsprung des Agenten gegenüber dem Prinzipal existiert (Informationsasymmetrie):[74] Der Prinzipal kann zum einen die Qualitäten und Fähigkeiten des Agenten schlechter einschätzen als dieser selbst („hidden characteristics“), ebenso kann der Prinzipal vorab nicht eindeutig beurteilen, ob der Agent seine vertraglichen Zusagen tatsächlich einhalten wird („hidden intentions“).[75] Vor allem aber kann der Prinzipal die pflichtgemäße Aufgabenausführung durch den Agenten nur eingeschränkt, jedenfalls nicht durchgängig und lückenlos überwachen, da ihm dazu neben zeitlichen Kapazitäten häufig die notwendige Fachkompetenz fehlt und der Agent der übertragenen Tätigkeit nähersteht, folglich mit ihr auch besser vertraut ist („hidden information“ bzw. „hidden actions“).[76] Dem Prinzipal ist es zwar möglich, das *Ergebnis* der Tätigkeit des Agenten zu überprüfen; auch insoweit wird er aber – jedenfalls bei komplexen Tätigkeiten – in der Regel nicht feststellen können, ob der Agent nicht bei größerer Anstrengung ein noch besseres Ergebnis erzielen hätte können.[77] Da sowohl dem Prinzipal als auch dem Agenten das rationale Streben nach eigener Nutzenmaximierung (Opportunismus) unterstellt wird, geht die Theorie davon aus, dass der Agent unter Ausnutzung seines Wissensvorsprungs etwaige ihm vertraglich eingeräumte Ermessensspielräume zum

73 Grundlegend *Jensen/Meckling*, Theory of the Firm: Managerial Behavior, Agency Costs and Ownership Structure, Journal of Financial Economics 3 (1976), 305 ff.

74 *Dillerup/Stoi*, Unternehmensführung, S. 37 ff.; *Oehlrich*, NZG 2019, 1049, 1050; Beck-OGK/*Riesenhuber*, BGB, Stand: 01.07.2023, § 662 Rn. 15.

75 *Dillerup/Stoi*, Unternehmensführung, S. 37 ff.; *Becker/Kramarsch*, Leistungs- und erfolgsorientierte Vergütung für Führungskräfte, S. 15 ff.; *Oehlrich*, NZG 2019, 1049, 1050.

76 Ebd.

77 *Laux*, Risiko, Anreiz und Kontrolle, S. 14; BeckOGK/*Riesenhuber*, BGB, Stand: 01.07.2023, § 662 Rn. 15.

eigenen Vorteil, der in der Regel mit einem wirtschaftlichen Nachteil für den Prinzipal korreliert, gebrauchen wird („moral hazard“).[78]

Auf das Aktienrecht übertragen, ergeben sich daraus vereinfacht – unter Ausblendung mitbestimmungsrechtlicher Besonderheiten – folgende Überlegungen: Die Aktionäre beauftragen als Prinzipal (vermittelt über den Aufsichtsrat[79]) einen Vorstand als Agenten mit der Unternehmensführung. Die Interessen von Aktionären und Vorstand sind dabei nicht kongruent:[80] Während die Aktionäre an einer möglichst erfolgreichen, d. h. vor allem gewinn- und unternehmenswertsteigernden Tätigkeit durch den Vorstand interessiert sind, weil sie davon als Anteilseigner wirtschaftlich unmittelbar selbst profitieren, partizipiert der Vorstand zunächst weder direkt am Gewinn noch an einem Verlust der Gesellschaft. Er ist bei rein ökonomischer Betrachtung an einer bestmöglichen Bezahlung seiner Tätigkeit bei geringstmöglichem Arbeitsaufwand interessiert. Die „Prinzipal-Agent-Theorie“ prognostiziert deshalb, dass der Vorstand bei einer reinen Festvergütung versuchen wird, seinen Arbeitseinsatz auf das (vertraglich und gesetzlich) Notwendige zu beschränken, denn eine Mehrleistung bringt für ihn keine wirtschaftlichen Vorteile und verursacht ihm nur zusätzliche Mühe;[81] in der Literatur ist insoweit vom „Arbeitsleid“ des Vorstands die

78 *Dillerup/Stoi*, Unternehmensführung, S. 37 f; BeckOGK/*Riesenhuber*, BGB, Stand: 01.07.2023, § 662 Rn. 15.

79 Die Leitung deutscher Aktiengesellschaften ist bei genauer Betrachtung sogar durch einen doppelten „Prinzipal-Agent-Konflikt“ gekennzeichnet: Die Hauptversammlung (Prinzipal) beauftragt den Aufsichtsrat (Agent) damit, eine Geschäftsführung einzusetzen, diese zu beraten und zu überwachen. Der Aufsichtsrat handelt sodann seinem Auftrag gemäß seinerseits als Prinzipal, wenn er die Geschäftsführung auf den Vorstand als Agenten überträgt. Die Lage verkompliziert sich bei mitbestimmten Gesellschaften zusätzlich dadurch, dass sich der Aufsichtsrat nicht nur aus Anteilseigner-, sondern auch aus Arbeitnehmervertretern zusammensetzt.

80 Grundlegend zum Folgenden *Berle/Means*, The Modern Corporation and Private Property, insb. S. 112 ff.

81 In der Realität ist die Motivationslage des Vorstands freilich komplexer. So wird er regelmäßig auch von nicht-monetären Beweggründen angetrieben sein, etwa einem Streben

Rede.[82] Etwaige nur bei besonders hoher Anstrengung des Vorstands erzielbare wirtschaftliche Vorteile können dem Unternehmen dadurch entgehen. Die Aktionäre wiederum können die komplexe Managementtätigkeit ihres Vorstands nur schwer kontrollieren, zumal sie – jedenfalls bei börsennotierten Gesellschaften – typischerweise als kapitalgebende (Klein-)Anleger mit lediglich beschränktem Zugang zu Unternehmensinformationen und ebenso beschränktem Einfluss auf die Führung und Kontrolle der Gesellschaft agieren und das Informationsgefälle hier folglich sogar noch stärker ausgeprägt ist als bei anderen Unternehmen.[83] Es liegen somit als „hidden information" bzw. „hidden actions" bezeichnete Informationsasymmetrien vor, die im Prinzipal-Agent-Verhältnis zwischen Aktionären und Geschäftsführung die größte Rolle spielen.[84] Aus Aktionärssicht folgt daraus die Gefahr, dass der Vorstand diskretionäre Handlungsspielräume opportunistisch und ggf. auch gegen die Interessen der Aktionäre ausnutzt.

Diesen Prinzipal-Agent-Konflikt zwischen Aktionären und Vorstand hat das deutsche Aktienrecht durchaus selbst im Blick und widmet seiner Entschärfung gar ein eigenes Organ – den Aufsichtsrat. Er hat die Geschäftsführung zu überwachen (§ 111 Abs. 1 AktG). Auch die betriebswirtschaftliche Theorie kommt zu dem Ergebnis, dass der Prinzipal angemessene (allerdings kostenverursachende) Überwachungsmaßnahmen ergreifen wird, um ein ihn benachteiligendes Verhalten durch den Agenten zu verhin-

nach Prestige oder schlicht der Freude an seiner Tätigkeit. Außerdem kann er auch bei einer bloßen Festvergütung zukunftsgerichtet von der Hoffnung auf eine Gehaltserhöhung oder einen weiteren beruflichen Aufstieg geleitet sein.

82 Etwa *Laux*, Risiko, Anreiz und Kontrolle, S. 12; *Becker/Kramarsch*, Leistungs- und erfolgsorientierte Vergütung für Führungskräfte, S. 15 ff.

83 *Jung/Stiegler*, in: *Jung/Krebs/Stiegler*, Gesellschaftsrecht in Europa, § 33 Rn. 7; in der Praxis kommt freilich den großen institutionellen Investoren, die durchaus beachtliche faktische Möglichkeiten der Einflussnahme auf Führung und Kontrolle der Gesellschaft haben, eine stetig steigende Bedeutung zu.

84 Vgl. *Oehlrich*, NZG 2019, 1049, 1050.

dern; die Implementierung eines Aufsichtsorgans ist dazu ein naheliegendes Mittel.[85] Da die Überwachung gerade bei komplexen Tätigkeiten allerdings niemals lückenlos sein kann, empfiehlt die ökonomische Forschung als zusätzliches Präventivmittel eine Vertragsgestaltung zwischen Prinzipal und Agent, die die beiderseitigen Interessen möglichst weitgehend in Gleichlauf bringt.[86] Dies ist möglich durch die Setzung von (vor allem finanziellen) Anreizen, die den Agenten dazu motivieren, bestmöglich im Interesse des Prinzipals zu agieren. Hierzu bietet sich eine Beteiligung des Agenten am Ergebnis seiner Arbeit an, typischerweise durch eine variable, leistungsorientierte Vergütungsstruktur, die je nach Unternehmenserfolg zu höheren oder niedrigeren Vergütungszahlungen führt. Eine (zumindest in Teilen) leistungsabhängige Bezahlung trägt damit dazu bei, den Prinzipal-Agenten-Konflikt schon im Ausgangspunkt zu bekämpfen, indem sie die ihn erst auslösende Interessendivergenz zwischen Prinzipal und Agent auflöst bzw. zumindest abschwächt.[87]

II. Die Erkenntnis, dass variable Vorstandsvergütung langfristig ausgerichtet sein sollte

Erstmals in Verruf gerieten die damals in der Praxis zunehmenden, oft lediglich am Ergebnis des einzelnen Geschäftsjahres bemessenen variablen Vergütungsmodelle im Zuge der Finanz- und Wirtschaftskrise in den Jahren 2008/2009.

85 *Dillerup/Stoi*, Unternehmensführung, S. 38 f., 166 f.

86 *Dillerup/Stoi*, Unternehmensführung, S. 38 f., 166 f.

87 *Dillerup/Stoi*, Unternehmensführung, S. 38 f.

1. Vergütungsanreize und die Finanz- und Wirtschaftskrise von 2008/2009

In den Jahren 2008/2009 kam es auf den weltweiten Finanzmärkten zu massiven und folgenschweren Verwerfungen. Die Ursachen waren komplex und können an dieser Stelle nur im Überblick dargestellt werden.[88] Ihren Ursprung hatte die Krise in Fehlentwicklungen im Immobiliensektor in den USA. US-Banken hatten über Jahre hinweg zu immer günstigeren Konditionen Immobilienkredite im sog. „Subprime"-Segment an Kunden mit schlechter Bonität vergeben und sich diese mittels einer auf dem kreditfinanzierten Grundstück ruhenden Hypothek absichern lassen.[89] Die Vergabe solcher „Subprime"-Kredite erfreute sich bei Banken vor allem deshalb steigender Beliebtheit, weil sich damit kurzfristig große Gewinnmargen erzielen ließen, während der Markt für finanzkräftige „Prime"-Kunden weitgehend gesättigt und umkämpft war. Trotz des großen Kreditausfallrisikos hielt man das Vorgehen für wirtschaftlich vertretbar, denn aufgrund eines anhaltenden Immobilienbooms in den USA gewannen Hausgrundstücke stetig an Wert. War ein Kreditnehmer zum vereinbarten Zeitpunkt nicht zur Tilgung seines Immobilienkredits imstande, konnte – einen weiteren Anstieg oder jedenfalls eine Stagnation der Grundstücks- und Immobilienpreise vorausgesetzt – das mit der Hypothek belastete Grundstück verwertet und ein Verlust des Kreditgebers dadurch meist vermieden werden. Befeuert wurde die Vergabe solcher risikobehafteten Hypothekenkredite nach den Feststellungen der vom US-Kongress zur Untersuchung der Ursachen der

88 Siehe näher zu den Ursachen der Finanzkrise das Jahresgutachten 2007/08 des Sachverständigenrates zur Begutachtung der gesamtwirtschaftlichen Entwicklung BT-Drucks. 16/7083 S. 88 ff.

89 Vgl. dazu und zum Folgenden die Ausarbeitung der Wissenschaftlichen Dienste des Deutschen Bundestags WD 4 - 075/09 „Verlauf der Finanzkrise - Entstehungsgründe, Verlauf und Gegenmaßnahmen" vom 11. Mai 2009, abrufbar unter https://www.bundestag.de/resource/blob/409652/69ed4dc7fa37c7fa3158d8b5ce274584/wd-4-075-09-pdf-data.pdf (zuletzt abgerufen am 10.08.2023), S. 3 ff.

Finanzkrise eingesetzten *Financial Crisis Inquiry Commission* auch durch variable Vergütungssysteme der kreditgebenden Banken, die ihren Mitarbeitern und Managern bei Steigerung des kurzfristigen Gewinns deutlich höhere Gehaltszahlungen in Aussicht stellten – selbst dann, wenn der Gewinn um den Preis großer mittel- und langfristiger Risiken erzielt worden war.[90]

Das Modell ging angesichts weiter steigender Grundstückspreise zunächst auf und fand immer größere Verbreitung. Es bildete sich eine Preisblase auf dem amerikanischen Immobilienmarkt, die im Jahr 2007 abrupt platzte.[91] Im Zuge des darauffolgenden Wertverfalls von Grundstücken sahen sich zahlreiche Banken einer enormen Anzahl ausfallender Kreditrückzahlungen gegenüber, während sie gleichzeitig die vorbehaltenen Sicherungsrechte an den kreditfinanzierten Grundstücken nicht mehr verlustdeckend ausüben konnten. Viele Banken gerieten in Zahlungsschwierigkeiten; eine massive Vertrauenskrise innerhalb des gesamten Finanzsektors war die Folge.[92] Die Zinsen für Interbankfinanzkredite stiegen im Jahr 2007 sprunghaft an.[93] Es kam zu einem liquiditätsaustrocknenden Dominoeffekt, der aufgrund der enormen Größenordnung der zu verzeichnenden Ausfälle bei Immobilienkrediten und der globalen Verflechtungen internationaler Großbanken das weltweite Finanz- und Bankensystem erfasste.[94] Ihren Höhepunkt fand die Krise mit der Insolvenz der US-Großbank Lehman Brothers am 15. Septem-

90 Financial Crisis Inquiry Report, 2011, abrufbar unter http://fcic.law.stanford.edu/report (zuletzt abgerufen am 10.08.2023), S. 61 ff., sowie – konkret im Hinblick auf die Gründe für die finanzielle Schieflage der Großbank Bear Stearns – S. 291.

91 Dazu Jahresgutachten 2008/09 des Sachverständigenrates zur Begutachtung der gesamtwirtschaftlichen Entwicklung BT-Drucks. 16/10985 S. 124 ff.

92 Vgl. Ausarbeitung der Wissenschaftlichen Dienste des Deutschen Bundestags WD 4 – 075/09 (Fn. 89), S. 9 ff.

93 Mit auf den Euro-Raum bezogenem Schaubild: Jahresgutachten 2007/08 des Sachverständigenrates zur Begutachtung der gesamtwirtschaftlichen Entwicklung BT-Drucks. 16/7083 S. 45 f.

94 Vgl. Ausarbeitung der Wissenschaftlichen Dienste des Deutschen Bundestags WD 4 – 075/09 (Fn. 89), S. 9 ff.

ber 2008. Auch in Deutschland schlug die Krise hohe Wellen: Besondere Aufmerksamkeit erlangte der Fall der Bank Hypo Real Estate, die aufgrund ihrer Größe von der Bundesregierung für systemrelevant befunden und zu Milliardenkosten für den deutschen Steuerzahler verstaatlicht wurde.[95]

Die vom Finanzmarkt ausgehenden Verwerfungen griffen alsbald auf die Realwirtschaft über. Weltweit brachen die Börsen im Laufe der Jahre 2008/2009 massiv ein. Der deutsche Leitindex DAX, der am 13. Juli 2007 noch 8.151 Punkte verzeichnet hatte, fiel im Zeitraum bis 9. März 2009 auf einen Tiefstand von 3.588 Punkten – ein Verlust von mehr als 55 % innerhalb von knapp zwei Jahren. Die deutsche Wirtschaft war nach einem zuvor recht stetig anhaltenden Aufschwung in eine schwere Rezession gestürzt.

2. Reaktion des Gesetzgebers: Vergütungsregulierung, insbesondere im Finanzsektor

Im Rahmen der Aufarbeitung der Finanzkrise wurde in Deutschland eine Vielzahl neuer Gesetze erlassen. Da man einen zentralen Auslöser der Krise in fehlerhaften Vergütungsstrukturen für Geschäftsleiter und Mitarbeiter im Finanzsektor sah, reagierte die Politik auch mit einem „Gesetz über die aufsichtsrechtlichen Anforderungen an die Vergütungssysteme von Instituten und Versicherungsunternehmen".[96] Es enthielt Änderungen des Kreditwesengesetzes (KWG) und des Versicherungsaufsichtsgesetzes (VAG). Der Gesetzgeber führte unter anderem die heute in § 25a Abs. 1 Nr. 6 KWG und § 25 Abs. 1 VAG enthaltene Vorgabe ein, dass die Vergütungssysteme für

95 Eine kurze Chronologie der Ereignisse rund um die Hypo Real Estate ist abrufbar unter https://www.br.de/nachricht/spezial/hre-prozess-chronologie-100.html (zuletzt abgerufen am 10. 08. 2023).

96 Gesetz über die aufsichtsrechtlichen Anforderungen an die Vergütungssysteme von Instituten und Versicherungsunternehmen vom 21. Juli 2010, BGBl. I 2010 S. 950.

die Geschäftsleiter, für die Mitarbeiter und bei Versicherungsunternehmen auch für die Aufsichtsratsmitglieder angemessen, transparent und auf eine „nachhaltige Entwicklung" des Instituts bzw. des Unternehmens ausgerichtet sein müssen. In der Gesetzesbegründung liest man, dass eine Ursache der Finanzmarktkrise die übermäßige Übernahme von Risiken durch Finanzmarktakteure gewesen sei, zu der die gängigen Vergütungsstrukturen im Finanzsektor beigetragen hätten.[97] Eine auf kurzfristige Parameter ausgerichtete, einseitig Erfolg belohnende und Misserfolg nicht ausreichend sanktionierende Vergütungspolitik könne dazu verleiten, den langfristigen und nachhaltigen Unternehmenserfolg aus dem Blick zu verlieren. Sie laufe einem angemessenen Risikomanagement zuwider. Wie die Finanzmarktkrise gezeigt habe, könnten die durch eine verfehlte Vergütungspolitik gesetzten Fehlanreize Risiken nicht nur für die Stabilität einzelner Unternehmen, sondern auch für die Finanzstabilität im Allgemeinen begründen.

Zur Konkretisierung der neuen vergütungsrechtlichen Anforderungen wurde das Bundesministerium der Finanzen zum Erlass von Verordnungen ermächtigt; von dieser Ermächtigung hat es in Form der Institutsvergütungsverordnung (InstitutsVergV) und der Versicherungsvergütungsverordnung (VersVergV) Gebrauch gemacht. Diese enthalten nähere Vorgaben im Hinblick auf Ausgestaltung, Überwachung und Weiterentwicklung der Vergütungssysteme, einschließlich der Entscheidungsprozesse, der Zusammensetzung der Vergütung, der Ausgestaltung der Vergütungsparameter, der Leistungszeiträume sowie hinsichtlich der Offenlegung der Ausgestaltung der Vergütungssysteme und der Zusammensetzung der Vergütung.[98] Obwohl textlich umfangreich, präzisieren beide Verordnungen das gesetzliche Ziel der „nachhaltigen Entwicklung" des Instituts bzw. des Unternehmens

97 Gesetzentwurf der Bundesregierung BT-Drucks. 17/1291 S. 1.

98 Eingehend zum Inhalt der Verordnungen *Simon/Koschker*, BB 2011, 120 ff.; zur Novellierung der Institutsvergütungsverordnung im Jahr 2014 *Annuß*, NZA-Beilage 2014, 121 ff.

kaum näher. Sie enthalten insoweit schlicht die Vorgabe, dass die Vergütungssysteme jeweils so ausgestaltet sein müssen, dass der variable Teil der Vergütung eine Vergütung für den aus der Tätigkeit sich ergebenden nachhaltigen Erfolg des Unternehmens darstellt.[99] Nach der Literatur ist damit der langfristige wirtschaftliche Erfolg des Unternehmens gemeint, ohne dass dieser genauer definiert würde.[100]

Ob und inwieweit falsche Vergütungsanreize wirklich ein (Mit-)Auslöser der Finanzkrise von 2008/2009 waren, ist nicht unumstritten. Kritiker bemängeln, dass der empirische Beweis dafür nie erbracht worden sei.[101]

III. Ausrichtung auf eine „nachhaltige Unternehmensentwicklung" durch das VorstAG

Nicht nur die Vergütungsstrukturen von Banken und Versicherungen gerieten in den Fokus des deutschen Gesetzgebers, sondern auch die Vergütungssysteme der Vorstandsmitglieder von Aktiengesellschaften im Allgemeinen, insbesondere diejenigen börsennotierter Unternehmen. Grund hierfür war einerseits eine neuerlich aufkommende, ganz grundsätzliche Debatte über Höhe und Angemessenheit von Managervergütungen, erhielten doch zahlreiche Vorstände während der Finanz- und Wirtschaftskrise trotz schlechter wirtschaftlicher Lage ihrer Unternehmen weiterhin stattliche Gehälter, während gleichzeitig viele Mitarbeiter auf Kurzarbeit gesetzt oder gar

99 § 3 Abs. 1a Nr. 3 VersVergV; sinngemäß ebenso § 19 Abs. 3 S. 1 InstitutsVergV.

100 *Waschbusch/Kiszka/Schuster/Biehl*, BKR 2022, 374, 377 f.

101 *Annuß*, NZA-Beilage 2014, 121; *Wagner/Wittgens*, BB 2009, 906: „keine umfassende und sachliche Aufarbeitung des Geschehenen"; sich dieser Kritik anschließend *Nikolay*, NJW 2009, 2640 f.; zweifelnd auch *Hohenstatt*, ZIP 2009, 1349.

entlassen wurden.[102] Wichtigster Auslöser der Gesetzesinitiative war aber, dass man von allzu stark auf Kurzfristigkeit ausgerichteten Vergütungsanreizen bei börsennotierten Unternehmen potenziell dieselben Gefahren ausgehen sah wie im Finanzsektor.[103] Der Gesetzgeber erließ ein „Gesetz zur Angemessenheit der Vorstandsvergütung" (VorstAG).[104]

Die Reform brachte eine Erweiterung der inhaltlichen Vorgaben für die Gesamtbezüge der Vorstandsmitglieder in § 87 Abs. 1 AktG. Durch eine Ergänzung der beispielhaften Aufzählung von Vergütungsbestandteilen in § 87 Abs. 1 S. 1 AktG wurde zunächst klargestellt, dass dessen Angemessenheitsvorgabe auch für „anreizorientierte Vergütungszusagen wie zum Beispiel Aktienbezugsrechte" gilt; dies hatte allerdings auch zuvor bereits einhelliger Ansicht im Schrifttum entsprochen.[105] Neben einem angemessenen Verhältnis zu seinen Aufgaben sowie zur Lage der Gesellschaft sollen die Gesamtbezüge des Vorstandsmitglieds seit dem VorstAG außerdem ein ebensolches Verhältnis zu seinen „Leistungen" aufweisen und ferner „die übliche Vergütung nicht ohne besondere Gründe übersteigen".

§ 87 Abs. 1 AktG wurden sodann folgende Sätze 2 und 3 neu hinzugefügt:

> *„Die Vergütungsstruktur ist bei börsennotierten Gesellschaften auf eine nachhaltige Unternehmensentwicklung auszurichten. Variable Vergütungsbestandteile sollen daher eine mehrjährige Bemessungsgrundlage haben; für außerordentliche Entwicklungen soll der Aufsichtsrat eine Begrenzungsmöglichkeit vereinbaren."*

102 Eingehend zu den Regulierungsmotiven und -zielen des Gesetzgebers *Cahn*, FS Hopt, 2010, 431 ff.

103 Näher sogleich unter III. 1.

104 Gesetz zur Angemessenheit der Vorstandsvergütung (VorstAG) vom 31. Juli 2009, BGBl. I 2009 S. 2509.

105 Hierauf hinweisend *Thüsing*, AG 2009, 517 f.

Zudem erleichterte der Gesetzgeber die Voraussetzungen für eine Herabsetzung der Vorstandsbezüge durch den Aufsichtsrat gemäß § 87 Abs. 2 AktG. Statt einer „wesentlichen Verschlechterung" in den Verhältnissen der Gesellschaft, die dazu führt, dass die Weitergewährung der Bezüge eine „schwere Unbilligkeit" für die Gesellschaft sein würde, ist seit dem VorstAG nur noch eine „Verschlechterung der Lage der Gesellschaft" erforderlich, die bewirkt, dass die Weitergewährung der Bezüge „unbillig für die Gesellschaft" wäre. In diesem Fall „soll" – statt zuvor „kann" – der Aufsichtsrat die Bezüge auf die angemessene Höhe herabsetzen.

Neben diesen zentralen Änderungen von § 87 AktG enthielt das VorstAG eine Reihe flankierender Neujustierungen. Unter anderem wurde der Katalog der vom Aufsichtsrat nicht an einen beschließenden Ausschuss delegierbaren Aufgaben in § 107 Abs. 3 AktG um Entscheidungen über die Vorstandsvergütung gemäß § 87 Abs. 1 und Abs. 2 S. 1 und 2 AktG erweitert; diese sind seither also zwingend dem Plenum zugewiesen. In § 116 S. 3 AktG wurde ein expliziter Hinweis auf die haftungsrechtliche Verantwortlichkeit der Aufsichtsratsmitglieder im Hinblick auf ihre vergütungsbezogenen Pflichten aus § 87 Abs. 1 AktG aufgenommen. Zudem wurde erstmals die Möglichkeit eines fakultativen – jedoch rein konsultativen und unanfechtbaren – Votums der Hauptversammlung der börsennotierten Gesellschaft über das System zur Vergütung ihres Vorstands (sog. „Say on Pay") geschaffen (§ 120 Abs. 4 AktG in seiner Fassung nach dem VorstAG).[106] Außerdem sah der Gesetzgeber eine Verlängerung der Wartezeit bei Aktienoptionsprogrammen nach § 193 Abs. 2 Nr. 4 AktG von zwei auf vier Jahre vor und führte in § 93 Abs. 2 AktG einen gesetzlich verpflichtenden Selbstbehalt für Versicherungen ein, die die Gesellschaft zur Absicherung eines Vorstands-

106 Nunmehr bekanntlich als mindestens alle vier Jahre verpflichtendes Votum in § 120a Abs. 1 AktG geregelt.

mitglieds gegen Risiken aus dessen beruflicher Tätigkeit für die Gesellschaft abschließt (sog. D&O-Versicherung).

1. Motive des Gesetzgebers

Die Gesetzesmaterialien zum VorstAG stellen gleich einleitend die Gründe für den Erlass der neuen Vorschriften klar heraus: Die Finanzmarktkrise habe deutlich gemacht, dass von kurzfristig ausgerichteten Vergütungsinstrumenten fehlerhafte Verhaltensanreize ausgehen können.[107] Wer in seinem Handeln auf die Erreichung kurzfristiger Parameter ausgerichtet sei (Börsenkurs, Auftragsvolumen etc. zu einem bestimmten Stichtag), verliere das nachhaltige Wachstum seines Unternehmens aus dem Blick. Wer stichtagsbezogen Boni erhalte, ohne an einer nachfolgenden Verschlechterung der Parameter beteiligt zu werden, werde zum Eingehen unverantwortlicher Risiken verleitet.[108] Ziel des Gesetzes sei es, die Anreize in der Vergütungsstruktur für Vorstandsmitglieder in Richtung einer nachhaltigen und auf Langfristigkeit ausgerichteten Unternehmensführung zu stärken; zugleich solle die Verantwortlichkeit des Aufsichtsrats für die Ausgestaltung der Vorstandsvergütung bekräftigt und konkretisiert sowie die Transparenz der Vorstandsvergütung verbessert werden.[109]

Die zu Beginn des Gesetzgebungsverfahrens noch für alle Aktiengesellschaften vorgesehene Vorgabe, im Rahmen der Vorstandsvergütung „langfristige Verhaltensanreize zur nachhaltigen Unternehmensentwicklung“ zu setzen, war im weiteren Verlauf auf börsennotierte Gesellschaften (§ 3 Abs. 2

107 Begründung des Fraktionsentwurfs BT-Drucks. 16/12278 S. 5; ebenso Beschlussempfehlung und Bericht des Rechtsausschusses BT-Drucks. 16/13433 S. 1.

108 Ebd.

109 Beschlussempfehlung und Bericht des Rechtsausschusses BT-Drucks. 16/13433 S. 1.

AktG) beschränkt und ferner dahingehend umformuliert worden, dass die „Vergütungsstruktur“ der Vorstandsmitglieder gemäß § 87 Abs. 1 S. 2 AktG „auf eine nachhaltige Unternehmensentwicklung auszurichten“ ist.[110] Der Begründung des Rechtsausschusses zufolge sollte der Nachhaltigkeitsgedanke zwar grundsätzlich auch von nichtbörsennotierten Gesellschaften berücksichtigt werden; von einer ausdrücklichen Regelung sei insoweit aber abzusehen, weil sonst Fragen zum Verhältnis zur GmbH und den Personenhandelsgesellschaften aufgeworfen würden und man es den Eigentümern überlassen könne, die richtigen Instrumente zu finden.[111]

Die Pflicht des Aufsichtsrats der börsennotierten Gesellschaft, die Vergütungsstruktur auf eine nachhaltige Unternehmensentwicklung auszurichten, kann ausweislich der Gesetzesmaterialen zum VorstAG mit „verschiedenen Vergütungsinstrumenten“ erfüllt werden.[112] Bei variablen Vergütungsbestandteilen sei auf eine langfristige Wirkung der Verhaltensanreize, die von der Vergütung ausgehen, zu achten, wobei auch eine Mischung aus kurzfristigeren und längerfristigen Anreizen möglich sei, wenn im Ergebnis ein langfristiger Verhaltensanreiz erzeugt werde.[113] Der Aufsichtsrat habe zudem sicherzustellen, dass an Bilanzparametern ausgerichtete erfolgsabhängige Vergütungen nicht durch außerordentliche Gewinne (z. B. Beteiligungsverkäufe) oder volatile Buchgewinne aufgebläht werden können.[114] Aktien, die als Vergütung gewährt werden, sollten längerdauernden Haltefristen unterliegen – auch bei der vertraglichen Einräumung von lediglich virtuellen Aktien („phantom stocks“) und ähnlichen schuldrechtlichen Instrumenten solle nur die langfristige Kursentwicklung und damit das langfristige

110 Vgl. die Gegenüberstellung von ursprünglichem Fraktionsentwurf und schließlich Gesetz gewordener Beschlussempfehlung des Rechtsausschusses in BT-Drucks. 16/13433 S. 4.

111 Beschlussempfehlung und Bericht des Rechtsausschusses BT-Drucks. 16/13433 S. 10.

112 Beschlussempfehlung und Bericht des Rechtsausschusses BT-Drucks. 16/13433 S. 10.

113 Beschlussempfehlung und Bericht des Rechtsausschusses BT-Drucks. 16/13433 S. 10.

114 Begründung des Fraktionsentwurfs BT-Drucks. 16/12278 S. 5.

Unternehmenswohl belohnt werden.[115] Wie die von § 87 Abs. 1 S. 3 AktG als „Soll"-Vorgabe geforderte mehrjährige Bemessungsgrundlage variabler Vergütungsbestandteile und damit die Langfristigkeit der Verhaltensanreize vertraglich umzusetzen ist, wurde vom Gesetzgeber nicht konkret festgelegt. Die Gesetzesmaterialien führen aus, es gebe dafür „zahlreiche denkbare Vertragsgestaltungen", etwa Bonus-Malus-Systeme oder eine Performancebetrachtung über die Gesamtlaufzeit.[116] Die Begründung zum Fraktionsentwurf hatte außerdem noch erläutert, die novellierte Vierjahresfrist des § 193 Abs. 2 AktG solle Auslegungshilfe für die Formulierung langfristiger Verhaltensanreize im Sinne des § 87 Abs. 1 AktG sein.[117] Da der Rechtsausschuss diese Überlegung in der Begründung seiner Beschlussempfehlung nicht mehr aufgegriffen (sich von ihr allerdings auch nicht distanziert) hatte, ist in der Literatur bis heute strittig, ob eine „mehrjährige Bemessungsgrundlage" im Sinne des § 87 Abs. 1 S. 3 AktG nur dann anzunehmen ist, wenn sie sich am Vierjahreszeitraum des § 193 Abs. 2 AktG orientiert.[118]

Zur Änderung von § 87 Abs. 2 AktG führt die Gesetzesbegründung aus, dass die Voraussetzungen für die schon bisher mögliche nachträgliche Herabsetzung der Vorstandsbezüge durch die Neuformulierung klarer und schärfer gefasst würden. Eine „Verschlechterung der Lage der Gesellschaft" liege bereits vor, wenn die Gesellschaft Entlassungen oder Lohnkürzungen vornehmen muss und keine Gewinne mehr ausschütten kann. Die Weiterzahlung der Bezüge sei jedenfalls „unbillig", wenn der Vorstand pflichtwidrig gehandelt habe, aber auch dann, wenn ihm kein pflichtwidriges Verhalten vorzuwerfen ist, die Verschlechterung der Lage der Gesellschaft jedoch

115 Begründung des Fraktionsentwurfs BT-Drucks. 16/12278 S. 5.

116 Beschlussempfehlung und Bericht des Rechtsausschusses BT-Drucks. 16/13433 S. 10.

117 Begründung des Fraktionsentwurfs BT-Drucks. 16/12278 S. 5.

118 Zu diesem Streit eingehend unter C. IV. 3. c) cc).

in die Zeit seiner Verantwortung falle und ihm zurechenbar sei.[119] In der Literatur ist zutreffend darauf hingewiesen worden, dass § 87 Abs. 2 AktG eine präventiv-steuernde Wirkung besitzt, die das Ziel einer Ausrichtung des Vorstandshandelns auf eine nachhaltige Unternehmensentwicklung unterstützt.[120] Die Praxisbedeutung der Norm ist allerdings sehr gering geblieben, was auf ihr Spannungsverhältnis zum Grundsatz *pacta sunt servanda* zurückzuführen sein dürfte;[121] selbst der BGH sah sich veranlasst, für eine restriktive Auslegung der Norm zu plädieren.[122]

Die Erweiterung der nicht delegierbaren Plenumsentscheidungen gemäß § 107 Abs. 3 AktG um Beschlüsse des Aufsichtsrats gemäß § 87 Abs. 1 und Abs. 2 S. 1 und 2 AktG soll den Gesetzesmaterialien zufolge dazu dienen, die (Gesamt-)Verantwortung des Aufsichtsrats hervorzuheben und ferner auch die Transparenz der Vergütungsfestsetzung zu verbessern.[123] Freilich blieb die Entscheidungs*vorbereitung* durch einen Ausschuss im Gegenschluss zum ausdrücklichen Gesetzeswortlaut zulässig[124] und ist in der Praxis bis heute – nicht zuletzt aufgrund der stetig zunehmenden Komplexität der Vergütungsgestaltung – weit verbreitet.[125] Die besondere Verantwortlichkeit des Aufsichtsrats unterstreichen sollte auch der deklaratorische Hinweis

119 Begründung des Fraktionsentwurfs BT-Drucks. 16/12278 S. 6.

120 *Louven/Ingwersen*, BB 2013, 1219, 1222; eingehend *Klöhn*, ZGR 2012, 1, 22 ff.; vgl. auch *Dauner-Lieb*, Der Konzern 2009, 583, 585: „Teleologisch setzt der Gesetzgeber damit auf Verhaltenssteuerung durch positive Vergütungsanreize einerseits und Sanktion in Form von Verlustbeteiligung [...] andererseits."

121 Auf dieses Spannungsverhältnis sehr kritisch hinweisend etwa *Martens*, FS Hüffer, 2010, 647, 652: „nahezu gänzliche Abkehr von jedem vertragsrechtlichen Verständnis".

122 BGH NZG 2016, 264, 265.

123 Begründung des Fraktionsentwurfs BT-Drucks. 16/12278 S. 6.

124 Siehe nur MüKoAktG/*Habersack*, § 107 Rn. 147 f.; BeckOGK/*Spindler*, AktG, Stand: 01.04.2023, § 107 Rn. 100; KK-AktG/*Mertens/Cahn*, § 107 Rn. 176.

125 Die Gesetzesbegründung bestätigt auch selbst die Zulässigkeit solcher vorbereitenden Ausschussarbeiten: BT-Drucks. 16/12278 S. 6.

in § 116 S. 3 AktG auf die Haftung der Aufsichtsratsmitglieder im Falle einer Verletzung ihrer vergütungsbezogenen Pflichten aus § 87 Abs. 1 AktG.[126] Die amtliche Begründung spricht wörtlich davon, dass Aufsichtsratsmitgliedern ihre persönliche Haftung gemäß §§ 116 S. 1, 93 Abs. 2 S. 1 AktG in diesem Zusammenhang zuvor „offenbar nicht ausreichend bewusst" gewesen sei.[127] Das erstmals geschaffene „Say on Pay" der Hauptversammlung des § 120 Abs. 4 AktG in seiner Fassung nach dem VorstAG sollte den Aktionären ein Kontrollinstrument an die Hand geben, von dem sich der Gesetzgeber positive Rückwirkungen auf die Wahrnehmung der Verpflichtungen aus § 87 AktG versprach: Müssten Vorstand und Aufsichtsrat damit rechnen, dass das bestehende Vergütungssystem durch die Hauptversammlung öffentlichkeitswirksam bewertet wird, würden sie hierdurch bei der Festlegung der Vorstandsvergütung gemäß § 87 AktG zu besonderer Gewissenhaftigkeit angehalten.[128] Die Verlängerung der Wartezeit bei Aktienoptionsprogrammen nach § 193 Abs. 2 Nr. 4 AktG von zwei Jahren auf vier Jahre soll den Begünstigten nach der Gesetzesbegründung ergänzend zur Langfristausrichtung des § 87 Abs. 1 S. 2 AktG stärkere Anreize zu langfristigem Handeln zum Wohl des Unternehmens geben.[129] Der verpflichtende Selbstbehalt für D&O-Versicherungen in § 93 Abs. 2 AktG soll den verhaltenssteuernden, pflichtbewusstseinsfördernden Effekt der Vorstandshaftung absichern.[130] Das drohende Schwert der Haftung kann dazu beitragen, dass Vorstands-

126 Kritisch dazu *Hanau*, NJW 2009, 1652, 1653, der von § 116 S. 3 AktG angesichts zahlreicher Hürden für die tatsächliche Inanspruchnahme von Aufsichtsratsmitgliedern im Vergütungskontext keinen ernsthaften Abschreckungseffekt ausgehen sieht.

127 Begründung des Fraktionsentwurfs BT-Drucks. 16/12278 S. 6; vgl. auch *Seibert*, WM 2009, 1489, 1491: „besondere Ermahnung des Aufsichtsrats".

128 Beschlussempfehlung und Bericht des Rechtsausschusses BT-Drucks. 16/13433 S. 12.

129 Begründung des Fraktionsentwurfs BT-Drucks. 16/12278 S. 5.

130 Beschlussempfehlung und Bericht des Rechtsausschusses BT-Drucks. 16/13433 S. 11; *Jahn*, GWR 2009, 135, 136, spricht treffend davon, die Einführung des D&O-Selbstbehalts habe der Vorbeugung einer „Vollkasko-Mentalität" bei Vorstandsmitgliedern gedient; siehe auch *Thüsing*, AG 2009, 517, 526 f.

mitglieder ihr Handeln nicht pflichtwidrig übermäßig auf kurzfristigen Profit unter Eingehung hoher Langfristrisiken für die Gesellschaft ausrichten, was den Gesetzeszweck des VorstAG unterstützt.[131]

2. Weit überwiegende Auslegung in der Literatur als rein zeitlich orientierte Vorgabe

Das VorstAG und insbesondere die neu eingeführte Vorgabe des § 87 Abs. 1 S. 2 AktG erfuhren in der aktienrechtlichen Literatur ausgesprochen große Aufmerksamkeit.[132] Mit Deutungsunterschieden im Detail etablierte sich im Grundsatz bald eine zeitlich-wirtschaftliche Interpretation der Nachhaltigkeitsmaßgabe, deren Konkretisierung allerdings Schwierigkeiten bereitete. Nur vereinzelt setzten sich Autoren für ein weites Nachhaltigkeitsverständnis im Sinne des UN-Konzepts ein.

a) Nachhaltigkeit als Synonym für Langfristigkeit

Thüsing stellte frühzeitig fest, dass es sich beim Begriff der „nachhaltigen Unternehmensentwicklung" um einen Neologismus des Aktienrechts handele.[133] In der Tat waren vor Inkrafttreten des VorstAG weder das Substantiv „Nachhaltigkeit" noch das Adjektiv bzw. Adverb „nachhaltig" an irgendeiner Stelle im deutschen Aktiengesetz aufgetaucht. *Thüsing/Forst* nahmen dies zum Anlass, sich (allerdings recht knapp) abstrakt mit dem Nachhaltigkeitsbegriff als solchem, seinen Ursprüngen in der Forstwirtschaft und

131 Vgl. *Hohenstatt*, ZIP 2009, 1349, 1354.

132 Ein Fundstellenüberblick zur damals „kaum noch überschaubaren Flut von Publikationen" findet sich bei *Dauner-Lieb/von Preen/Simon*, DB 2010, 377.

133 *Thüsing*, AG 2009, 517, 519.

seiner Verwendung in anderen Rechtsgebieten zu beschäftigen.[134] Das dreidimensionale Nachhaltigkeitskonzept der Vereinten Nationen erwähnen sie jedoch nicht und ziehen konsequentermaßen eine entsprechende Deutung von § 87 Abs. 1 S. 2 AktG im Weiteren gar nicht erst in Betracht. *Fleischer* spricht in seiner damaligen kurzen Begriffsanalyse das internationale „Sustainable Development"-Konzept durchaus kurz an, kommt aber unmittelbar und ohne nähere Begründung zu dem Schluss, dass dieses im Kontext von § 87 Abs. 1 S. 2 AktG nicht gemeint sein könne.[135] *Mertens* erwähnt, Nachhaltigkeit habe als Rechtsbegriff im Umweltrecht eine fest umrissene Bedeutung erlangt;[136] dass deshalb im Rahmen der Vorstandsvergütung ökologische oder gar soziale Aspekte in Bezug genommen sein könnten, zieht er aber ebenfalls nicht in Betracht. *Wagner* geht zwar näher auf das UN-Konzept der „nachhaltigen Entwicklung" ein, folgert daraus für § 87 Abs. 1 S. 2 AktG in seiner Fassung nach dem VorstAG aber nur, dass es hier der Sache nach um die Sicherung eines dauernden Bestands und einer dauerhaften Rentabilität gehe.[137] Nahezu einhellig wählt die das VorstAG kommentierende Literatur eine zeitliche Deutung: „Nachhaltig" meine im Kontext des § 87 Abs. 1 S. 2 AktG so viel wie „langfristig" bzw. „dauerhaft".[138]

134 *Thüsing/Forst*, GWR 2010, 515 f.

135 *Fleischer*, NZG 2009, 801, 802.

136 *Mertens*, AG 2011, 57, 58.

137 *Wagner*, AG 2010, 774, 776 ff.

138 Deutlich etwa *Thüsing*, AG 2009, 517, 522: „Wird auf den nachhaltigen (= dauerhaften) Erfolg abgestellt […]"; *Gaul/Janz*, NZA 2009, 809, 810: „Gebot der Langfristigkeit von Vergütungsmodellen"; *Dauner-Lieb/von Preen/Simon*, DB 2010, 377, 379: „Nachhaltigkeit als Gegensatz zur Kurzfristigkeit"; explizit auch *Louven/Ingwersen*, BB 2013, 1219, 1222: „Der Begriff der Nachhaltigkeit im Rahmen von § 87 Abs. 1 AktG ist ausschließlich zeitlich zu verstehen."; zur Gegenansicht sogleich unter C. III. 3.

b) Interpretation

Mit einer näheren Inhaltspräzisierung oder gar Definition des (zeitlich verstandenen) Nachhaltigkeitsgebots in § 87 Abs. 1 S. 2 AktG taten sich die Autoren allerdings schwer. Die Diskussion ist auch unter der aktuell geltenden Rechtslage nicht abgeschlossen und soll daher an dieser Stelle nur im Überblick dargestellt, an späterer Stelle nochmals vertieft werden.[139] Manche Stimmen sahen bzw. sehen die Langfristigkeitsvorgabe abschließend in § 87 Abs. 1 S. 3 AktG konkretisiert, demzufolge variable Vergütungsbestandteile „daher" – also wegen der Ausrichtungsvorgabe des Satz 2 – eine mehrjährige Bemessungsgrundlage haben sollen.[140] Andere Autoren interpretierten die Langfristigkeitsvorgabe vor allem negativ dahin, dass der Gesetzgeber Vergütungsanreize verhindern wolle, die dazu führen, dass zur Steigerung der eigenen Bezüge hohe kurzfristige, stichtagsbezogen gemessene Erfolge unter Eingehung umso größerer Zukunftsrisiken durch den Vorstand angestrebt würden, die sich später als bestandsgefährdend für das Unternehmen herausstellen.[141] Auch jenseits einer etwaigen Bestandsgefährdung solle der Vorstand keine kurzfristigen, möglicherweise durch Substanzverzehr erzielten Gewinne auf Kosten eines anschließenden, umso stärkeren Einbruchs anstreben (sog. „Strohfeuereffekt").[142]

Etwas weitergehend wurden von manchen Stimmen Versuche unternommen, dem Langfristigkeitsgebot auch einen *positiven* und über § 87 Abs. 1 S. 3 AktG hinausgehenden Aussagegehalt abzugewinnen: Die Vergütungs-

139 Ausführlich zum Stand der Diskussion unten C. IV. 2. b), zur Stellungnahme C. IV. 3. b).

140 Etwa *Eichner/Delahaye*, ZIP 2010, 2082; *Cahn*, FS Hopt, 2010, 431, 441 ff.; *Wilsing/Paul*, GWR 2010, 363.

141 *Thüsing/Forst*, GWR 2010, 515, 516; *Seibert*, WM 2009, 1489, 1490; *Fleischer*, NZG 2009, 801, 802 f.; *Bauer/Arnold*, AG 2009, 717, 721; *Mertens*, AG 2011, 57, 58.

142 Etwa *Baeck/Götze/Arnold*, NZG 2009, 1121, 1122; *Dzida/Naber*, BB 2011, 2613; *Hohenstatt/Kuhnke*, ZIP 2009, 1981, 1982; *Suchan/Winter*, DB 2009, 2531, 2536 f.; in jüngerer Zeit *Behme*, BB 2019, 451, 454.

struktur solle unter Zugrundelegung geeigneter Parameter auf den dauerhaften Bestand und die langfristige Rentabilität des Unternehmens abzielen.[143] Teilweise wurde postuliert, der Gesetzgeber wolle mit der neuen Vorgabe auch Zukunftsinvestitionen, beispielsweise in Forschung und Entwicklung oder Mitarbeiterschulung, fördern, die erst später bilanz- und ergebnisrelevant werden.[144] Da eine abstrakte Bestimmung sinnvoller positiver Nachhaltigkeitsziele schwierig sei, wurde vorgeschlagen, die Konkretisierung dem Aufsichtsrat im eigenen, weiten Ermessen unter Beachtung der strategischen Ausrichtung des jeweiligen Unternehmens (Erhaltung der Konzernunabhängigkeit, Ausbau des Marktanteils, Entwicklung und Einführung neuer Produkte, Erschließung neuer globaler Märkte) zu überantworten und ihn den Nachhaltigkeitsbegriff dadurch quasi selbst ausfüllen zu lassen.[145]

3. Vereinzelte, aber zunehmende Tendenzen zu einem weiten Nachhaltigkeitsverständnis

Nur einzelne Stimmen, die im Laufe der Zeit allerdings an Zustimmung gewannen, sprachen sich für ein grundsätzlich anderes, nämlich dreidimensionales Nachhaltigkeitsverständnis im Sinne des UN-Konzepts in § 87 Abs. 1 S. 2 AktG aus. Drei Begründungsstränge für die weite Begriffsauslegung wurden ins Feld geführt.

143 Etwa *Suchan/Winter*, DB 2009, 2531, 2537; *Annuß/Theusinger*, BB 2009, 2434, 2436; *Wagner*, AG 2010, 774, 778.

144 *Fleischer*, NZG 2009, 801, 802 f.; *Hohenstatt/Kuhnke*, ZIP 2009, 1981, 1982; nach *Bauer/Arnold*, AG 2009, 717, 721, soll die Investition in „langfristig erfolgsversprechende Technologien" gefördert werden.

145 *Dauner-Lieb*, Der Konzern 2009, 583, 586; ähnlich *Thüsing/Forst*, GWR 2010, 515, 516.

a) Argument der Entstehung des Nachhaltigkeitsgebots im Gesetzgebungsprozess

Am deutlichsten für ein weites Nachhaltigkeitsverständnis traten *Röttgen/Kluge* ein, die einen durch die herrschende Meinung unternommenen „Versuch einer bereichsspezifischen Begriffsbestimmung der Nachhaltigkeit für das Aktienrecht" beklagten; der Begriff sei richtigerweise „so wie in anderen Gesetzen und im politischen Bereich" zu verstehen.[146] Bereits die sprachliche Trennung zwischen § 87 Abs. 1 S. 2 AktG, der die Ausrichtung der Vergütungsstruktur auf eine nachhaltige Unternehmensentwicklung vorschreibe, und dem nachfolgenden Satz 3, demzufolge variable Vergütungsbestandteile „daher" eine mehrjährige Bemessungsgrundlage haben sollen, belege, dass sich das gesetzliche Nachhaltigkeitspostulat nicht in einem zeitlichen Bedeutungsgehalt erschöpfen könne. Andernfalls hätte § 87 Abs. 1 S. 2 AktG keinen eigenständigen Bedeutungsgehalt und der Gesetzgeber hätte darauf verzichten können.[147] Im Zuge der (inter-)nationalen Diskussion um das Leitbild der „nachhaltigen Entwicklung" sei die Bedeutung des Nachhaltigkeitsbegriffs im politisch-gesellschaftlichen Bereich maßgeblich geprägt worden und werde heute in einer Handlungsmaxime gesehen, welche ökologische, wirtschaftliche und soziale Belange so in Ausgleich bringe, dass die Bedürfnisse heutiger wie auch zukünftiger Generationen berücksichtigt werden (Drei-Säulen-Konzept).[148]

Im Wege einer historischen Gesetzesinterpretation weisen *Röttgen/Kluge* sodann auf eine im Laufe des Gesetzgebungsverfahrens erfolgte Mitteilung der beiden Vorsitzenden einer koalitionsinternen „Arbeitsgruppe Managervergütung" hin, in welcher der Begriff der Nachhaltigkeit erstmals auf-

146 *Röttgen/Kluge*, NJW 2013, 900.

147 *Röttgen/Kluge*, NJW 2013, 900, 901.

148 *Röttgen/Kluge*, NJW 2013, 900, 901 f.

tauche.[149] Vor dieser Mitteilung habe ein Gespräch mit dem Deutschen Gewerkschaftsbund (DGB) stattgefunden, der bereits im Jahr 2008 gefordert habe, dass für die Bemessung der Vorstandsgehälter eine Berücksichtigung der sozialen, gesellschaftlichen und ökologischen Verantwortung der Vorstandsmitglieder gesetzlich vorgeschrieben werden solle; diese Forderung sei als Teil eines notwendig werdenden Nachhaltigkeitsmanagements bezeichnet worden.[150] Das Anliegen des DGB sei vom Gesetzgeber unter dem zusammenfassenden Begriff der „nachhaltigen Unternehmensentwicklung" berücksichtigt worden. Nach *Röttgen/Kluge* hat die Nachhaltigkeitsforderung in § 87 Abs. 1 S. 2 AktG in seiner Fassung nach dem VorstAG deshalb „im Kern zum Inhalt, die Ressourcen als Basis künftigen Wirtschaftens nicht zu zerstören, sondern im Gegenteil zu erhalten und gegebenenfalls weiter zu entwickeln."[151] Nachhaltigkeit beziehe sich auf folgende drei Aspekte: „1. ökologisch: Weltbevölkerung, Beschäftigte, Klimaentwicklung, Gewässerschutz, Artenerhaltung etc., 2. sozial: Interessen der Arbeitnehmer, Anwohner, Kommune, Kunden etc. und 3. ökonomisch: Interessen von Aktionären, Kunden, Lieferanten, Staat, Beschäftigten etc."[152]

b) Argument der Ausstrahlungswirkung europäischer Vorgaben

Für eine weite Nachhaltigkeitsdeutung wurde in der Literatur teilweise auch ein entsprechendes Begriffsverständnis auf EU-Ebene im unternehmensrechtlichen Bereich angeführt; dieses wirke sich mittelbar auch auf das deutsche Recht aus. Vorreiter dieser Argumentationslinie waren ebenfalls *Röttgen/Kluge,* die ihr Auslegungsergebnis zusätzlich mit einem Blick auf

149 *Röttgen/Kluge,* NJW 2013, 900, 902 f.

150 Die Autoren verweisen insoweit auf einen Beitrag des damaligen DGB-Vorstandsmitglieds *Hexel,* Der Aufsichtsrat 2008, 128 f.

151 *Röttgen/Kluge,* NJW 2013, 900, 903.

152 Ebd.

ein Grünbuch der Europäischen Kommission[153] begründeten, welches ein entsprechendes Nachhaltigkeitsverständnis – gerade mit Blick auf die soziale Verantwortung von Unternehmen – zum Ausdruck gebracht habe.[154] Daran habe sich der deutsche Gesetzgeber orientiert. In diesem Zusammenhang weisen *Röttgen/Kluge* auch auf die EU-Modernisierungsrichtlinie 2003/51/EG hin, welche nichtfinanzielle Leistungsindikatoren, soweit sie für die betreffende Geschäftstätigkeit von Bedeutung sind, einschließlich Informationen in Bezug auf Umwelt- und Arbeitnehmerbelange, zum Pflichtinhalt von Geschäfts- und Lageberichten gemacht habe. Zu diesen in Deutschland in §§ 289, 315 HGB umgesetzten Rechtspflichten habe das Bundesministerium für Umwelt, Naturschutz und Reaktorsicherheit (BMU) schon im Jahr 2009 Anwendungsempfehlungen[155] für die Unternehmen unter Verwendung des auf dem Drei-Säulen-Konzept basierenden Nachhaltigkeitsbegriffs veröffentlicht. Damit habe auch die Bundesregierung ein weites Nachhaltigkeitsverständnis im Unternehmensbereich zum Ausdruck gebracht.[156]

In dieselbe Stoßrichtung argumentierte einige Jahre später *Hommelhoff*.[157] Er verwies auf die im Jahr 2017 mit dem CSR-Richtlinie-Umsetzungsgesetz eingeführte Pflicht zur Abgabe einer nichtfinanziellen Erklärung gemäß §§ 289b ff. HGB. Danach haben große kapitalmarktorientierte Unternehmen eine Erklärung über bestimmte Umwelt-, Arbeitnehmer- und Sozialbelange sowie Aspekte der Achtung von Menschenrechten und der Bekämpfung von Korruption und Bestechung abzugeben. Nach Ansicht von *Hommelhoff* ergeben sich aus diesen Berichtspflichten (mittelbar) auch Handlungspflichten in den genannten CSR-Bereichen für die Organmitglieder der jeweiligen

153 Grünbuch der Europäischen Kommission „Europäische Rahmenbedingungen für die soziale Verantwortung der Unternehmen", KOM/2001/0366 endg.

154 *Röttgen/Kluge*, NJW 2013, 900, 903 f.

155 BMU (Hrsg.), Was Investoren wollen – Nachhaltigkeit in der Lageberichterstattung, 2009.

156 *Röttgen/Kluge*, NJW 2013, 900, 903 f.

157 *Hommelhoff*, NZG 2017, 1361, 1364.

Unternehmen.[158] In der CSR-Richtlinie 2014/95/EU schlage sich die europäische Nachhaltigkeitspolitik nieder[159] – das weite Nachhaltigkeitsverständnis auf europäischer Ebene sei auf § 87 Abs. 1 S. 2 AktG zu übertragen. Für die leistungsbezogene Vergütung der einzelnen Vorstandsmitglieder müssten deshalb deren Leistungen im nichtfinanziellen Bereich miteinbezogen werden. Die „Brücke" bilde insoweit die obligatorische Angabe zu den bedeutsamsten nichtfinanziellen Leistungsindikatoren in der nichtfinanziellen Erklärung (§ 289c Abs. 3 Nr. 5 HGB).[160]

c) Argument des Unternehmensinteresses

Ansätze, den Nachhaltigkeitsbegriff in § 87 Abs. 1 S. 2 AktG weit zu verstehen, fanden sich schließlich vereinzelt mit einem – meist aber nicht näher ausgeführten – Verweis auf das sog. Unternehmensinteresse[161]. So äußerte etwa *Ringleb*, die gesetzliche Nachhaltigkeitsvorgabe ausschließlich zeitlich zu verstehen, „wäre wohl zu kurz gedacht"; das Gesetz stelle vielmehr auf das Unternehmensinteresse ab, das dann beachtet sei, „wenn die wirtschaftlichen, sozialen und ökologischen Interessen der betroffenen Stakeholder angemessen berücksichtigt werden".[162] Einem weiten Nachhaltigkeitsverständnis tendenziell zuneigend bezweifelte auch *Velte*, dass im Rahmen von § 87 Abs. 1 S. 2 AktG die „Nichtberücksichtigung des Drei-Säulen-Konzepts aus ökonomischen, sozialen und ökologischen Elementen mit einem Stake-

158 *Hommelhoff*, NZG 2017, 1361 ff.

159 *Hommelhoff*, NZG 2017, 1361, 1364, unter Hinweis auf die Erwägungsgründe 1 ff. der Richtlinie 2014/95/EU.

160 *Hommelhoff*, NZG 2017, 1361, 1364.

161 Eingehend zum Begriff des Unternehmensinteresses und seiner Bedeutung im Kontext der Vorstandsvergütung unter Kapitel D.

162 RKLW/*Ringleb*, DCGK, Rn. 722.

holder-bezogenen, langfristigen Unternehmensinteresse in Einklang zu bringen ist".[163]

4. Stellungnahme

Die besseren Argumente sprechen dafür, dass der Gesetzgeber dem Nachhaltigkeitsgebot bei Erlass des VorstAG einen rein zeitlichen Bedeutungsgehalt zumessen wollte. Wenn auch der reine Gesetzeswortlaut – der Nachhaltigkeitsbegriff ist nun einmal, wie eingangs zu dieser Arbeit ausgeführt,[164] mehrdeutig – Raum für unterschiedliche Interpretationen beließ,[165] weist doch eine historisch-teleologische Auslegung der damaligen Vorgabe deutlich darauf hin, dass der Gesetzgeber ein temporales Verständnis beabsichtigte. Anlass des VorstAG war ausweislich der Gesetzesmaterialien die Finanzkrise, als deren Auslöser der Gesetzgeber (unter anderem) ausdrücklich *kurzfristig* ausgerichtete Vergütungsanreize ausgemacht hatte.[166] Eine übermäßige Fokussierung auf solche kurzfristigen, stichtagsbezogenen Vergütungsziele sollte durch die neue gesetzliche Nachhaltigkeitsvorgabe ausgeschlossen werden, stattdessen sollten (gerade umgekehrt) langfristige Verhaltensanreize gefördert werden. Diese Sichtweise bestätigt der mit dem VorstAG ebenfalls neu eingeführte und mit § 87 Abs. 1 S. 2 AktG systematisch und sprachlich in engem Zusammenhang stehende § 87 Abs. 1 S. 3 AktG, demzufolge variable Vergütungsbestandteile „daher" – wegen der Ausrichtung der Vergütungsstruktur auf eine nachhaltige Unternehmensentwicklung – eine *mehrjährige* (also langfristige) Bemessungsgrundlage

163 *Velte*, NZG 2016, 294, 298 f.

164 Siehe dazu eingehend Kapitel B.

165 Insoweit übereinstimmend *Röttgen/Kluge*, NJW 2013, 900, 902; *Louven/Ingwersen*, BB 2013, 1219, 1220.

166 Beschlussempfehlung und Bericht des Rechtsausschusses BT-Drucks. 16/13433 S. 1; ebenso zuvor bereits Begründung des Fraktionsentwurfs BT-Drucks. 16/12278 S. 5.

haben sollen.[167] Das von *Röttgen/Kluge* vertretene weite Nachhaltigkeitsverständnis hat dagegen an keiner Stelle Eingang in die Gesetzesmaterialien gefunden, obwohl eine gesetzliche Pflicht zur Einbeziehung sozialer und ökologischer Ziele in der Vergütungsstruktur für Vorstandsmitglieder börsennotierter Unternehmen vor dem Entstehungshintergrund der Finanzkrise eine eher überraschende, jedenfalls keinesfalls selbsterklärende Rechtsänderung gewesen wäre,[168] zu der man eine Erläuterung oder wenigstens eine Andeutung in der amtlichen Gesetzesbegründung hätte erwarten dürfen. Dass einzelne am Entstehungsprozess des VorstAG beteiligte Abgeordnete bei der Formulierung des Gesetzestexts möglicherweise ein weites Nachhaltigkeitsverständnis vor Augen hatten, kann für die Gesetzesauslegung nicht maßgeblich sein. Erwägungen bzw. Begründungen für den Erlass eines Gesetzes können nach juristischer Methodik nur dann als Wille des Gesetzgebers zu dessen Auslegung herangezogen werden, wenn sie dem Parlament im Ganzen zuzurechnen sind (Repräsentativität).[169] Dazu müssen sie dem Parlament auch offen vorgelegen und die Basis seiner Entscheidungen gebildet haben (Transparenz).[170] In die Auslegung einzubeziehen sind daher nur diejenigen Hintergründe und Absichten, welche durch die Gesetzesbegründung gegenüber allen Mitgliedern des Bundestags angeführt wurden und folglich in die Willensbildung der Parlamentarier eingeflossen sind.[171] Einzelne, im Rahmen des Gesetzgebungsprozesses erfolgte Gespräche, deren konkreter Inhalt und daraus gezogene Schlussfolgerungen überdies unklar sind, können die Gesetzesinterpretation dagegen nicht determinieren.[172]

167 *Louven/Ingwersen*, BB 2013, 1219, 1221.

168 *Harbarth*, ZGR 2018, 379, 388, spricht gar von einem „Paradigmenwechsel“, den eine solche Vorgabe im Aktienrecht dargestellt hätte.

169 *Wischmeyer*, JZ 2015, 957, 964; vgl. auch *Seibert*, in: *Fleischer*, Mysterium „Gesetzesmaterialien“, S. 111, 116.

170 *Wischmeyer*, JZ 2015, 957, 964.

171 *Louven/Ingwersen*, BB 2013, 1219, 1222.

172 *Koch*, § 87 Rn. 27.

Für eine zeitliche Deutung von § 87 Abs. 1 S. 2 AktG in seiner Fassung nach dem VorstAG spricht auch eine nähere Betrachtung der Entstehung des letztlich vom Bundestag beschlossenen Wortlauts im Gesetzgebungsverfahren. Im ursprünglichen Referentenentwurf hatte es noch geheißen, der Aufsichtsrat habe bei der Festsetzung der Gesamtbezüge des einzelnen Vorstandsmitglieds unter anderem dafür zu sorgen, dass diese „langfristige Verhaltensanreize zur nachhaltigen Unternehmensentwicklung setzen".[173] Der Begriff der „Langfristigkeit" wurde im weiteren Beratungsprozess dann fallengelassen, weil er in dem der „Nachhaltigkeit" zum Ausdruck komme.[174] Dies belegt, dass der Gesetzgeber offenbar selbst eine unnötige sprachliche Doppelung feststellte, die er durch eine Beschränkung auf den Begriff der „Nachhaltigkeit" auflöste – und damit ein zeitliches Verständnis verband. Umso plausibler erscheint diese Erwägung, wenn man bedenkt, dass der Begriff der Nachhaltigkeit durchaus auch in anderen zivilrechtlichen Gesetzen in einem rein zeitlichen Sinne verwendet wurde und wird. Nachhaltigkeit mag einen „Neologismus des Aktienrechts"[175] dargestellt haben, keinesfalls aber des Zivilrechts in seiner Gesamtheit. Zahlreiche privatrechtliche Vorschriften enthalten den Begriff. So gewährt etwa § 569 Abs. 2 BGB im Wohnraummietrecht ein außerordentliches Kündigungsrecht für den Fall, dass eine Vertragspartei den Hausfrieden „nachhaltig" stört. § 593 Abs. 1 BGB regelt für den Landpachtvertrag den Fall, dass sich Verhältnisse, die für die Festsetzung der Vertragsleistungen maßgeblich waren, „nachhaltig" geändert haben. § 1575 Abs. 1 S. 1 BGB spricht von einer Erwerbstätigkeit, die den Unterhalt „nachhaltig" sichert. Zum Tatbestand des § 296 Abs. 1 Nr. 1 HGB gehört es, dass erhebliche und andauernde Beschränkungen die Ausübung bestimmter Rechte eines Mutterunternehmens in Bezug auf sein Tochterunternehmen „nachhaltig" beeinträchtigen. In all diesen Fällen kann

173 Fraktionsentwurf BT-Drucks. 16/12278 S. 3.

174 Dazu *Seibert*, FS Goette, 2011, 487, 496.

175 *Thüsing*, AG 2009, 517, 519; *Thüsing/Forst*, GWR 2010, 515.

Nachhaltigkeit nicht in einem ökologisch-sozialen, sondern nur in einem zeitlichen Sinne gemeint sein. Es war und ist also eine – insbesondere für das Zivilrecht – unzutreffende Behauptung, dass der Begriff der Nachhaltigkeit in anderen Gesetzen außerhalb des Aktienrechts stets in einem „weiten" Sinne verwendet würde.[176] Überwiegend mag dies allenfalls für das öffentliche Recht, insbesondere das Umweltrecht, zutreffen; selbst dort wird der Begriff mitunter allerdings durchaus mit unterschiedlicher Bedeutung gebraucht.[177]

Ebenso wenig konnte es überzeugen, ein weites Nachhaltigkeitsverständnis in § 87 Abs. 1 S. 2 AktG in seiner Fassung nach dem VorstAG aus den europarechtlich vorgegebenen Pflichten zur nichtfinanziellen Berichterstattung abzuleiten. Allerdings liegt der Grund dafür weniger darin, dass es sich bei §§ 289 Abs. 3, 289b ff. HGB nur um *Berichts*pflichten handelte, mit denen *de lege lata* keine darüber hinausreichenden Änderungen der Organpflichten einhergehen.[178] Diese Annahme ist zwar zutreffend, sie schließt aber nicht aus, dass der deutsche Gesetzgeber das in jenen Paragrafen zum Ausdruck kommende dreidimensional angelegte Nachhaltigkeitsverständnis der EU im unternehmerischen Bereich auch in § 87 Abs. 1 S. 2 AktG aufgreift und das weite Nachhaltigkeitskonzept begrifflich dorthin überträgt. Eine über die Berichterstattung hinausgehende Änderung der Organpflichten ergibt sich dann nicht aus §§ 289 Abs. 3, 289b ff. HGB, sondern unmittelbar

176 So aber *Röttgen/Kluge*, NJW 2013, 900, die eine „bereichsspezifische Begriffsbestimmung der Nachhaltigkeit für das Aktienrecht" durch die Vertreter eines zeitlichen Verständnisses monieren und fordern, den Nachhaltigkeitsbegriff „so wie in anderen Gesetzen" zu verstehen.

177 Siehe eingehend zur Verwendung und Bedeutung des Nachhaltigkeitsbegriffs im Umwelt- und Planungsrecht den im Kern bis heute aktuellen Beitrag von *Ketteler*, NuR 2002, 513 ff.

178 Dies betonend und deshalb Rückschlüsse für § 87 Abs. 1 S. 2 AktG ablehnend insbesondere *Harbarth*, ZGR 2018, 379, 388; *Bachmann*, ZGR 2018, 231, 243.

aus § 87 Abs. 1 S. 2 AktG selbst.[179] Indes wäre es jedenfalls im Hinblick auf die §§ 289b ff. HGB schon aus chronologischen Gründen nicht überzeugend, dem Gesetzgeber des VorstAG einen solchen Willen zu unterstellen, wurden jene Vorschriften doch erst im Jahr 2017, also acht Jahre nach Inkrafttreten des VorstAG, erlassen. Der Gesetzgeber des VorstAG konnte die Regelungen zur nichtfinanziellen Berichterstattung also nicht in seine Willensbildung einbezogen haben. Zwar existierte im Jahr 2009 immerhin schon § 289 Abs. 3 HGB und hätte der Gesetzgeber – davon abgesehen – auch unabhängig von europäischen Vorgaben eine Pflicht zur Berücksichtigung ökologischer und sozialer Belange im Rahmen der Vorstandsvergütung börsennotierter Unternehmen vorsehen können. Wie gezeigt fehlen jedoch die notwendigen Anhaltspunkte in der Gesetzesbegründung, dass er dies mit Erlass des VorstAG tatsächlich wollte.

Eine Pflicht zur Implementierung sozialer und ökologischer Ziele in der Vorstandsvergütung ließ sich schließlich auch nicht mit einem pauschalen Verweis auf das Unternehmensinteresse begründen. Zwar verfolgt das deutsche Aktienrecht, wie an späterer Stelle noch näher darzulegen sein wird, nach zutreffender Ansicht in der Tat einen interessenpluralistischen Stakeholder Value-Ansatz.[180] Allein aus diesem Umstand lässt sich aber noch keine Pflicht zur Festlegung ökologischer und sozialer Ziele in der Vergütungsstruktur des Vorstands ableiten. Andernfalls hätte ja – konsequent zu Ende gedacht – eine entsprechende Pflicht des Aufsichtsrats sogar schon *vor* Einführung der Nachhaltigkeitsvorgabe durch das VorstAG bestehen müssen. Denn auch vor Erlass des VorstAG waren die Aufsichtsratsmitglieder bei Vergütungsentscheidungen selbstverständlich bereits an das

179 So in der Tat nach hier vertretener Auffassung die neue Rechtslage nach dem ARUG II, siehe eingehend unter C. IV. 3.

180 Eingehend dazu unten D. I. und II.

Unternehmensinteresse gebunden.[181] Für eine am Stakeholder Value-Ansatz orientierte Unternehmensführung ist es aber keine „konstitutive Grundvoraussetzung", dass Anreize zur Berücksichtigung sozialer und ökologischer Stakeholder-Belange auch über die Vorstandsvergütung gesetzt werden.[182] Entscheidend für eine dem Stakeholder Value-Ansatz folgende Corporate Governance ist, dass Vorstand und Aufsichtsrat – unabhängig von etwaigen Vergütungsanreizen – die jeweils relevanten Stakeholder-Belange bei ihrer Unternehmensführung zu berücksichtigen und angemessen abzuwägen haben.[183] Sehr wohl kann eine gesetzliche Vorgabe zur Einbeziehung von ökologischen und sozialen Zielen in der Vorstandsvergütung allerdings ein sinn- und wirkungsvolles gesetzliches Mittel sein, um eine am Stakeholder Value-Ansatz orientierte Unternehmensführung zusätzlich zu forcieren und soziale und ökologische Aspekte stärker in den Fokus des Managements zu rücken. Die Vertreter eines weiten Nachhaltigkeitsverständnisses in § 87 Abs. 1 S. 2 AktG in seiner Fassung nach dem VorstAG haben deshalb wertvolle Denkanstöße geliefert, die der Gesetzgeber mit dem ARUG II aufgegriffen hat (siehe sogleich unter IV.). Wenn man nach neuer Rechtslage eine Pflicht des Aufsichtsrats zur Festsetzung bzw. zumindest eine Pflicht zur ernsthaften Erwägung der Festsetzung ökologischer und sozialer Vorstandsvergütungsziele bejaht, dann ist Geltungsgrund dieser Pflicht aber die gesetzgeberische Entscheidung dafür und nicht bereits die – schon immer bestehende – Bindung des Aufsichtsrats an das Unternehmensinteresse als solche.

181 Ausdrücklich der BGH in seiner vor Erlass des VorstAG ergangenen Mannesmann-Entscheidung BGHSt 50, 331, 335 f.: „Nach den Vorgaben des Aktienrechts müssen sie bei allen Vergütungsentscheidungen im Unternehmensinteresse [...] handeln, insbesondere den Vorteil der Gesellschaft wahren und Nachteile von ihr abwenden."

182 Im Ergebnis ebenso *Louven/Ingwersen*, BB 2013, 1219, 1221.

183 Näher zur Diskussion um die Zielkonzeption des deutschen Aktienrechts unter D. I. und II.

Das Nachhaltigkeitsgebot war in seiner Fassung nach dem VorstAG somit als rein zeitlich gemeinte Maßgabe zu verstehen. Die freiwillige Berücksichtigung sozialer und ökologischer Stakeholder-Interessen bei der Vergütungsgestaltung in Form einer Festsetzung entsprechender Vergütungsziele (etwa hinsichtlich Mitarbeiterzufriedenheit oder Rohstoff und Energieeffizienz) war dem Aufsichtsrat selbstverständlich möglich; eine Pflicht zur Bestimmung speziell solcher Ziele bestand aber nicht.[184] Wie die zeitliche Ausrichtungsvorgabe für die Vorstandsvergütung konkret zu interpretieren ist, wird, da § 87 Abs. 1 S. 2 AktG auch in seiner Fassung nach dem ARUG II unbestritten eine zeitlich-wirtschaftliche Dimension besitzt, im Zusammenhang mit der nunmehr geltenden Rechtslage näher erörtert.[185]

IV. Ausrichtung auf eine „nachhaltige und langfristige Entwicklung der Gesellschaft" durch das ARUG II

Neuen Schwung hat die Diskussion um die „nachhaltige" Ausrichtung der Vorstandsvergütung zuletzt mit dem Erlass des ARUG II im Jahr 2019 bekommen. Mit der Richtlinie (EU) 2017/828 waren vom europäischen Gesetzgeber unter anderem umfangreiche neue Vorgaben für die Vergütung der Vorstandsmitglieder börsennotierter Unternehmen festgelegt worden, die der deutsche Gesetzgeber umzusetzen hatte. Obwohl nach der Richtlinie nicht zwingend erforderlich, nahm der deutsche Gesetzgeber die Novelle auch zum Anlass, den Wortlaut von § 87 Abs. 1 S. 2 AktG zu modifizieren. Hatte die Norm in ihrer Fassung nach dem VorstAG noch gefordert, dass

184 *Ihrig/Schäfer*, Rechte und Pflichten des Vorstands, 1. Auflage 2014, Rn. 237; *Harbarth*, ZGR 2018, 379, 383 ff.; *Bachmann*, ZGR 2018, 231, 243.

185 Siehe dazu unter C. IV. 3. b).

die Vergütungsstruktur der Vorstandsmitglieder bei börsennotierten Unternehmen auf eine „nachhaltige Unternehmensentwicklung auszurichten“ ist, so verpflichtet sie nunmehr dazu, die Vergütungsstruktur auf eine „nachhaltige und langfristige Entwicklung der Gesellschaft auszurichten“.

1. Hintergrund der Gesetzesänderung

Das ARUG II brachte mit der Einführung von § 87a und § 162 AktG gleich zwei wesentliche, europarechtlich vorgegebene neue Vorschriften für die Vorstandsvergütung bei börsennotierten Gesellschaften mit sich. Deren Aufsichtsräte müssen seither ein klares und verständliches System zur Vergütung der Vorstandsmitglieder gemäß den Vorgaben des § 87a AktG beschließen, welches der Hauptversammlung nach dem ebenfalls neu eingefügten § 120a Abs. 1 AktG mindestens alle vier Jahre zur Abstimmung vorzulegen ist. Das abstrakte Vergütungssystem gemäß § 87a AktG ist zu unterscheiden von der konkreten Vergütungsfestsetzung für jedes einzelne Vorstandsmitglied gemäß § 87 Abs. 1 AktG; letztere muss sich in dem durch das Vergütungssystem gesteckten Rahmen bewegen.[186] Zu den Mindestangaben, die das Vergütungssystem enthalten muss, zählt nach § 87a Abs. 1 Nr. 2 AktG der „Beitrag der Vergütung zur Förderung der Geschäftsstrategie und zur langfristigen Entwicklung der Gesellschaft“. Gemäß § 162 AktG haben Vorstand und Aufsichtsrat der börsennotierten Gesellschaft darüber hinaus jährlich einen klaren und verständlichen Bericht über die im letzten Geschäftsjahr jedem einzelnen gegenwärtigen oder früheren Mitglied des Vorstands und des Aufsichtsrats von der Gesellschaft und von Unternehmen desselben Konzerns gewährte und geschuldete Vergütung zu erstellen, welcher nach § 120a Abs. 4 AktG in dem auf das Berichtsjahr folgenden Geschäftsjahr ebenfalls der Hauptversammlung zur Beschlussfassung vorzu-

186 Hölters/Weber/*Weber*, § 87a Rn. 3; MüKoAktG/*Spindler*, § 87a Rn. 5, jeweils m. w. N.

legen ist. Auch der Vergütungsbericht hat eine Angabe zu enthalten, „wie die Vergütung die langfristige Entwicklung der Gesellschaft fördert" (§ 162 Abs. 1 S. 2 Nr. 1 AktG).

Die genannten Formulierungen in § 87a Abs. 1 Nr. 2 und § 162 Abs. 1 S. 2 Nr. 1 AktG erinnern stark an das eben referierte – zeitliche – Verständnis der gesetzlichen Pflicht des Aufsichtsrats gemäß § 87 Abs. 1 S. 2 AktG in seiner Fassung nach dem VorstAG, die Vergütungsstruktur der Vorstandsmitglieder bei börsennotierten Unternehmen „auf eine nachhaltige Unternehmensentwicklung auszurichten". Aus diesem Grund plante die Bundesregierung in ihrem Entwurf für ein Gesetz zur Umsetzung der Zweiten Aktionärsrechterichtlinie auch zunächst, das Wort „nachhaltig" in § 87 Abs. 1 S. 2 AktG durch das Wort „langfristig" zu ersetzen.[187] Zur Begründung hieß es, dass durch die Änderung terminologische Unterschiede zwischen § 87 Abs. 1 S. 2 AktG („nachhaltige Unternehmensentwicklung") und den neu einzufügenden §§ 87a Abs. 1 S. 2 Nr. 1, 162 Abs. 1 S. 2 Nr. 1 AktG-E (jeweils „langfristige Entwicklung der Gesellschaft") vermieden werden sollten.[188] Es sei sinnvoll, § 87 Abs. 1 S. 2 AktG an den Wortlaut der richtlinienbasierten Vorschriften des ARUG II anzugleichen, wobei dies lediglich eine „redaktionelle Anpassung" darstelle, die mit „keinerlei inhaltlicher Änderung" einhergehe. Sie unterstreiche, dass die Begrifflichkeit „langfristige Entwicklung der Gesellschaft" im AktG einheitlich im Sinne der bisherigen Auslegung des § 87 Abs. 1 S. 2 AktG zu verstehen sei. Der oben dargestellte Streit um den Bedeutungsgehalt der Nachhaltigkeitsvorgabe dieser Norm wäre damit deutlich im Sinne der rein zeitlichen Interpretation der herrschenden Meinung entschieden worden.

187 Gesetzentwurf der Bundesregierung BT-Drucks. 19/9739 S. 11.

188 Begründung zum Gesetzentwurf der Bundesregierung BT-Drucks. 19/9739 S. 72.

In der Erörterung des Gesetzentwurfs im Rechtsausschuss des Bundestags kam es dann jedoch zu einer spektakulären Kehrtwende. Anstatt an dem Entwurf der Bundesregierung festzuhalten, änderte der Rechtsausschuss den Wortlaut des § 87 Abs. 1 S. 2 AktG dahingehend ab, dass die Vergütungsstruktur der Vorstandsmitglieder bei börsennotierten Unternehmen auf eine „nachhaltige und langfristige Entwicklung der Gesellschaft auszurichten" ist. In seiner Begründung führt der Rechtsausschuss dazu aus, dass die bisherige gesetzliche Verpflichtung des Aufsichtsrats, bei der Festsetzung der Vorstandsvergütung auf eine „nachhaltige Entwicklung" der Gesellschaft zu achten, von Praxis und Literatur ganz überwiegend lediglich zeitlich im Sinne einer „langfristigen Entwicklung" verstanden worden sei.[189] Mit der Doppelung der Begriffe „nachhaltig" und „langfristig" wolle der Ausschuss zum Ausdruck bringen, dass der Aufsichtsrat bei der Festsetzung der Vergütung, insbesondere der Wahl der Vergütungsanreize „auch soziale und ökologische Gesichtspunkte in den Blick zu nehmen hat".[190] Diesen Erwägungen folgte der Bundestag und beschloss das Gesetz in der vom Rechtsausschuss empfohlenen Fassung.

2. Verständnis der neuen Vorgabe in der Literatur

Die kurzfristige Änderung gegen Ende des Gesetzgebungsverfahrens hat in der Literatur großes Aufsehen erregt, wird in ihrer Auswirkung auf die Rechtslage allerdings höchst unterschiedlich bewertet. Äußerst umstritten ist, ob und inwieweit dem Begriff der „Nachhaltigkeit" nunmehr ein neuer, gegenüber der „Langfristigkeit" eigenständiger Bedeutungsgehalt zukommt. Einigkeit besteht, dass unter dem Begriff der „Langfristigkeit" die bisher herrschende zeitliche Interpretation von § 87 Abs. 1 S. 2 AktG fort-

189 Beschlussempfehlung und Bericht des Rechtsausschusses, BT-Drucks. 19/15153, S. 55.

190 Beschlussempfehlung und Bericht des Rechtsausschusses, BT-Drucks. 19/15153, S. 55.

lebt – allerdings ist auch deren nähere Konkretisierung nach wie vor nicht abschließend geklärt.

a) Aspekt der „nachhaltigen" Entwicklung der Gesellschaft

Nicht wenige Autoren, darunter gewichtige Stimmen der aktienrechtlichen Kommentarliteratur, sehen in der sprachlichen Neufassung von § 87 Abs. 1 S. 2 AktG *keine* (relevante) Modifikation der Rechtslage und möchten die Ausrichtungsmaßgabe weiterhin vor allem zeitlich interpretieren. So kann etwa *Seibt* in der Novellierung von § 87 Abs. 1 S. 2 AktG durch das ARUG II „keine Inhaltsänderung oder auch nur eine Akzentverschiebung" erkennen.[191] Insbesondere müssten soziale oder ökologische Vergütungsziele nach wie vor nicht zwingend vom Aufsichtsrat vorgesehen werden, zumal auch in den unionsrechtlich vorgezeichneten Bestimmungen der §§ 87a Abs. 1 S. 2 Nr. 2 und Abs. 2 S. 2, 162 Abs. 1 S. 2 Nr. 1 AktG jeweils nur von „langfristiger Entwicklung" bzw. „langfristigem Wohlergehen" der Gesellschaft die Rede sei. *Spindler* weist in seiner Kommentierung zwar zunächst auf das Anliegen des Gesetzgebers hin, den Aufsichtsrat durch die begriffliche Doppelung von „Nachhaltigkeit" und „Langfristigkeit" dazu anzuhalten, bei der Gestaltung der Vergütungsstruktur auch ökologische und soziale Gesichtspunkte in den Blick zu nehmen.[192] Schon einen Absatz später kommt er dennoch zu dem Ergebnis, der Begriff der Nachhaltigkeit in § 87 Abs. 1 S. 2 AktG sei (weiterhin) „ausschließlich zeitlich zu verstehen"; andere Deutungen seien „eher irreführend".[193] Auch nach Meinung von *Koch* besteht noch immer keine Rechtspflicht zur Einbeziehung von ESG-Zielen.[194] Nachhaltigkeit sei eine

191 K. Schmidt/Lutter/*Seibt*, § 87 Rn. 23.

192 MüKoAktG/*Spindler*, § 87 Rn. 90.

193 MüKoAktG/*Spindler*, § 87 Rn. 91; sehr zurückhaltend auch *ders.*, AG 2020, 61, 62 f.

194 *Koch*, § 87 Rn. 25; ebenso Backhaus/Tielmann/*Melot de Beauregard/Arden*, Der Aufsichtsrat, § 87 Rn. 73.

„positiv besetzte Modevokabel"[195] mit unscharfer tatbestandlicher Konturierung und deshalb (auch nach neuer Fassung) restriktiv zu interpretieren.[196] *Weber*[197] verweist, ebenso wie *Lochner/Beneke*[198] und *Dauner-Lieb*[199], auf die Begründung des ursprünglichen Regierungsentwurfs für das ARUG II, der zufolge die geplante Gesetzesänderung eine rein redaktionelle Anpassung darstelle, die mit keinerlei inhaltlicher Änderung einhergehe – die Rechtslage sei folglich dieselbe wie zuvor.

Auf der anderen Seite des Meinungsspektrums liegen Autoren, die in der Neufassung von § 87 Abs. 1 S. 2 AktG durch das ARUG II sehr wohl eine weitreichende Novellierung der Rechtslage sehen.[200] Nach *Bachmann* lässt sich nach dem Inkrafttreten des ARUG II ein rein zeitliches Verständnis der Vorgabe nicht mehr aufrechterhalten; der Gesetzgeber stelle durch die Verwendung des Begriffspaares unmissverständlich klar, dass nachhaltig mehr meint als bloß langfristig.[201] *Velte* geht davon aus, dass angesichts der Entwicklungen im Rahmen des Gesetzgebungsprozesses und der Ausführungen des Rechtsausschusses in der amtlichen Gesetzesbegründung fortan Sozial- und Umweltziele als nichtfinanzielle Parameter zwingend in die Vorstandsvergütungsstruktur einbezogen werden müssen.[202] Ebenso meint *Bürgers,* dass die bislang bereits zunehmend freiwillig erfolgte Berücksich-

195 *Koch,* § 87 Rn. 25. Der Nachhaltigkeitsbegriff hat in der aktienrechtlichen Literatur insgesamt einen schweren Stand: Von einem „inflationär gebrauchten Modewort" sprachen zuvor bereits *Louven/Ingwersen,* BB 2013, 1219, von einer „unverbindlichen politischen Sprechblase" *Marsch-Barner,* ZHR 175 (2011), 737.

196 *Koch,* § 87 Rn. 27.

197 Hölters/Weber/*Weber,* § 87 Rn. 30a.

198 Hirte/Heidel/*Lochner/Beneke,* § 87 Rn. 3.

199 Henssler/Strohn/*Dauner-Lieb,* GesR, AktG § 87 Rn. 22.

200 Etwa *Poelzig,* NZG 2020, 41, 42: „gravierende Auswirkungen"; rechtspolitisch kritisch *Florstedt,* ZIP 2020, 1, 3: „Einlagerungen sozialpolitischer Fremdelemente".

201 KBLW/*Bachmann,* DCGK, G. 23 Rn. 51.

202 *Velte,* NZG 2020, 12 ff.; *ders.,* NZG 2021, 3.

tigung nichtfinanzieller Umstände bei der Festsetzung der Vorstandsvergütung nunmehr im Sinne des Klimaschutzprogramms der Bundesregierung zur Pflicht erhoben worden sei.[203] Nach Ansicht von *van Kann/Keiluweit* besteht – angesichts oben genannter Gegenstimmen allerdings zweifelhafte – „Einigkeit“, dass bei der Ausrichtung der Vergütungsstruktur nicht nur langfristige Ziele berücksichtigt werden dürfen, sondern „auch nichtfinanzielle Parameter (insbesondere Sozial- und Umweltziele) zwingend einbezogen werden müssen“.[204] *Hommelhoff* führt aus, wegen der nunmehr gesonderten Stellung von „langfristig“ bekomme das Tatbestandsmerkmal „nachhaltig“ einen vom bisher herrschenden Verständnis weit abweichenden, neuen Sinngehalt: ökologisch, ökonomisch und sozial.[205] Auch *Walden* betont, dass die zuvor restriktive Auslegung von § 87 Abs. 1 S. 2 AktG ausschließlich im Sinne von langfristiger Entwicklung „vom Tisch sein“ dürfte.[206] Die teilweise freiwillig erfolgte Einbeziehung von CSR-Aspekten bei der Vorstandsvergütung gehöre nun zum Pflichtprogramm des Aufsichtsrats.

Mit selber Tendenz, in der Wortwahl allerdings etwas zurückhaltender formuliert *Fleischer*, aufgrund des neuen Nachhaltigkeitskonzepts sei die Heranziehung nichtfinanzieller Leistungsindikatoren, anders als nach bisher überwiegender Ansicht, „nicht mehr nur gestattet, sondern ausdrücklich geboten“.[207] Der Aufsichtsrat dürfe sich also im Rahmen der Gestaltung der Vorstandsvergütung nicht mehr allein an finanziellen Zielen orientieren, sondern müsse auch nichtfinanzielle, namentlich soziale und ökologische Leistungsindikatoren „berücksichtigen“. Um eine vermittelnde Ansicht be-

203 Bürgers/Körber/Lieder/*Bürgers*, § 87 Rn. 12a.

204 van Kann/*van Kann/Keiluweit*, Vorstand der AG, Kapitel V Rn. 27.

205 *Hommelhoff*, FS Hopt, 2020, 467, 472; ähnlich *Poelzig*, NZG 2020, 41, 42, die deshalb von einer Rechtsänderung mit „gravierenden Auswirkungen“ spricht.

206 *Walden*, NZG 2020, 50, 57.

207 BeckOGK/*Fleischer*, AktG, Stand: 01.04.2023, § 87 Rn. 36.

müht, sprechen auch *Arnold/Herzberg/Zeh* lediglich davon, dass der Aufsichtsrat nach neuer Rechtslage angehalten sei, „durch die Wahl finanzieller und ggf. nicht-finanzieller Kriterien dem Nachhaltigkeitsgedanken angemessen Rechnung zu tragen“.[208] Die Integration von ESG-Zielen in die variable Vergütung sei eine naheliegende Lösung, um die neuen gesetzlichen Anforderungen zu erfüllen.[209] Welche anderen Optionen in Betracht kommen sollen, um die Nachhaltigkeitsvorgabe umzusetzen, lassen die Autoren freilich offen. *Arnold* führt an anderer Stelle aus, dass beispielsweise auch eine Berücksichtigung des Börsenkurses „einen Bezug zu ESG-Zielen haben [kann], da die Märkte das Ansehen von Aktiengesellschaften mit Blick auf die nach innen und außen gelebte Governance sowie ökologische Aspekte der Unternehmensstrategie und Unternehmensführung abbilden.“[210] Dabei könne sich der Abbau von Umweltrisiken auch unmittelbar auf finanzielle Erfolgskriterien auswirken, beispielsweise durch die Auflösung von Rückstellungen für Umweltrisiken.

b) Aspekt der „langfristigen“ Entwicklung der Gesellschaft

Unstrittig – und im Gesetz nunmehr auch ausdrücklich so formuliert – verlangt § 87 Abs. 1 S. 2 AktG bei börsennotierten Gesellschaften die Ausrichtung der Vorstandsvergütungsstruktur auf eine „langfristige“ Entwicklung der Gesellschaft, wie sie unter der Geltung des früheren Wortlauts der Norm die herrschende Meinung bereits vertrat.[211] Wie diese Vorgabe näher zu konkretisieren ist, wird aber nach wie vor kontrovers diskutiert; verschiedene Deutungsvarianten existieren.

208 *Arnold/Herzberg/Zeh*, AG 2021, 141.

209 Ähnlich auch *Johannsen-Roth/Kießling*, DB-Beilage 20/2021, 31, 33: „Nicht rechtlich zwingend, aber praktisch in jeder Hinsicht sinnvoll“.

210 Goette/Arnold/*C. Arnold*, AR-HdB, § 4 Rn. 1315.

211 Dazu im Überblick schon oben C. III. 2.

Einige Literaturstimmen sehen die Langfristigkeitsvorgabe abschließend in § 87 Abs. 1 S. 3 AktG konkretisiert, demzufolge variable Vergütungsbestandteile „daher“ – also wegen der Ausrichtungsvorgabe des Satz 2 – eine mehrjährige Bemessungsgrundlage haben sollen.[212] Nach jenen Autoren erschöpft sich das Langfristigkeitsgebot inhaltlich in der Vorgabe einer mehrjährigen Bemessungsgrundlage für variable Vergütungsbestandteile vollumfänglich oder jedenfalls doch ganz überwiegend; diskutiert werden nur noch Einzelfragen der Umsetzung, etwa, wie viele Jahre ein Bemessungszeitraum konkret zu umfassen habe, um als „mehrjährig“ gelten zu können.[213] Dieser Sichtweise wird allerdings entgegengehalten, dass eine mehrjährige Bemessungsgrundlage von Vergütungskomponenten für sich genommen noch keine langfristig erfolgreiche wirtschaftliche Entwicklung der Gesellschaft sicherstellen könne; entscheidend sei vielmehr auch eine sinnvolle Auswahl von (finanziellen) Parametern, mittels derer sich der dauerhafte Unternehmenserfolg messen lasse.[214]

Andere Autoren interpretieren die Langfristigkeitsvorgabe (rein) negativ und führen aus, welche Vergütungsstrukturen ihr *nicht* entsprechen und daher unzulässig sind. Diese Herangehensweise wird damit begründet, dass auch der Gesetzgeber in den Materialien zum VorstAG nicht näher ausgeführt habe, worauf die zeitliche Maßgabe positiv abziele,[215] sondern sich im Wesentlichen darauf beschränkt habe, Fehlentwicklungen anzuprangern, die die Finanzkrise mitverursacht hätten und deshalb für die Zukunft aus-

212 So in Bezug auf die Rechtslage nach dem VorstAG etwa *Eichner/Delahaye*, ZIP 2010, 2082; *Cahn*, FS Hopt, 2010, 431, 441 ff.; *Wilsing/Paul*, GWR 2010, 363.

213 Vgl. insbesondere *Eichner/Delahaye*, ZIP 2010, 2082 ff.; *Cahn*, FS Hopt, 2010, 431, 441 ff.; *Rieckhoff*, AG 2010, 617 ff.; deutlich auch *Marsch-Barner*, ZHR 175 (2011), 737, 745: „blasses Postulat, das bis auf die Vorgaben für die variable Vergütung in § 87 Abs. 1 S. 3 AktG keine weitere Ausprägung erfahren hat“.

214 *Wagner*, AG 2010, 774, 778; auch *Hohenstatt/Kuhnke*, ZIP 2009, 1981, 1982.

215 Dies betonend *Dauner-Lieb/von Preen/Simon*, DB 2010, 377, 379; *Mertens*, AG 2011, 57.

geschlossen werden müssten.[216] Vor diesem Hintergrund wird die Vorgabe dahin gedeutet, der Gesetzgeber wolle Vergütungsanreize verhindern, die dazu führen, dass zur Steigerung der eigenen Bezüge hohe kurzfristige, stichtagsbezogen gemessene Erfolge unter Eingehung umso größerer Zukunftsrisiken durch den Vorstand angestrebt würden, die sich später als bestandsgefährdend für das Unternehmen herausstellen.[217] Aber auch jenseits einer etwaigen Bestandsgefährdung solle der Vorstand keine kurzfristigen, möglicherweise durch Substanzverzehr erzielten Gewinne auf Kosten eines anschließenden, umso stärkeren Einbruchs anstreben (sog. „Strohfeuereffekt").[218] Entschärft werden solle mit der Maßgabe folglich ein Problem, welches man plastisch als „Zeitpräferenzkonflikt" bezeichne: Am Unternehmensgewinn beteiligte Vorstandsmitglieder hätten aus verschiedenen Gründen (etwa baldiger Unternehmenswechsel oder bevorstehende Verrentung) eine große Gegenwartspräferenz. Sie würden deshalb Investitionsobjekte mit kurzfristig hohen Einzahlungsüberschüssen bevorzugen, obwohl dies nicht zwingend diejenigen mit dem höchsten Kapitalwert für das Unternehmen sein müssten.[219] Insgesamt stelle die Vorgabe also in erster Linie ein Gegenkonzept zu einer rein auf kurzfristigen Erfolg abzielenden und unter Kurzsichtigkeit leidenden Unternehmensführung dar,[220] was auch dadurch bestätigt werde, dass der Gesetzgeber nichts an der Zulässigkeit von reinen Fixvergütungen habe ändern wollen: Von Fixvergütungen könnten

216 Beschlussempfehlung und Bericht des Rechtsausschusses BT-Drucks. 16/13433 S. 1.

217 *Thüsing/Forst*, GWR 2010, 515, 516; *Seibert*, WM 2009, 1489, 1490; *Fleischer*, NZG 2009, 801, 802 f.; *Bauer/Arnold*, AG 2009, 717, 721; *Mertens*, AG 2011, 57, 58.

218 *Baeck/Götze/Arnold*, NZG 2009, 1121, 1122; *Bauer/Arnold*, AG 2009, 717, 721; *Dzida/Naber*, BB 2011, 2613; *Thüsing/Forst*, GWR 2010, 515, 516; *Mertens*, AG 2011, 57, 58; *Hoffmann-Becking/Krieger*, NZG-Beilage 16/2009, Rn. 10; *Hohenstatt/Kuhnke*, ZIP 2009, 1981, 1982; *Suchan/Winter*, DB 2009, 2531, 2536 f.; in jüngerer Zeit *Behme*, BB 2019, 451, 454.

219 *Fleischer*, NZG 2009 801, 802; *Deilmann/Otte*, GWR 2009, 261.

220 *Bauer/Arnold*, AG 2009, 717, 721; *Dauner-Lieb*, Der Konzern 2009, 583, 585; *Dauner-Lieb/von Preen/Simon*, DB 2010, 377, 379.

zwar keine fehlerhaften kurzfristigen Verhaltensanreize ausgehen, genauso wenig gingen von ihnen aber Anreize zur Erreichung irgendwelcher „positiv“ definierten Ziele aus.[221]

Teilweise werden Versuche unternommen, dem Langfristigkeitsgebot auch einen *positiven* und über § 87 Abs. 1 S. 3 AktG hinausgehenden Aussagegehalt abzugewinnen. So wird formuliert, die Vergütungsstruktur solle unter Zugrundelegung geeigneter Parameter auf den dauerhaften Bestand und die langfristige Rentabilität des Unternehmens abzielen.[222] Die zeitliche Ausrichtungsvorgabe wolle etwa Zukunftsinvestitionen, beispielsweise in Forschung und Entwicklung oder Mitarbeiterschulung, fördern, die erst später bilanz- und ergebnisrelevant werden.[223] In diesem Zusammenhang kreist ein Streit um die Frage, ob die zeitliche Ausrichtungsvorgabe des Gesetzes neben dem dauerhaften Bestand und der langfristigen Rentabilität des Unternehmens auch eine (stetige und angemessene) Steigerung des Unternehmenswerts fordere.[224] Eine abstrakte positive Konkretisierung der allgemeinen Maßgabe sei schwierig; sie könne nur unter Berücksichtigung der Verhältnisse und Lage des jeweiligen Unternehmens erfolgen.[225] Noch unter Geltung der Rechtslage nach dem VorstAG warb *Dauner-Lieb* dafür, den Aufsichtsrat die Ziele für das jeweilige Unternehmen im eigenen, weiten Ermessen unter Beachtung der strategischen Ausrichtung des

221 In diesem Sinne *Hoffmann-Becking/Krieger*, NZG-Beilage 16/2009, 1, 2.

222 Etwa *Suchan/Winter*, DB 2009, 2531, 2537; *Annuß/Theusinger*, BB 2009, 2434, 2436; *Wagner*, AG 2010, 774, 778.

223 *Fleischer*, NZG 2009, 801, 802 f.; *Hohenstatt/Kuhnke*, ZIP 2009, 1981, 1982; nach *Bauer/Arnold*, AG 2009, 717, 721 soll die Investition in „langfristig erfolgsversprechende Technologien" gefördert werden; kritisch gegenüber einem solchen positiven Aussagegehalt allerdings *Mertens*, AG 2011, 57, 58 f.

224 Dafür etwa *Hohenstatt/Kuhnke*, ZIP 2009, 1981, 1982: „Hinwendung zur langfristigen Wertsteigerung"; *Dzida/Naber*, BB 2011, 2613; dagegen *Spindler*, NJOZ 2009, 3282, 3284; *Thüsing*, AG 2009, 517, 520; *Wagner*, AG 2010, 774, 777 f.

225 *Dauner-Lieb*, Der Konzern 2009, 583, 586.

jeweiligen Unternehmens (Erhaltung der Konzernunabhängigkeit, Ausbau des Marktanteils, Entwicklung und Einführung neuer Produkte, Erschließung neuer globaler Märkte) ableiten und die gesetzliche Vorgabe dadurch quasi selbst ausfüllen zu lassen.[226] Diesen Ansatz weiterführend postulierten *Dauner-Lieb/von Preen/Simon*, entsprechende Ziele seien vom Aufsichtsrat anhand des vom Vorstand vorgegebenen Geschäftsmodells und der Unternehmensstrategie des jeweiligen Unternehmens zu konkretisieren.[227]

3. Stellungnahme

a) „Nachhaltige" Entwicklung der Gesellschaft

Die Neuformulierung von § 87 Abs. 1 S. 2 AktG durch das ARUG II und die nunmehr gesonderte Stellung des Wortes „nachhaltig" neben dem Wort „langfristig" haben wie gezeigt eine Debatte darüber entfacht, *ob* sich die Rechtslage dadurch gegenüber derjenigen nach dem VorstAG geändert hat und – falls ja – *inwiefern* dies der Fall ist.

aa) Frage des „Ob" der Änderung der Rechtslage

Die dargestellten Entwicklungen im Gesetzgebungsverfahren zum ARUG II und die – aufgrund der Zustimmung des Bundestags zum Willen des Gesetzgebers gewordenen – Ausführungen des Rechtsausschusses zur Neuformulierung des Wortlauts von § 87 Abs. 1 S. 2 AktG belassen keinen Zweifel, dass mit der Novelle eine erhebliche Änderung der Rechtslage ein-

226 *Dauner-Lieb*, Der Konzern 2009, 583, 586.

227 *Dauner-Lieb/von Preen/Simon*, DB 2010, 377, 381; eingehend zu dem potenziellen Kompetenzkonflikt zwischen Vorstand und Aufsichtsrat in Bezug auf die Festlegung von Nachhaltigkeitszielen für das Unternehmen unter D. III. 2.

hergeht. Es überraschen die zurückhaltenden Äußerungen einer ganzen Reihe namhafter Autoren in der Kommentarliteratur, die (offenbar) von einer den Aussagegehalt nicht berührenden Gesetzesumformulierung ausgehen und am bisher herrschenden Verständnis festhalten wollen.[228] Ausdrücklich gegen diese enge Auslegung wendet sich die amtliche Gesetzesbegründung, wenn sie ausführt, dass die bisherige gesetzliche Verpflichtung des Aufsichtsrats, bei der Festsetzung der Vorstandsvergütung auf eine „nachhaltige Entwicklung" der Gesellschaft zu achten, von Praxis und Literatur ganz überwiegend lediglich zeitlich im Sinne einer „langfristigen Entwicklung" verstanden worden sei, mit der neuen Doppelung der Begriffe „nachhaltig" und „langfristig" aber nunmehr zum Ausdruck gebracht werden solle, dass der Aufsichtsrat bei der Festsetzung der Vergütung, insbesondere der Wahl der Vergütungsanreize auch soziale und ökologische Gesichtspunkte in den Blick zu nehmen hat.[229] Es ist offensichtlich, dass der Gesetzgeber dem Tatbestandsmerkmal „nachhaltig" also nunmehr einen eigenständigen, über denjenigen des Wortes „langfristig" hinausgehenden Bedeutungsgehalt zuweisen möchte. Insbesondere kann es nicht überzeugen, eine Änderung der Rechtslage deshalb zu verneinen, weil die Begründung zum ursprünglichen Gesetzentwurf der Bundesregierung noch ausführte, die geplante Neuformulierung von § 87 Abs. 1 S. 2 AktG stelle lediglich eine „redaktionelle Anpassung" dar, die mit „keinerlei inhaltlicher Änderung" einhergehe.[230] In jenem Entwurf war ja nämlich noch vorgesehen, das Wort „nachhaltig" im Gesetzestext durch das Wort „langfristig" zu ersetzen und damit das zeitliche Verständnis der Maßgabe durch die damals herrschende Meinung zu bestätigen. Der Rechtsausschuss wandte sich im Laufe des weiteren Gesetz-

228 Siehe die Nachweise oben unter C. IV. 2. a).

229 Beschlussempfehlung und Bericht des Rechtsausschusses, BT-Drucks. 19/15153, S. 55.

230 Begründung zum Gesetzentwurf der Bundesregierung BT-Drucks. 19/9739 S. 72; aus diesem Grund eine Änderung der Rechtslage verneinend etwa Hölters/Weber/*Weber*, § 87 Rn. 30a; Henssler/Strohn/Dauner-Lieb, GesR, AktG § 87 Rn. 22; Hirte/Heidel/*Lochner/Beneke*, § 87 Rn. 3.

gebungsverfahrens sodann aber ausdrücklich gegen diesen Plan und wollte durch seine Modifikation des Gesetzentwurfs eindeutig ein verändertes Begriffsverständnis herbeiführen. Daher findet sich in der Begründung seiner Beschlussempfehlung auch nicht mehr der Satz, dass es sich lediglich um eine redaktionelle Änderung von §87 Abs.1 S.2 AktG handele. Zwar enthalten die Ausführungen des Rechtsausschusses den Hinweis, dass nur die von ihm beratenen Einzelaspekte und beschlossenen Änderungen gegenüber der ursprünglichen Fassung des Gesetzentwurfs der Bundesregierung erläutert würden und man im Übrigen auf die Begründung zum Gesetzesentwurf der Bundesregierung verweise,[231] sich ihr insoweit also anschließe. Allerdings hat der Rechtsausschuss nun einmal im Hinblick auf §87 Abs.1 S.2 AktG explizit eine Änderung gegenüber der Entwurfsfassung vorgenommen und diese auch erläutert. Die Erläuterungen des Rechtsausschusses ersetzen damit die ursprüngliche Begründung zum Gesetzentwurf der Bundesregierung, denn die neue Fassung von §87 Abs.1 S.2 AktG wurde am Ende des Gesetzgebungsverfahrens exakt so wie vom Rechtsausschuss empfohlen (und unter Zugrundelegung seiner Begründung) vom Bundestag beschlossen. Die Erwägungen des Rechtsausschusses stellen damit den maßgeblichen Willen des Gesetzgebers dar, an der sich die Auslegung von §87 Abs.1 S.2 AktG n.F. zu orientieren hat.

Für ein nunmehr weites Nachhaltigkeitsverständnis in §87 Abs.1 S.2 AktG spricht auch, dass der Gesetzgeber den neuen Wortlaut dieses Mal in vollem Bewusstsein um die Diskussion der letzten Jahre rund um den Nachhaltigkeitsbegriff im unternehmensrechtlichen Bereich gewählt hat. Abgesehen von der oben dargestellten[232] intensiven Debatte im deutschen aktienrechtlichen Schrifttum hinsichtlich des Nachhaltigkeitsverständnisses in §87 Abs.1 S.2 AktG in seiner Fassung nach dem VorstAG hat auch die Diskus-

231 Beschlussempfehlung und Bericht des Rechtsausschusses, BT-Drucks. 19/15153, S.52.

232 Siehe oben unter C. III.

sion auf europäischer Ebene immens an Dynamik gewonnen. Erste deutliche Ausprägung davon war zunächst die CSR-Richtlinie der EU aus dem Jahr 2014, die eine ausführliche Berichtspflicht bezüglich näher aufgezählter Nachhaltigkeitsaspekte für große kapitalmarktorientierte Unternehmen brachte. Seit der Verabschiedung der Agenda 2030 und des Pariser Klimaabkommens jeweils im Jahr 2015 durch die UN hat die Thematik nochmals stark an Bedeutung gewonnen; der „European Green Deal“ der Europäischen Kommission und die damit verbundenen Einzelgesetzinitiativen sind der jüngste Ausfluss davon. Im Übrigen erwähnt auch Erwägungsgrund 29 der Zweiten Aktionärsrechterichtlinie explizit die Integration sozialer und ökologischer Aspekte in der Vorstandsvergütungsstruktur. Dort heißt es im Hinblick auf die Vergütungspolitik von Unternehmen: „Die Leistung von Mitgliedern der Unternehmensleitung sollte anhand sowohl finanzieller als auch nicht-finanzieller Kriterien, gegebenenfalls einschließlich ökologischer, sozialer und Governance-Faktoren, bewertet werden“. Zwar ergibt sich hieraus wegen der zurückhaltenden Wortwahl („sollte“, „gegebenenfalls“) und der Tatsache, dass es sich lediglich um einen Erwägungsgrund handelt, keine Pflicht für die Mitgliedstaaten, in ihren Rechtsordnungen die Berücksichtigung von ESG-Zielen bei der Festsetzung der Vergütung für die Unternehmensleitung zwingend vorzusehen. Dennoch ist die Änderung des deutschen Gesetzgebers auch vor dem Hintergrund jenes Erwägungsgrunds zu interpretieren und mit Blick auf die Äußerungen des Rechtsausschusses davon auszugehen, dass die Anregung jenes Erwägungsgrunds aufgegriffen werden sollte.[233] Gab es bei Erlass des VorstAG im Jahr 2009 also noch zu wenige verlässliche Anhaltspunkte dafür, dass der deutsche Gesetzgeber damals wirklich die Berücksichtigung ökologischer und sozialer Aspekte im Rahmen der Vorstandsvergütung verbindlich vorsehen wollte,

233 Weitergehend *Mittwoch*, Nachhaltigkeit und Unternehmensrecht, S. 159 f., die davon ausgeht, dass dies sogar unionsrechtlich geboten gewesen sei.

so sind sie nun – im Rahmen des Erlasses des ARUG II im Jahr 2019 – unübersehbar gegeben.

Bedauerlich ist freilich, dass der Gesetzgeber die Modifikation buchstäblich in letzter Minute des Gesetzgebungsverfahrens vorgenommen, dabei nicht weniger als eine komplette Kehrtwende gegenüber seinem ursprünglichen Plan einer lediglich „redaktionellen" Änderung des Gesetzeswortlauts in § 87 Abs. 1 S. 2 AktG unternommen und seine Absichten dabei noch dazu äußerst knapp erläutert hat. Dies hat in der Folge unnötigerweise Zweifel an der Entschlossenheit des Gesetzgebers hervorgerufen. Die Novelle vermittelt insgesamt einen halbherzigen Eindruck und hat nicht die Klärung für Wissenschaft und Praxis gebracht, auf die sie abzielte. Vielmehr hat sie einen schwelenden Streit um das Nachhaltigkeitsverständnis in § 87 Abs. 1 S. 2 AktG im Wesentlichen neu angeheizt. Um die Rechtslage zu verdeutlichen, wird der Gesetzgeber voraussichtlich nochmals tätig werden müssen – eine passende Gelegenheit dafür könnte sich im Rahmen der Umsetzung der auf EU-Ebene geplanten Corporate Sustainability Due Diligence-Richtlinie bieten. Ein Ausblick *de lege ferenda* findet sich im letzten Kapitel dieser Arbeit.[234]

bb) Frage der Reichweite der Änderung der Rechtslage

Nach hier vertretener Auffassung ist die Frage, *ob* der Gesetzgeber die Rechtslage durch die Novellierung von § 87 Abs. 1 S. 2 AktG entscheidend geändert hat, also zu bejahen. Damit ist allerdings noch nicht gesagt, *inwiefern* er dies getan hat. Insbesondere ist zu klären, ob nach jetziger Rechtslage tatsächlich eine (ausnahmslose) Pflicht zur Festlegung ökologischer und sozialer Vergütungsziele für Vorstandsmitglieder börsennotierter Unter-

234 Siehe dazu Kapitel G.

nehmen durch den Aufsichtsrat besteht. Dagegen ließe sich anführen, dass die Gesetzesbegründung nur davon spricht, dass soziale und ökologische Gesichtspunkte durch den Aufsichtsrat „in den Blick zu nehmen" sind. Etwas, das in den Blick genommen wird, kann aber anschließend aus möglicherweise durchaus legitimen Gründen wieder verworfen werden – in den Blick ist es deshalb trotzdem genommen worden. Für eine entsprechende Pflicht spräche indes zum einen der apodiktische Wortlaut von § 87 Abs. 1 S. 2 AktG, dem zufolge die Vergütungsstruktur bei börsennotierten Gesellschaften auf eine nachhaltige (und langfristige) Entwicklung der Gesellschaft auszurichten „ist". Daneben lässt sich die Gesetzesbegründung anführen, die besagt, dass der Aufsichtsrat bei der Festsetzung der Vergütung, insbesondere der Wahl der Vergütungsanreize auch soziale und ökologische Gesichtspunkte in den Blick zu nehmen „hat" *(nicht:* in den Blick nehmen „kann" oder „soll"). Außerdem ist es ganz offensichtlich die Absicht des Gesetzgebers, durch die Wortlautänderung die (bislang freiwillige) Implementierung ökologischer und sozialer Vergütungsziele für Vorstandsmitglieder in börsennotierten Gesellschaften zu forcieren und der bislang allein wirtschaftlich-zeitlichen Interpretation der Maßgabe eine Absage zu erteilen.

Richtigerweise folgt aus dem neugefassten § 87 Abs. 1 S. 2 AktG in aller Regel eine Pflicht des Aufsichtsrats, im Falle der Festsetzung variabler Vergütungsbestandteile[235] für die Vorstandsmitglieder soziale und ökologische Vergütungsziele zu bestimmen. Möchte man die Ausführungen des Rechtsausschusses nicht als hohle Phrasen abtun, wird man im Ausgangspunkt jedenfalls davon auszugehen haben, dass der Aufsichtsrat bei der Festsetzung der Vergütungsstruktur für das konkrete Unternehmen passende ökologische und soziale Vergütungsziele mit der gebotenen Ernsthaftigkeit in Erwägung zu ziehen (eben „in den Blick zu nehmen") hat. Dazu hat er die

235 Zur Frage, ob sich aus § 87 Abs. 1 S. 2 und S. 3 AktG eine Pflicht zur Festsetzung variabler Komponenten in der Vorstandsvergütungsstruktur ergibt, unter C. IV. 3. c) aa).

für das Unternehmen wesentlichen ökologischen und sozialen Nachhaltigkeitsfaktoren, über die das Unternehmen ohnehin gemäß §§ 289b, 289c HGB zu berichten hat, zu evaluieren und zu prüfen, ob sich hieraus zweckmäßige vergütungsrelevante Leistungsziele für den Vorstand ableiten lassen.[236] Unterlässt er derartige Erwägungen, verletzt er bereits deshalb seine Pflicht aus § 87 Abs. 1 S. 2 AktG.[237] Von einer Festsetzung ökologischer und sozialer Vergütungsziele könnte der Aufsichtsrat sodann theoretisch in dem Fall absehen, dass er nach angemessen intensiver Prüfung zu dem Ergebnis kommt, für das konkrete Unternehmen ließen sich – aufgrund seines Tätigkeitsfelds, seiner strategischen Ausrichtung oder aus welchem Grund auch immer – keine sinnvollen, im Unternehmensinteresse[238] liegenden ökologischen bzw. sozialen Ziele für das Management finden. Nach dem Gesetzeszweck wird man für eine solche Entscheidung aber eine hinreichende objektive Rechtfertigung fordern müssen, andernfalls liefe die Vorgabe leer; die Anforderungen an die Rechtfertigung sind dabei hoch anzusetzen. Mindestens wäre dem Aufsichtsrat daher zu raten, eine entsprechende Entscheidung mit eingehender Begründung zu dokumentieren. Praktisch dürfte sich indes nur selten einmal eine ausreichende objektive Rechtfertigung für die Nichtfestsetzung ökologischer und sozialer Vergütungsziele finden lassen. Sie würde voraussetzen, dass für das konkrete Unternehmen keine Nachhaltigkeitsfaktoren existieren, aus denen sich dem Gesetzeszweck dienende Leistungsziele für die Unternehmensführung ableiten lassen. Insbesondere dürften von dem konkreten Unternehmen keine (oder jedenfalls keine wesentlichen) negativen ökologischen oder sozialen Auswirkungen auf Umwelt und Gesellschaft ausgehen, deren Verringerung der Gesetzgeber über die neue Nachhaltigkeitsvorgabe in erster Linie beabsichtigt. Zwar sind Tätigkeitsfelder, Ausrichtung und Strategien von Unternehmen in der

236 Näher noch unter D. III. 1.

237 Zu möglichen Rechtsfolgen einer solchen Pflichtverletzung unter F.

238 Dazu sogleich unter D.

Praxis äußerst vielgestaltig und ihre jeweiligen Stakeholder-Gruppen daher durchaus ganz unterschiedlich zusammengesetzt.[239] Kein Unternehmen – erst recht kein börsennotiertes – ist aber derart hermetisch von Umwelt und Gesellschaft abgekoppelt, dass ökologische und soziale Faktoren im Rahmen seiner wirtschaftlichen Tätigkeit keine wesentliche Rolle spielen würden. Es mögen Sonderfälle vorstellbar sein, in denen die Festsetzung sinnvoller ökologischer und/oder sozialer Vergütungsziele Schwierigkeiten bereitet. Zu denken wäre etwa an die Definition zweckmäßiger ökologischer Ziele bei einem Unternehmen, das ohnehin auf die Produktion von erneuerbarer Energie spezialisiert ist (vorausgesetzt, mit der wirtschaftlichen Tätigkeit des Unternehmens gehen auch jenseits der reinen Energieproduktion keine relevanten umweltbelastenden Auswirkungen einher). In einem solchen Fall mag tatsächlich einmal eine ausreichende Rechtfertigung für die Nichtfestsetzung eines ökologischen Ziels im Vergütungssystem bestehen. Im absoluten Regelfall wird sich aber mit der Reduzierung der eigenen, unmittelbar oder mittelbar verursachten CO_2-Emissionen bereits ein sinnvolles und im Einklang mit der Agenda 2030 und dem Pariser Klimaabkommen stehendes Umweltziel für ein Unternehmen finden. Schon in der Theorie kaum vorstellbar ist der Fall, dass soziale Faktoren im Rahmen der wirtschaftlichen Tätigkeit eines börsennotierten Unternehmens keine relevante Rolle spielen. Ein solches Unternehmen dürfte keine Arbeitnehmer haben und auch im Übrigen in keine Wechselwirkung mit der Zivilgesellschaft treten. Die Bandbreite sozialer Nachhaltigkeitsbelange ist derart groß (vgl. auch § 289c Abs. 2 Nr. 2, 3 und 4 HGB), dass sich stets ein passendes Vergütungsziel finden lassen wird – so denn nur der Wille dazu besteht.

Nicht ausreichen dürfte es, die nunmehr sozial und ökologisch zu interpretierende Nachhaltigkeitsvorgabe über finanzielle Ziele quasi „mitabzude-

239 Dies offenbar als Einwand gegen eine Pflicht zur Festlegung von ökologischen und sozialen Zielen in der Vorstandsvergütung anführend K. Schmidt/Lutter/*Seibt*, § 87 Rn. 23 a. E.

cken".[240] Zwar ist richtig, dass sich angesichts der zunehmenden Bedeutung von ESG-Belangen für den Kapitalmarkt die soziale und ökologische Bilanz der Gesellschaft auch in ihren finanziellen Kennzahlen, insbesondere ihrem Börsenkurs, widerspiegeln kann. Dieser Zusammenhang ist aber erstens keineswegs stets und zweitens in der Regel nur sehr mittelbar gegeben. Vor allem aber erscheint es drittens nicht überzeugend, die Intention des Gesetzgebers, weg von einem rein wirtschaftlich-langfristigen und hin zu einem auch ökologisch-sozialen Verständnis der Maßgabe des § 87 Abs. 1 S. 2 AktG zu kommen, ausgerechnet dadurch umzusetzen, dass man die variable Vergütung des Vorstands (weiterhin) von rein finanziellen Kennzahlen abhängig macht.

b) „Langfristige" Entwicklung der Gesellschaft

Hinsichtlich der Vorgabe der Ausrichtung der Vergütungsstruktur auf eine langfristige Entwicklung der Gesellschaft ist anzunehmen, dass ihm nach dem Willen des Gesetzgebers im Ausgangspunkt vor allem ein negativer Bedeutungsgehalt zukommt. Ausgeschlossen werden sollen damit Vergütungsanreize, die dazu führen, dass kurzfristige, möglicherweise durch Substanzverzehr erzielte Gewinne auf Kosten eines anschließenden, umso stärkeren – im Extremfall gar existenzgefährdenden – Einbruchs angestrebt (sog. „Strohfeuereffekt") werden.[241] Dafür spricht deutlich sein ursprünglicher Entstehungshintergrund, die Finanzkrise, welche den Gesetzgeber zur Verabschiedung des VorstAG veranlasste, mit dem die zeitliche Vorgabe für die Vorstandsvergütung erstmals eingeführt wurde. Als einen Auslöser der Finanzkrise hatte der Gesetzgeber (unter anderem) ausdrücklich kurz-

240 In diese Richtung der Vorschlag von Goette/Arnold/*C. Arnold*, AR-HdB, § 4 Rn. 1315.

241 *Baeck/Götze/Arnold*, NZG 2009, 1121, 1122; *Hohenstatt/Kuhnke*, ZIP 2009, 1981, 1982; *Suchan/Winter*, DB 2009, 2531, 2536 f.; *Dzida/Naber*, BB 2011, 2613; *Thüsing/Forst*, GWR 2010, 515, 516; *Mertens*, AG 2011, 57, 58; in jüngerer Zeit *Behme*, BB 2019, 451, 454.

fristig ausgerichtete Vergütungsanreize ausgemacht.[242] Der sog. „Zeitpräferenzkonflikt" des Managements sollte zugunsten einer größeren Zukunftsausrichtung aufgelöst werden.[243] In der Vorgabe ist deshalb vor allem ein Kontrapunkt zu einer rein auf kurzfristigen Erfolg abzielenden Unternehmensführung zu sehen.[244]

Die Maßgabe erschöpft sich allerdings nicht in einem rein negativen, sondern besitzt auch einen positiven Bedeutungsgehalt. Dafür spricht zum einen, dass der Gesetzeswortlaut positiv als Gebot – und nicht negativ als Verbot – formuliert ist.[245] Außerdem hatte die Gesetzesbegründung zum VorstAG mit Blick auf die damals erstmals eingeführte zeitliche Vorgabe ausgeführt: „Dieses Ziel kann mit verschiedenen Vergütungsinstrumenten angestrebt werden."[246] Ein anzustrebendes Ziel aber hat nach allgemeinem Sprachgebrauch regelmäßig auch einen positiven Bedeutungsgehalt; andernfalls ginge es ja nicht darum, etwas anzustreben, sondern darum, etwas zu verhindern.[247] Seine zentrale positive Ausprägung hat das Langfristigkeitsgebot in § 87 Abs. 1 S. 3 AktG gefunden, dem zufolge variable Vergütungsbestandteile „daher" eine mehrjährige Bemessungsgrundlage haben sollen. Jedoch geht der positive Inhalt des Langfristigkeitsgebots richtigerweise über die Vorgabe des § 87 Abs. 1 S. 3 AktG hinaus. Denn eine mehrjährige Bemessungsgrundlage von Vergütungskomponenten kann für sich genommen noch keine langfristige wirtschaftlich erfolgreiche Entwicklung der Gesellschaft sicherstellen – entscheidend ist vielmehr auch

242 Beschlussempfehlung und Bericht des Rechtsausschusses BT-Drucks. 16/13433 S. 1.

243 *Fleischer*, NZG 2009, 801, 802 f.

244 *Bauer/Arnold*, AG 2009, 717, 721; *Dauner-Lieb*, Der Konzern 2009, 583, 585; *Dauner-Lieb/von Preen/Simon*, DB 2010, 377, 379.

245 Schon zur Rechtslage nach dem VorstAG *Wagner*, AG 2010, 774, 776; die Formulierung als positives Gebot betonend auch *Kocher/Bednarz*, Der Konzern 2011, 77, 79.

246 Beschlussempfehlung und Bericht des Rechtsausschusses BT-Drucks. 16/13433 S. 10.

247 *Wagner*, AG 2010, 774, 776.

eine angemessene Auswahl geeigneter Erfolgsparameter, mittels derer sich diese Entwicklung feststellen und messen lässt.[248] Würde man die Höhe der Vergütung etwa ausschließlich von der Dividendenausschüttung über den mehrjährigen Bemessungszeitraum abhängig machen, könnte auch dies zu einem den dauernden Bestand des Unternehmens gefährdenden Substanzverbrauch verleiten.[249] Außerdem hätte der Gesetzgeber, wäre es allein sein Anliegen gewesen, eine mehrjährige Bemessungsgrundlage für variable Vergütungsbestandteile vorzuschreiben, nicht so kompliziert formulieren müssen: Er hätte auf die Langfristigkeitsvorgabe verzichten und sich auf die Vorgabe des § 87 Abs. 1 S. 3 AktG beschränken können.[250] Sinnvoll ist daher nur ein Verständnis, bei dem der Langfristigkeitsvorgabe des § 87 Abs. 1 S. 2 AktG und dem sich anschließenden Satz 3 ein jeweils eigenständiger Bedeutungsgehalt zukommt: Während Satz 3 den Zeithorizont betrifft, also den Bemessungszeitraum für variable Vergütungsbestandteile, wird mit dem Gebot der Ausrichtung auf eine „langfristige Entwicklung der Gesellschaft" die Qualität der vorgegebenen Ziele angesprochen. Vorgabe des Langfristigkeitsgebots des Satz 2 ist demnach die Festlegung auf Ziele bzw. Parameter, die einen geeigneten Gradmesser für eine langfristige wirtschaftliche Entwicklung der Gesellschaft darstellen, während Satz 3 allein die Laufzeit entsprechender Vergütungsregelungen betrifft.[251]

Bei der Auswahl der langfristig-wirtschaftlichen Ziele und Parameter – deren ausreichende Qualität vorausgesetzt – verbleibt dem Aufsichtsrat ein großer Ermessens- und Gestaltungsspielraum, den er unter Berücksich-

248 Vgl. – schon zur Rechtslage nach dem VorstAG – *Hohenstatt/Kuhnke*, ZIP 2009, 1981, 1982.

249 *Wagner*, AG 2010, 774, 778.

250 So – noch zur Rechtslage nach dem VorstAG – *Röttgen/Kluge*, NJW 2013, 900, 901, die dies freilich als Argument dafür anführen, dass schon die damalige Nachhaltigkeitsvorgabe nicht lediglich zeitlich zu verstehen sei.

251 *Hohenstatt/Kuhnke*, ZIP 2009, 1981, 1982; *Wagner*, AG 2010, 774, 778; ähnlich auch *Thüsing*, AG 2009, 517, 519.

tigung der Verhältnisse des jeweiligen Unternehmens auszufüllen hat.[252] Abzulehnen ist die teils vertretene Ansicht, dass das Langfristigkeitsgebot zwingend eine stetige Steigerung des Unternehmenswerts fordere,[253] denn § 87 Abs. 1 S. 2 AktG gibt gerade keinen konkreten, stets zu berücksichtigenden wirtschaftlichen Parameter vor und die langfristig-wirtschaftliche Entwicklung der Gesellschaft kann auch anhand anderer Messgrößen bestimmt werden.[254] Freilich ist die Heranziehung der Entwicklung des Unternehmenswerts bzw. des Aktienkurses als vergütungsrelevantes Kriterium aber naheliegend und in der Praxis die absolute Regel.[255]

Als Indikatoren der langfristigen Entwicklung der Gesellschaft kommen auch bestimmte nichtfinanziell-wirtschaftliche Faktoren in Betracht. Gemeint sind Messgrößen wie die Höhe der vom Vorstand getätigten Investitionen in Forschung und Entwicklung oder die – in der Praxis gerne als Vergütungskriterium genutzte – über Umfragen gemessene Kundenzufriedenheit. Obwohl es sich bei diesen Beispielen um nichtfinanzielle Parameter handelt, sollten sie nicht unter dem Aspekt der „nachhaltigen" Entwicklung der Gesellschaft, sondern dem der „langfristigen" (wirtschaftlichen) Entwicklung der Gesellschaft berücksichtigt werden. Denn ihnen liegen schwerpunktmäßig wirtschaftliche Interessen der Shareholder zugrunde, nicht – oder jedenfalls nur sehr nachrangig – soziale und ökologische Interessen der anderen Stakeholder. Für die soziale und ökologische Bilanz des Unternehmens ist es nämlich vollkommen irrelevant, wie es um seine Kundenzufriedenheit bestellt ist oder in welchem Umfang das Unternehmen in Forschung und Entwicklung investiert. Diese Messgrößen sind im Regelfall nur relevant für die Abschätzung seiner wirtschaftlichen Gesamtsituation.

252 *Dauner-Lieb,* Der Konzern 2009, 583, 586.

253 So etwa *Hohenstatt/Kuhnke,* ZIP 2009, 1981, 1982; *Dzida/Naber,* BB 2011, 2613.

254 *Spindler,* NJOZ 2009, 3282, 3284; *Thüsing,* AG 2009, 517, 520.

255 Zur aktuellen Umsetzung des Langfristigkeitsgebots in der Praxis unter E. I.

Ausnahmen mögen im Einzelfall bestehen, etwa wenn die Investitionen in Forschung und Entwicklung speziell das Ziel verfolgen, die Umweltbilanz des Unternehmens zu verbessern.

c) Einzelfragen

Die Vorschrift des § 87 Abs. 1 S. 2 und die damit in engem Zusammenhang stehende Maßgabe des § 87 Abs. 1 S. 3 AktG haben eine Vielzahl streitiger Einzelfragen aufgeworfen. Weil Urteile zur Thematik kaum vorhanden sind bzw. sie nur am Rande streifen, steht eine abschließende Klärung aus.

aa) Zulässigkeit von reinen Festvergütungen

Hierzu zählt zuvorderst die Frage, ob sich aus § 87 Abs. 1 S. 2 AktG (in Verbindung mit dem nachfolgenden S. 3) Vorgaben *nur für den Fall der Existenz* variabler Vergütungskomponenten ergeben oder aber daraus sogar eine Pflicht zur Festsetzung variabler Vergütungsbestandteile abzuleiten ist – ob also, anders gewendet, auch eine reine Fixvergütung mit der Maßgabe, die Vergütungsstruktur für Vorstandsmitglieder bei börsennotierten Gesellschaften „auf eine nachhaltige und langfristige Entwicklung der Gesellschaft auszurichten", vereinbar ist. Man sollte sich zunächst vergegenwärtigen, dass diese Frage eher theoretischer Natur ist: Variable Vergütungsbestandteile für das oberste Management gehören bei börsennotierten Unternehmen zum absoluten Marktstandard.[256] Unter Geltung von § 87 Abs. 1 S. 2 AktG in seiner Fassung nach dem VorstAG wurde eine Pflicht zur Festsetzung variabler Vergütungskomponenten in der Literatur nahezu einhellig verneint, weil es dem Gesetzgeber des VorstAG bei Einführung der zeitlichen

256 *Bauer/Arnold*, AG 2009, 717, 722.

Ausrichtungsmaßgabe vorrangig darum gegangen sei, fehlerhafte *kurzfristige* Vergütungsanreize zu verhindern; solche könnten von reinen Festvergütungen aber nicht ausgehen.[257] Jene Vertreter konnten sich dabei auch auf eine Bemerkung in der Gesetzesbegründung zum VorstAG stützen, wonach die Maßgabe des § 87 Abs. 1 S. 2 AktG „[u]nbeschadet der Möglichkeit, eine Festvergütung zu vereinbaren" gelte.[258]

Diese ganz herrschende Ansicht wurde, soweit ersichtlich, nur von *Kocher/Bednarz* in Zweifel gezogen, und zwar mit dem durchaus beachtenswerten Argument, dass § 87 Abs. 1 S. 2 AktG als positives Gebot – und eben nicht nur als negatives Verbot – formuliert sei („ist auf [...] auszurichten").[259] Es sei nicht ersichtlich, wie eine reine Festvergütung *positiv* zu einer nachhaltigen Unternehmensentwicklung beitragen könne, denn sie löse gerade keine dahingehenden aktiven Verhaltensanreize aus. Auch von Vertretern der herrschenden Meinung wurde eingeräumt, dass eine Festvergütung für die langfristige wirtschaftliche Entwicklung des Unternehmens gewissermaßen „taub" ist.[260] Es komme hinzu, dass das Gesetz in § 87 Abs. 1 S. 2 AktG wie selbstverständlich vom Vorhandensein einer „Vergütungsstruktur" ausgehe, was die Existenz von weiteren (variablen) Vergütungsbestandteilen neben dem Festgehalt impliziere.[261] Außerdem empfahl der DCGK zum Zeitpunkt des Inkrafttretens des VorstAG ausdrücklich variable Vergütungskomponenten neben der Festvergütung,[262] weshalb davon abweichende börsen-

257 *Hoffmann-Becking/Krieger,* NZG-Beilage 2009, 1, 2; *Lingemann,* BB 2009, 1918, 1919; *Marsch-Barner,* ZHR 175 (2011), 737, 745; *Mertens,* AG 2011, 57, 59; *Spindler,* NJOZ 2009, 3282, 3285; *Thüsing/Forst,* GWR 2010, 515, 517; *Suchan/Winter,* DB 2009, 2531, 2537.

258 Begründung des Fraktionsentwurfs BT-Drucks. 16/12278 S. 5.

259 *Kocher/Bednarz,* Der Konzern 2011, 77, 78 f.

260 *Suchan/Winter,* DB 2009, 2531, 2537.

261 *Dauner-Lieb,* Der Konzern 2009, 583, 587, die dem Aufsichtsrat deshalb zumindest nahelegt, eine etwaige Entscheidung für eine reine Festvergütung gut zu begründen.

262 Siehe Ziffer 4.2.3 des DCGK in seiner Fassung vom 18. Juni 2009.

notierte Unternehmen diese Nichtbefolgung zumindest gemäß § 161 AktG hätten offenlegen müssen.[263]

Der Einwand von *Kocher/Bednarz* gewinnt nach der Neufassung von § 87 Abs. 1 S. 2 AktG durch das ARUG II zusätzliches Gewicht. War schon unter Geltung der Norm in ihrer Fassung nach dem VorstAG sehr zweifelhaft, dass sie tatsächlich nur als negatives Verbot übermäßiger Kurzfristanreize und nicht (zumindest auch) als positives Gebot zur Setzung langfristiger Anreize zu verstehen war, besitzt sie in ihrer Neufassung durch das ARUG II nach hier vertretener Auffassung eindeutig einen positiven Bedeutungsgehalt, wenn über die Vorstandsvergütung auch eine Motivation zu einer ökologisch und sozial verträglichen Unternehmensführung geschaffen werden soll. Eine reine Festvergütung kann die dazu notwendigen positiven Verhaltensanreize schlicht nicht setzen. Andererseits hat sich der Gesetzgeber im Rahmen der Begründung zum VorstAG, wie erwähnt, explizit gegen eine Pflicht zur Festsetzung variabler Vergütungsbestandteile für Vorstandsmitglieder ausgesprochen. Aus diesem Grund hat auch der BGH am Rande einer 2019 – noch vor Erlass des ARUG II – ergangenen Entscheidung die grundsätzliche Vereinbarkeit reiner Festvergütungen mit § 87 Abs. 1 S. 2 AktG bejaht.[264] Zwar hat das ARUG II nach hier vertretener Auffassung weitreichende Änderungen der Rechtslage im Hinblick auf § 87 Abs. 1 S. 2 AktG mit sich gebracht. Die knappen Ausführungen des Rechtsausschusses zur Begründung seiner Wortlautmodifikation geben aber keinen Hinweis darauf, dass damit ein (nach alter Rechtslage nicht bestehender) Zwang zur Festsetzung variabler Vergütungsbestandteile verbunden sein sollte. Vor diesem Hintergrund ist eine solche Pflicht abzulehnen und auch eine reine

263 *Kocher/Bednarz*, Der Konzern 2011, 77, 79.

264 BGH NJW 2020, 679, 682, unter ausdrücklicher Bezugnahme auf die Gesetzesbegründung zum VorstAG.

Festvergütung als mit § 87 Abs. 1 S. 2 AktG vereinbar anzusehen.[265] Den berechtigten Bedenken von *Kocher/Bednarz* lässt sich insoweit begegnen, als man in § 87 Abs. 1 S. 2 AktG durchaus ein zwingendes positives Gebot – und nicht nur ein negatives Verbot – erblicken kann, dieses aber gemäß dem Willen des Gesetzgebers eben nur unter der Prämisse als einschlägig erachtet, dass der Aufsichtsrat überhaupt variable Komponenten in der Vorstandsvergütung vorsehen möchte. Nochmals zu betonen ist im Übrigen der eher theoretische Charakter der Fragestellung, sind variable Vergütungskomponenten für den Vorstand bei börsennotierten Unternehmen in der Praxis doch absolut üblich. Daneben ist darauf hinzuweisen, dass der DCGK auch in seiner aktuellen Fassung die Existenz variabler Vergütungskomponenten in einigen seiner Empfehlungen zur Vorstandsvergütung als selbstverständlich voraussetzt,[266] weshalb die Festsetzung einer reinen Festvergütung zumindest eine Erläuterung dieses Umstands in der Entsprechenserklärung gemäß § 161 Abs. 1 AktG erforderlich machen würde.[267]

bb) Zulässigkeit kurzfristiger Vergütungskomponenten

Eine weitere streitige Diskussion kreist um die Frage, ob und ggf. unter welchen Voraussetzungen kurzfristige Vergütungskomponenten trotz des seit dem VorstAG geltenden Gebots langfristiger Ausrichtung der Vorstandsvergütungsstruktur zulässig bleiben. Vereinzelt wurden solche kurzfristigen Vergütungsbestandteile nach Inkrafttreten des VorstAG unter Hinweis auf den zugrundeliegenden Gesetzeszweck generell für nicht mehr rechtskon-

265 Im Ergebnis ebenso *Arnold/Herzberg/Zeh*, AG 2021, 141, 145; ferner – die Reichweite der Änderung der Rechtslage durch das ARUG II allerdings ohnehin als eher gering einstufend – *Spindler*, AG 2020, 61, 65; *Goslar*, DB 2020, 937, 938.

266 Siehe insbesondere Empfehlungen G. 6 bis G. 11 des DCGK in seiner Fassung vom 28. April 2022.

267 *Arnold/Herzberg/Zeh*, AG 2021, 141, 145.

form gehalten.[268] Ganz überwiegend geht die Literatur allerdings davon aus, dass monetäre Kurzfristanreize für den Vorstand jedenfalls so lange erlaubt bleiben, als die Langfristanreize in der Vergütungsstruktur (deutlich) überwiegen.[269]

Der letzteren Ansicht ist beizupflichten, denn sie findet ihre Bestätigung in der Gesetzesbegründung zum VorstAG, in der es explizit heißt, dass bei variablen Vergütungsbestandteilen zwar auf eine langfristige Wirkung der von ihnen ausgehenden Verhaltensanreize zu achten sei, dabei aber auch eine Mischung aus kurzfristigeren und längerfristigen Anreizen in Frage komme, wenn im Ergebnis ein langfristiger Verhaltensanreiz erzeugt wird.[270] Gegen die generelle Unzulässigkeit kurzfristiger Vergütungskomponenten spricht auch, dass § 87 Abs. 1 S. 3 AktG, der für variable Vergütungsbestandteile eine mehrjährige Bemessungsgrundlage vorsieht, nur als eine „Soll"-Vorgabe formuliert ist.[271] Außerdem erwähnt § 87 Abs. 1 S. 1 AktG ausdrücklich „Provisionen" – also eine Komponente mit typischerweise kurzfristigem Verhaltensanreiz – als beispielhaften Bestandteil der Gesamtbezüge eines Vorstandsmitglieds; diese Nennung würde keinen Sinn ergeben, wenn der Gesetzgeber kurzfristig ausgerichtete Vergütungselemente schon grundsätzlich als unzulässig einstufen würde.[272]

Damit drängt sich allerdings die Folgefrage auf, wie groß der Anteil kurzfristiger Vergütungsbestandteile an der gesamten variablen Vergütung sein

268 So offenbar *Cahn*, FS Hopt, 2010, 431, 443 ff.

269 Etwa Bürgers/Körber/*Lieder/Bürgers*, § 87 Rn. 9b; *Hohaus/Weber*, DB 2009, 1515, 1517; *Gaul/Janz*, NZA 2009, 809, 811; *Hoffmann-Becking/Krieger*, NZG-Beilage 2009, 1, 2; *Lingemann*, BB 2009, 1918, 1919; *Seibert*, WM 2009, 1489, 1490; *van Kann/Keiluweit*, DStR 2009, 1587, 1588; *Schäfer*, Liber Amicorum Martin Winter, 2011, 557, 561 f.

270 Beschlussempfehlung und Bericht des Rechtsausschusses BT-Drucks. 16/13433 S. 10.

271 *Dauner-Lieb*, Der Konzern 2009, 583, 588; *Hohenstatt/Kuhnke*, ZIP 2009, 1981, 1986 f.

272 *Hohaus/Weber*, DB 2009, 1515, 1517; *Hohenstatt/Kuhnke*, ZIP 2009, 1981, 1986.

darf, damit im Ergebnis noch ein überwiegender langfristiger Verhaltensanreiz erzeugt wird. In der Tat können nämlich monetäre Langfristanreize durch die gleichzeitige Setzung kurzfristiger Anreize neutralisiert und ggf. sogar überkompensiert werden.[273] Vor diesem Hintergrund dürfte es nicht reichen, dass der Anteil der langfristigen Vergütungsbestandteile den Anteil der kurzfristigen an der gesamten variablen Vergütung lediglich geringfügig übersteigt (im Extremfall 51 % zu 49 %). Vielmehr ist ein deutliches Überwiegen der langfristig-variablen Vergütung zu fordern, das etwa ab einem Verhältnis von 60 % zu 40 % zu bejahen sein dürfte.[274] Maßgeblich ist dabei nicht das Verhältnis der schlussendlich tatsächlich zur Auszahlung kommenden Beträge, denn diese stehen bei einer variablen Vergütung naturgemäß nicht im Vorhinein fest. Entscheidend ist vielmehr der jeweilige Anteil an der durch die Vergütungsstruktur anvisierten Zielvergütung, also derjenigen Vergütungssumme, die sich ergibt, wenn man für alle festgelegten vergütungsrelevanten Ziele eine Zielerreichung von jeweils 100 % unterstellt. Allerdings dürfen die für die kurzfristig-variable und langfristig-variable Vergütung relevanten Ziele jeweils nicht missbräuchlich so gesetzt werden, dass sich schon im Vorhinein eines klares Überwiegen der letztlich auszuzahlenden kurzfristig-variablen Vergütung abzeichnet – etwa weil für die kurzfristig-variable Vergütung derart ambitionslose Ziele gewählt werden, dass der Vorstand diese absehbar beträchtlich übererfüllen und entsprechend hohe kurzfristig variable Vergütungsbeträge erhalten wird. Denn auch in diesem Fall besteht die Gefahr, dass der Vorstand den Fokus zu stark auf kurzfristige Unternehmenserfolge setzt.

273 Aus diesem Grund die Vereinbarkeit kurzfristiger Vergütungskomponenten mit dem Gesetzeszweck wohl generell verneinend *Cahn*, FS Hopt, 2010, 431, 443 ff.

274 Vgl. *Eichner/Delahaye*, ZIP 2010, 2082, 2084 f., die allerdings – etwas großzügiger – „jedenfalls" bei einem Verhältnis von 60 zu 40 von einem deutlichen überwiegen der langfristig-variablen Vergütung ausgehen; siehe auch *Deilmann/Otte*, GWR 2009, 261, 262, die bei einer unterstellten Fixvergütung von 50 % einen Anteil der langfristig-variable Vergütungskomponente von mindestens 30 % an der Gesamtvergütung (also mindestens 60 % bezogen auf die gesamte variable Vergütung) für ausreichend erachten.

Mit Vorsicht zu begegnen ist Äußerungen in der Literatur, wonach es trotz der gesetzlichen Langfristigkeitsvorgabe zulässig sein soll, im Ausnahmefall überwiegend oder gar ausschließlich kurzfristige Verhaltensanreize über die variable Vergütung zu setzen.[275] Zwar ist richtig, dass Sonderkonstellationen vorstellbar sind, in denen der Aufsichtsrat aus nachvollziehbaren Gründen geneigt sein kann, seinen Blick vor allem auf kurzfristige Verhaltensanreize zu richten – etwa bei lediglich kurzer Laufzeit des Anstellungsvertrags wegen Bestellung eines Interimsvorstands oder bei Notwendigkeit einer raschen Sanierung wegen drohender Insolvenz der Gesellschaft.[276] Auch ist § 87 Abs. 1 S. 3 AktG nun einmal nur als bloße Soll-Vorgabe formuliert. Allerdings widerspricht die überwiegende oder gar ausschließliche Setzung kurzfristiger Anreize grundsätzlich eindeutig dem Gesetzeszweck des VorstAG, weil sie – auch (und gerade!) bei lediglich kurzer Amtszeit des Vorstandsmitglieds oder im Sanierungsfall – dazu verleiten kann, Maßnahmen vorzunehmen, die dem Unternehmen eben nur kurzfristig zugutekommen und langfristig ggf. sogar eher schaden. Entsprechend findet sich auch in der Gesetzesbegründung an keiner Stelle ein Hinweis darauf, dass der Gesetzgeber unter bestimmten Umständen eine teilweise oder gar vollständige Befreiung vom Langfristigkeitsgebot für gerechtfertigt hielte. Im Gegenteil interpretieren die Gesetzesmaterialien zum VorstAG die Vorgabe des § 87 Abs. 1 S. 3 AktG eher streng und sprechen (trotz ihres bloßen „Soll"-Charakters) apodiktisch davon, dass die Norm eine mehrjährige Bemessungsgrundlage für variable Vergütungsbestandteile „verlangt".[277] Dem Aufsichtsrat ist deshalb große Zurückhaltung im Hinblick auf die Festsetzung einer überwiegend oder gar rein kurzfristig-variablen Vergütung zu raten; in jedem Fall sollte er eine entsprechende Entscheidung allein schon

275 Etwa *Eichner/Delahaye,* ZIP 2010, 2082, 2084; *Hohenstatt/Kuhnke,* ZIP 2009, 1981, 1987; *Ihrig/Schäfer,* Rechte und Pflichten des Vorstands, 2. Auflage 2020, Rn. 225.

276 *Hohenstatt/Kuhnke,* ZIP 2009, 1981, 1987; *Ihrig/Schäfer,* Rechte und Pflichten des Vorstands, 2. Auflage 2020, Rn. 225.

277 Beschlussempfehlung und Bericht des Rechtsausschusses BT-Drucks. 16/13433 S. 10.

wegen potentieller Haftungsfolgen (§ 116 S. 3 AktG) mit ausführlicher Begründung dokumentieren.

cc) Anzahl der erforderlichen Jahre für eine „mehrjährige Bemessungsgrundlage"

Ebenfalls nicht abschließend geklärt ist, wie viele Jahre die „mehrjährige Bemessungsgrundlage" für langfristige Vergütungsbestandteile gemäß § 87 Abs. 1 S. 3 AktG konkret zu umfassen hat, um gesetzeskonform zu sein. Dazu wird eine ganze Bandbreite an Auffassungen vertreten. Einigkeit besteht im Ausgangspunkt, dass die Vorgabe jedenfalls mehr als ein bloßes Hinausschieben der Auszahlung fordert – die variablen Bestandteile müssen vielmehr auch an negativen Entwicklungen im gesamten Bemessungszeitraum teilnehmen.[278] Weil rein semantisch eine Zeitspanne von zwei Jahren bereits „mehrjährig" ist, wird von nicht wenigen Stimmen schon dies für ausreichend gehalten.[279] Unter Hinweis auf eine im Nachgang der Finanzkrise noch vor Erlass des VorstAG an die Mitgliedstaaten gerichtete Empfehlung der EU-Kommission zur Vorstandsvergütung, die einen Bemessungszeitraum für variable Vergütungsbestandteile von drei bis fünf Jahren befürwortete,[280] wird von anderen ein Mindestzeitraum von drei Jahren genannt.[281] Eine starke Strömung in der Literatur verweist auf die Wertung des § 193 Abs. 2 Nr. 4

278 Statt vieler Bürgers/Körber/*Lieder/Bürgers*, § 87 Rn. 9b; *Annuß/Theusinger*, BB 2009, 2434, 2436; deutlich auch Beschlussempfehlung und Bericht des Rechtsausschusses BT-Drucks. 16/13433 S. 10.

279 Etwa *Kling*, DZWIR, 2010, 221, 228; *Eichner/Delahaye*, ZIP 2010, 2082, 2083; *Kocher/Bednarz*, Der Konzern 2011, 77, 82 f.; *Louven/Ingwersen*, BB 2013, 1219, 1220; auch *Koch*, § 87 Rn. 30, der allerdings drei bis vier Jahre für „empfehlenswert" hält.

280 Empfehlung der EU-Kommission zur Vorstandsvergütung 2009/385/EG, ABl. L 120 vom 15. Mai 2009, S. 28, Erwägungsgrund 6.

281 *Deilmann/Otte*, GWR 2009, 261, 262; *Jaeger/Balke*, ZIP 2010, 1471, 1478 und 1480; im Ergebnis auch *Lutter/Krieger/Verse*, Rechte und Pflichten des Aufsichtsrats, Rn. 408.

AktG, der – ebenfalls durch das VorstAG geändert – für die Ausübung von Aktienoptionen, die Vorstandsmitgliedern von der Gesellschaft überlassen werden, eine Wartezeit von mindestens vier Jahren vorsieht.[282] In der Begründung zum Fraktionsentwurf des VorstAG liest man nämlich, dass die novellierte Vierjahresfrist des § 193 Abs. 2 Nr. 4 AktG auch „Auslegungshilfe für die Formulierung langfristiger Verhaltensanreize im Sinne des § 87 Absatz 1 AktG" sein solle.[283] Allerdings hatte der den Gesetzentwurf später nochmals überarbeitende Rechtsausschuss diesen Gedanken in der Begründung seiner Beschlussempfehlung nicht mehr aufgegriffen, weshalb seine Relevanz teilweise in Zweifel gezogen wird.[284] Eine vierte Ansicht schließlich möchte sich an der maximalen Bestelldauer für Vorstandsmitglieder orientieren, die gemäß § 84 Abs. 1 AktG fünf Jahre beträgt: Da es Zweck dieser Norm sei, dass der Aufsichtsrat alle fünf Jahre über die Weiterbeschäftigung des Vorstandsmitglieds berät, gehe das Gesetz selbst davon aus, dass nach dieser Zeit eine sinnvolle Beurteilung der (langfristigen) Leistung des Vorstandsmitglieds möglich ist.[285]

Richtigerweise ist der Auffassung zu folgen, die sich an der Wertung des § 193 Abs. 2 Nr. 4 AktG orientieren möchte, da dies der in der Begründung zum VorstAG-Fraktionsentwurf zum Ausdruck kommenenden Vorstellung des Gesetzgebers entspricht, dass die Mindestwartezeit für die Ausübung von Stock Options von vier Jahren auch Orientierungspunkt für langfristige Verhaltensanreize gemäß § 87 Abs. 1 AktG sein solle. Zwar hat der Rechtausschuss diese Überlegung in der Begründung seiner Entwurfsüberarbeitung in der Tat nicht mehr ausdrücklich wiederholt. Er hat allerdings – wie in

282 MüKoAktG/*Spindler*, § 87 Rn. 108: vierjährige Bemessungsgrundlage jedenfalls „im Regelfall" zu Grunde zu legen; *Gaul/Janz*, NZA 2009, 809, 810; *Fleischer*, NZG 2009, 801, 803; *Seibert*, WM 2009, 1489, 1490; *Hohaus/Weber*, DB 2009, 1515, 1517.

283 Begründung des Fraktionsentwurfs BT-Drucks. 16/12278 S. 5.

284 *Eichner/Delahaye*, ZIP 2010, 2082 f.

285 *Thüsing*, AG 2009, 517, 521; *Thüsing/Forst*, GWR 2010, 515, 517 f.

derartigen Fällen üblich – für unverändert aus dem Fraktionsentwurf übernommene Regelungen auf die Begründung zum Fraktionsentwurf verwiesen und sich ihr insoweit somit angeschlossen.[286] An § 193 Abs. 2 Nr. 4 AktG, auf den sich die entsprechende Bemerkung in der Begründung des Fraktionsentwurfs bezogen hatte, hat der Rechtsausschuss keine Änderungen mehr vorgenommen und entsprechend auch keine eigene Begründung dazu formuliert. Folglich stellt die Bemerkung in der Begründung zum Fraktionsentwurf den maßgeblichen Willen des Gesetzgebers dar, der für die Auslegung heranzuziehen ist.[287] Die gedankliche Parallele macht auch der Sache nach Sinn, denn § 193 Abs. 2 Nr. 4 AktG soll ebenso wie § 87 Abs. 1 S. 2 AktG einen Anreiz zu langfristigem Handeln schaffen,[288] weshalb ein Gleichlauf der jeweiligen Zeithorizonte nur konsequent erscheint. Langfristig-variablen Vergütungsbestandteilen sollte daher ein Bemessungszeitraum von vier Jahren zugrunde gelegt werden. Allerdings handelt es sich hierbei um keine starre Zwangsvorgabe, sondern lediglich eine Orientierungs- bzw. – in den Worten der Gesetzesbegründung – „Auslegungshilfe“. Daher steht es dem Aufsichtsrat offen, im Rahmen pflichtgemäßer Ermessensausübung auch eine kürzere, mindestens jedoch zweijährige Bemessungsgrundlage zu bestimmen, die er allerdings nur mit Bedacht wählen sollte und ausführlich zu begründen hat.[289] Da zudem Empfehlung G. 10 S. 2 DCGK vorsieht, dass das Vorstandsmitglied erst nach vier Jahren über die langfristig-variablen Gewährungsbeträge verfügen können soll, stellt es eine gemäß § 161 AktG erklärungspflichtige Abweichung dar, wenn die Bestandteile früher ausgezahlt werden.

286 Beschlussempfehlung und Bericht Rechtsausschusses BT-Drucks. 16/13433 S. 10.

287 Ebenso MüKoAktG/*Spindler*, § 87 Rn. 108.

288 MüKoAktG/*Fuchs*, § 193 Rn. 32a; *Hohaus/Weber*, DB 2009, 1515, 1517.

289 *Spindler*, NJOZ 2009, 3282, 3285; *Charnitzky*, NZG 2021, 1438, 1441; Bürgers/Körber/*Lieder/Bürgers*, § 87 Rn. 9b; ähnlich auch *Suchan/Winter*, DB 2009, 2531, 2537 f.

dd) Wirkungen beim Ausscheiden von Vorstandsmitgliedern

Hohenstatt/Kuhnke haben ferner die Frage aufgeworfen, wie beim – regulären oder vorzeitigen – Ausscheiden von Vorstandsmitgliedern mit langfristigen Vergütungsbestandteilen, deren Bemessungszeitraum zum Zeitpunkt des Ausscheidens noch nicht abgelaufen ist, zulässigerweise umgegangen werden kann.[290] Denkbar sind im Wesentlichen drei verschiedene Vorgehensweisen in diesem Fall: (1.) Ein ersatzloser Verfall der entsprechenden Komponenten, (2.) ihre ausnahmsweise vorzeitige Auszahlung oder (3.) ein schlichtes Festhalten an den vereinbarten Zielen, Bemessungszeiträumen und Fälligkeitszeitpunkten. Für die beiden erstgenannten Möglichkeiten spräche aus praktischer Sicht, dass sie eine schnelle endgültige Beendigung der Rechtsbeziehungen herbeiführen. Eine solche ist sowohl von Seiten der Gesellschaft als auch des Vorstandsmitglieds oftmals gewünscht.[291] *Hohenstatt/Kuhnke* halten eine vorzeitige Auszahlung ausnahmsweise für zulässig und schlagen mit Blick auf § 87 Abs. 1 S. 2 und 3 AktG vor, dass der Aufsichtsrat zur Bestimmung der konkreten Betragshöhe im Zeitpunkt des Ausscheidens nach billigem Ermessen eine Prognose über die Zielerreichung erstellen und auf dieser Basis den (ggf. abgezinsten) auszuzahlenden Betrag festlegen könnte.[292]

Zweifel an der Zulässigkeit sowohl eines ersatzlosen Verfalls als auch der vorzeitigen Auszahlung langfristiger Vergütungskomponenten ergeben sich zumindest im Fall des regulären Ausscheidens allerdings daraus, dass für das betreffende Vorstandsmitglied in den letzten Jahren seiner Amtszeit dadurch – entgegen § 87 Abs. 1 S. 2 und 3 AktG – keine oder jedenfalls kaum noch monetäre Anreize für ein langfristig wirkendes Handeln

290 *Hohenstatt/Kuhnke*, ZIP 2009, 1981, 1987 f.

291 *Hohenstatt/Kuhnke*, ZIP 2009, 1981, 1988.

292 *Hohenstatt/Kuhnke*, ZIP 2009, 1981, 1988.

zu Gunsten des Unternehmens bestünden. Dem Vorstandsmitglied würde nämlich faktisch nur noch eine kurzfristig-variable und keine langfristig-variable Vergütung mehr in Aussicht gestellt. Der Verfall von Ansprüchen kann allenfalls bei einer vorzeitigen Beendigung, die das Vorstandsmitglied verursacht hat, gerechtfertigt sein, insbesondere im Falle einer Kündigung aus wichtigem Grund.[293] Denn in dieser Konstellation entfällt der mit der langfristig-variablen Vergütung verbundene Verhaltensanreiz erst im Zeitpunkt der fristlosen Kündigung und der damit einhergehenden Beendigung der Tätigkeit – und nicht bereits Monate oder gar Jahre im Voraus. Grundsätzlich entspricht es dem Sinn und Zweck des Gesetzes besser, bei einer Beendigung des Vorstandsvertrags schlicht an den vereinbarten Zielen, Bemessungszeiträumen und Fälligkeitszeitpunkten für langfristige Vergütungsbestandteile festzuhalten, weshalb auch Empfehlung G.12 des DCGK genau dies vorsieht. Zwar hängt die Höhe des dann ggf. erst Jahre später an das ausscheidende Vorstandsmitglied noch zur Abgeltung langfristiger Vergütungskomponenten auszuzahlenden Betrags zu einem nicht unerheblichen Grad auch von der Leistung und der Fortune seines Nachfolgers ab.[294] Der Ausscheidende sollte aber – ganz im Sinne der gesetzgeberischen Idee hinter §87 Abs.1 S.2 und 3 AktG – den Grundstein für eine nachhaltige und langfristige Entwicklung der Gesellschaft gelegt haben, die sich unter der Ägide seines Nachfolgers lediglich (weiter-)verwirklicht. Das Erreichen der vereinbarten Ziele lässt sich deshalb noch hinreichend deutlich (auch) auf die Arbeit des Ausscheidenden zurückführen. Freilich kann der Aufsichtsrat bei entsprechender Offenlegung und Begründung gemäß §161 Abs.1 AktG von Empfehlung G.12 des DCGK abweichen. Angesichts des dann virulent werdenden, aufgezeigten Spannungsverhältnisses alternativer Vorgehensweisen zum Gesetzeszweck von §87 Abs.1 S.2 und 3 AktG sollte er dies aber nur zurückhaltend und mit guter Begründung tun.

293 So auch *Hohenstatt/Kuhnke*, ZIP 2009, 1981, 1988.

294 So der durchaus stichhaltige Einwand von *Hohenstatt/Kuhnke*, ZIP 2009, 1981, 1988.

ee) Gewichtung von ökologischen und sozialen Zielen

Im Hinblick auf die „nachhaltige" Entwicklung der Gesellschaft enthält das Gesetz keine explizite Vorgabe zur Gewichtung von ökologischen und sozialen Zielen in der variablen Vorstandsvergütung; auch der DCGK äußert sich dazu nicht. In der Literatur wird deshalb selbst von Befürwortern einer nach neuer Rechtslage bestehenden Pflicht oder jedenfalls eines Gebots zur Berücksichtigung ökologischer und sozialer Ziele davon ausgegangen, dass es der freien Festlegung des Aufsichtsrats überlassen bleibe, in welchem Maße er die variable Vergütung von der Erreichung solcher Ziele abhängig machen wolle.[295]

Dies erscheint vor dem Hintergrund des Gesetzeszwecks indes nicht unzweifelhaft: Es wäre widersinnig, wenn der Gesetzgeber den Aufsichtsrat einerseits grundsätzlich zur Festlegung ökologischer und sozialer Ziele anweisen, ihre Gewichtung aber andererseits völlig in die Willkür des Gremiums stellen würde. Im Ergebnis wäre dadurch auch eine lediglich ganz marginale Einbeziehung ökologischer und sozialer Ziele gesetzeskonform – wodurch die Nachhaltigkeitsvorgabe des § 87 Abs. 1 S. 2 AktG letztlich doch wieder untergraben würde. Die *ratio legis* dürfte vielmehr eine signifikante, „spürbare" Gewichtung fordern, ohne die eine sinnvolle Anreizwirkung schlicht nicht einsetzen kann. Eindeutige Mindestvorgaben lassen sich freilich mangels expliziter Hinweise im Gesetz oder der Gesetzesbegründung kaum aufstellen. Ernsthafte Anreizeffekte dürften aber frühestens ab einer Gewichtung von mindestens 10 % bis 15 % bezogen auf die Ziel-Gesamtvergütung zu erwarten sein. Vor diesem Hintergrund erscheint es problematisch, dass der Anteil von ESG-Zielen an der Ziel-Gesamtvergütung in der Praxis der-

295 BeckOGK/*Fleischer*, AktG, Stand: 01.04.2023, § 87 Rn. 36; *Arnold/Herzberg/Zeh*, AG 2021, 141, 146; auf die fehlende gesetzliche Gewichtungsvorgabe hinweisend auch *Velte*, NZG 2020, 12, 14.

zeit wohl in der Regel nur ca. 5 % bis 10 % beträgt.[296] *De lege ferenda* dürfte sich eine gesetzliche Mindestvorgabe empfehlen.[297]

ff) Entwicklung „der Gesellschaft" – Problematik des zulässigen Bezugspunkts im Konzern

Eine dogmatisch anspruchsvolle Debatte kreist des Weiteren um die Frage, ob es dem Aufsichtsrat einer abhängigen Konzerngesellschaft gestattet ist, die variable Vergütung des Vorstands anstatt auf die nachhaltige und langfristige Entwicklung „seiner" Gesellschaft auf diejenige der Konzernmutter auszurichten. Dem scheint grundsätzlich der Wortlaut von § 87 Abs. 1 S. 2 AktG entgegenzustehen, der von der Entwicklung „der Gesellschaft" spricht und damit ganz selbstverständlich diejenige Gesellschaft meint, deren Organ der vergütete Vorstand ist.[298] Im – auch für nicht-börsennotierte Unternehmen geltenden – § 87 Abs. 1 S. 1 AktG ist ebenfalls (unter anderem) von der Lage „der Gesellschaft" die Rede, zu der die Gesamtbezüge des einzelnen Vorstandsmitglieds in angemessenem Verhältnis stehen sollen. Die Frage nach dem zulässigen Bezugspunkt ist deshalb nicht nur für börsennotierte Unternehmen relevant, sondern auch (und sogar vorrangig) für nicht-börsennotierte Gesellschaften, die in der Praxis deutlich häufiger als börsennotierte Gesellschaften als Konzerntochter eines Mutterunternehmens in Erscheinung treten. Eine börsennotierte Gesellschaft kann im Einzelfall jedoch durchaus ebenfalls ein abhängiges Unternehmen im Sinne des § 16 AktG sein, weshalb auf die Diskussion hier in – die geringere Praxisbedeutung berücksichtigender – Kürze eingegangen werden soll.

296 So die Schätzung von *Arnold/Herzberg/Zeh*, AG 2021, 141, 146; in jüngster Zeit scheint die Gewichtung von ESG-Zielen in der Praxis aber zuzunehmen.

297 Dazu unten G. II. 2.

298 So schon zur Rechtslage nach dem VorstAG *Drygala*, FS U. H. Schneider, 2011, 275, 282.

Gegen die Zulässigkeit einer mutterbezogenen Vergütungsstruktur spricht der Interessenskonflikt, dem der Vorstand ausgesetzt wird: Er kann dadurch veranlasst werden, entgegen seiner grundsätzlichen Pflicht aus §§76 Abs. 1, 93 Abs. 1 AktG zum Nachteil „seines" Unternehmens und zugunsten eines Dritten (nämlich der Konzernmutter) zu handeln.[299] Dieser Effekt ist indes dann unbedenklich, wenn es sich um einen Vertragskonzern (§§ 308 ff. AktG) handelt: Dort ist der Vorstand ohnehin den Weisungen des herrschenden Unternehmens unterworfen (§ 308 Abs. 2 S. 1 AktG). Eine Koppelung seiner Vergütung an die Entwicklung der Muttergesellschaft kann keine darüberhinausgehende Wirkung erzielen und ist daher unschädlich.[300] Diesem Ergebnis steht auch nicht der Wortlaut von § 87 Abs. 1 S. 1 bzw. S. 2 AktG („der Gesellschaft") entgegen, denn die Norm hat – wie das allgemeine Aktienrecht generell – Konzernsachverhalte nicht im Blick;[301] für diese enthalten §§ 291 ff. AktG spezielle, das allgemeine Aktienrecht modifizierende Regeln und Wertungen.

Problematisch bleibt aber die Konstellation des sog. faktischen Konzerns gemäß §§ 311 ff. AktG. Dort darf ein herrschendes Unternehmen seinen Einfluss gemäß § 311 Abs. 1 AktG nur dann dazu benutzen, eine abhängige Gesellschaft zu veranlassen, ein für sie nachteiliges Rechtsgeschäft vorzunehmen oder Maßnahmen zu ihrem Nachteil zu treffen oder zu unterlassen, wenn die Nachteile ausgeglichen werden. Aus der Tatsache, dass §§ 311 ff. AktG die Ausübung faktischer Konzernleitungsmacht nicht grundsätzlich unterbinden, sondern nur begrenzen und ihre Folgen festlegen, schließt indes eine beträchtliche Zahl an Literaturstimmen, dass die die beschriebene Ausrichtung der Vergütungsstruktur auch im faktischen Konzern zulässig

299 Etwa *Drygala*, FS U. H. Schneider, 2011, 275, 282; *Zitzewitz*, NZG 1999, 698, 700 f.; siehe auch OLG München NZG 2008, 631, 632 f.

300 MüKoAktG/*Spindler*, § 87 Rn. 79; *Koch*, § 192 Rn. 20; GK-AktG/*Kort*, § 87 Rn. 201; vgl. auch BT-Drucks. 13/9712, S. 23 f.; a. A. KK-AktG/*Cahn*, § 87 Rn. 14.

301 *Koch*, § 87 Rn. 34.

sein muss.[302] Es bestehe nämlich Einigkeit, dass bei einem Ausgleich von Nachteilen entsprechend den Vorgaben des § 311 Abs. 2 AktG eine Haftung des herrschenden Unternehmens aus § 117 AktG und wegen Verletzung der Treuepflicht sowie die Haftung von Vorstand und Aufsichtsrat aus §§ 93, 116 AktG zurücktrete.[303] Dann aber müsse eine nach allgemeinem Aktienrecht verbotene Maßnahme erlaubt sein, wenn die Schutzmechanismen der §§ 311 ff. AktG eingehalten werden.[304] Folglich sei es unter dieser Voraussetzung rechtmäßig, die Vergütungsstruktur für den Vorstand einer abhängigen Gesellschaft im faktischen Konzern auf die Förderung der Interessen des herrschenden Unternehmens auszurichten. Dafür spreche auch die anerkannte Zulässigkeit von Vorstandsdoppelmandaten.[305] Wenn ein und dieselbe Person dem Vorstand der herrschenden wie auch der abhängigen Gesellschaft angehören dürfe, sei kein Grund ersichtlich, warum der vom Vorstand der Muttergesellschaft personenverschiedene Vorstand der Tochtergesellschaft nicht mit einer Vergütungsstruktur bezahlt werden darf, die sich an der Entwicklung der Muttergesellschaft orientiert.[306] Bestätigung finde dieses Ergebnis schließlich in § 192 Abs. 2 Nr. 3 AktG, der eine bedingte Kapitalerhöhung „zur Gewährung von Bezugsrechten an Arbeitnehmer und Mitglieder der Geschäftsführung der Gesellschaft *oder eines verbundenen Unternehmens*" erlaubt.[307]

302 *Martens*, FS Ulmer, 2003, 399, 415 ff.; *Habersack*, FS Raiser, 2005, 111, 120 ff.; *Austmann*, ZGR 2009, 277, 289 f.; *Arnold*, FS Bauer, 2010, 35, 39 ff.; *Goette*, FS Hopt, 2010, 689, 698 ff.; BeckOGK/*Rieckers*, AktG, Stand: 01.07.2022, § 192 Rn. 76 f.; MünchHdb AG/*Scholz*, § 64 Rn. 106.

303 Siehe zum Verhältnis von § 311 AktG zu anderen Vorschriften und Anspruchsgrundlagen nur *Koch*, § 311 Rn. 48 ff.

304 Etwa *Habersack*, FS Raiser, 2005, 111, 120 ff.

305 Siehe zur Zulässigkeit solcher Doppelmandate BGHZ 180, 105, 110 ff.

306 *Arnold*, FS Bauer, 2010, 35, 43 f.; *Habersack*, FS Raiser, 2005, 111, 123.

307 *Austmann*, ZGR 2009, 277, 289 f.; *Arnold*, FS Bauer, 2010, 35, 41 f.

Trotz dieser durchaus stichhaltigen Argumente verbleiben Zweifel an der Rechtmäßigkeit einer mutterbezogenen Vorstandsvergütung im faktischen Konzern. Das OLG München hat in einem auf die Problematik eingehenden *obiter dictum* darauf hingewiesen, dass zum einen schon die Durchsetzung des Anspruchs auf Nachteilsausgleich aus § 311 Abs. 2 S. 1 AktG durch den Vorstand, der ja gerade selbst für etwaige Nachteile verantwortlich wäre, wenig wahrscheinlich erschiene; zum anderen könnten erhebliche Beweisschwierigkeiten im Hinblick auf die Feststellung konkreter Nachteile entstehen.[308] Ersterer Einwand knüpft an die veränderte Interessensausrichtung des Vorstands an: Er wird durch seine Vergütungsstruktur dazu animiert, Vorteile für die Muttergesellschaft – auch zulasten der Tochter – zu generieren. Ein anschließender Nachteilsausgleich zugunsten der Tochter könnte den Vorteil für die Mutter jedoch nivellieren, jedenfalls reduzieren, weshalb für den Vorstand Anreiz besteht, dessen Durchsetzung zu vernachlässigen.[309] Die zweite Befürchtung des OLG München findet Bestärkung darin, dass der Anspruch aus § 311 Abs. 2 AktG nur für die Kompensation von Nachteilen aus konkreten (Einzel-)Rechtsgeschäften bzw. (Einzel-)Maßnahmen konzipiert ist – nur für diese kann nämlich auch ein konkreter, kausal darauf zurückgehender und auszugleichender Nachteil bestimmt werden.[310] Nicht entworfen ist der gesetzliche Ausgleichsmechanismus aber für ein diffuses, „fortlaufendes“ nachteiliges Handeln, zu welchem der Vorstand über die Vergütungsgestaltung motiviert wird.[311] Die Ausprägungen dieses Handelns können mannigfaltig sein und seine konkreten negativen Auswirkungen auf die Gesellschaft daher auch nur schwer eindeutig und vollumfäng-

308 OLG München NZG 2008, 631, 632 f.; zustimmend *Tröger,* ZGR 2009, 447, 452 ff.; die gegen das Urteil erhobene Nichtzulassungsbeschwerde hat der BGH mit Beschluss vom 9.11.2009 – II ZR 154/08 zurückgewiesen, ist auf die Rechtsfrage aber nicht näher eingegangen.

309 Aus ähnlichen Erwägungen die Rechtmäßigkeit entsprechender Vergütungsanreize verneinend *Zitzewitz,* NZG 1999, 698, 700 f.

310 Vgl. nur *Koch,* § 311 Rn. 7: „Einzelausgleichskonzept“.

311 Ähnlich KK-AktG/*Cahn,* § 87 Rn. 14.

lich bestimmbar.[312] Weitere Bedenken ergeben sich daraus, dass der BGH die Zulässigkeit von Vorstandsdoppelmandaten zwar anerkannt, im selben Atemzug aber auch betont hat, dass sich daraus kein „Freibrief" zu Gunsten der Konzernspitze ergebe – der Doppelmandatsträger habe vielmehr bei seinen Entscheidungen stets die Interessen des jeweiligen Pflichtenkreises wahrzunehmen.[313] Des Weiteren hat die Gesetzesbegründung zum von der Gegenansicht angeführten § 192 Abs. 2 Nr. 3 AktG die Ausgabe von Aktienbezugsrechten an Arbeitnehmer und Mitglieder der Geschäftsführung von Tochtergesellschaften nur im Vertragskonzern für unproblematisch erklärt; bei Tochtergesellschaften, die sich nicht im hundertprozentigen Besitz der Gesellschaft befinden, sei dagegen stets „sorgfältig zu prüfen [...], ob eine einseitige Motivation von deren Organen und Führungskräften auf die Wertentwicklung bei der Mutter zu rechtfertigen ist".[314] Maßgeblich wäre folglich eine Einzelfallprüfung, deren konkrete Kriterien die Gesetzesbegründung offengelassen hat. Vor dem Hintergrund der novellierten Nachhaltigkeitsvorgabe des § 87 Abs. 1 S. 2 AktG ist darüber hinaus zu bedenken, dass der von § 311 Abs. 2 AktG vorgesehene Nachteilsausgleich auf finanzielle Nachteile zugeschnitten ist.[315] Geht man mit hier vertretener Auffassung davon aus, dass § 87 Abs. 1 S. 2 AktG n. F. grundsätzlich auch die Einbeziehung von ökologischen und sozialen Zielen für die Entwicklung der Gesellschaft im Rahmen der Vorstandsvergütung fordert, stellt sich die Frage, ob und ggf. wie etwaige aus der bei der abhängigen Gesellschaft nicht erfolgenden Berücksichtigung solcher Ziele resultierende „Nachteile" (bzw. entgangene „Vorteile") für ihre nachhaltige Entwicklung ausgeglichen werden müssten

312 Vgl. *Drygala*, FS U. H. Schneider, 2011, 275, 282: „Fehlanreiz mit Dauerwirkung, der nicht nach § 311 AktG als Nachteil quantifizierbar ist".

313 BGHZ 180, 105, 110 f.

314 BT-Drucks. 13/9712, S. 23 f.

315 Nach der Rechtsprechung des BGH ist Nachteil im Sinne des § 311 AktG jede abhängigkeitsbedingte „Minderung oder konkrete Gefährdung der Vermögens- bzw. Ertragslage der Gesellschaft", siehe BGHZ 141, 79, 84.

bzw. könnten. Sie können sich daraus ergeben, dass der Vorstand weniger stark zur Berücksichtigung von sozialen und ökologischen Aspekten bei der Unternehmensführung „seiner" Gesellschaft angereizt wird, als er dies gemäß dem Nachhaltigkeitsgebot des § 87 Abs. 1 S. 2 AktG werden müsste. Entsprechende „Nachteile" werden aber regelmäßig schwerlich konkret feststellbar, geschweige denn in Geld quantifizierbar sein.[316] Das damit drohende Versagen des Ausgleichsmechanismus des § 311 AktG spricht ebenfalls eher gegen die Zulässigkeit mutterbezogener Vergütungsgestaltungen.

In der Gesamtschau überwiegen nach hier vertretener Ansicht eher die Zweifel an der Rechtmäßigkeit einer auf die nachhaltige und langfristige Entwicklung der Mutter im faktischen Konzern bezogenen Vorstandsvergütung. Zuzugestehen ist jedoch, dass auch die Gegenauffassung durchaus beachtliche Argumente auf ihrer Seite hat. Vor diesem Hintergrund wird dem Aufsichtsrat jedenfalls Problembewusstsein und eher auch Zurückhaltung im Hinblick auf eine entsprechende Vergütungsgestaltung zu raten sein.[317] Im Sinne einer effektiven Corporate Governance vorzugswürdig erscheint es ohnehin, den Vorstand mit tochterspezifischen Zielen zu incentivieren.[318]

gg) Die Bedeutung von Malus- und Clawback-Klauseln

Im Kontext des Nachhaltigkeits- und Langfristigkeitsgebots des § 87 Abs. 1 S. 2 AktG werden schließlich die Bedeutung und Gestaltungsmöglichkei-

316 Siehe zum parallelen Problem der Schadensfeststellung im Falle eines Verstoßes des Aufsichtsrats gegen § 87 Abs. 1 S. 2 AktG unten F. I. 1.

317 Entsprechende Vergütungskonzepte „der Sache nach problematisch und rechtlich jedenfalls zweifelhaft" erachtend auch *Koch*, § 87 Rn. 33 f.; differenzierend nach Gewichtung der auf die Mutter bezogenen Anreize MüKoAktG/*Spindler*, § 87 Rn. 80 ff.

318 So mit Blick auf Aktienoptionsprogramme – wenngleich auch mutterbezogene Modelle für rechtlich zulässig erachtend – auch K. Schmidt/Lutter/*Veil*, § 192 Rn. 25.

ten sog. Malus- und Clawback-Klauseln diskutiert. Gemeint sind vertragliche Vereinbarungen, nach denen variable Vergütungsbestandteile unter bestimmten Voraussetzungen teilweise oder vollständig reduziert (Malus) bzw. zurückgefordert (Clawback) werden können. Sie sind bei börsennotierten Gesellschaften in der Praxis sehr weit verbreitet.[319] Etwaige Möglichkeiten der Gesellschaft, variable Vergütungsbestandteile zurückzufordern, sind seit dem ARUG II gemäß § 87a Abs. 1 Satz 2 Nr. 6 AktG im Vergütungssystem anzugeben. Damit geht jedoch keine gesetzliche Pflicht einher, Clawback-Klauseln im Vergütungssystem tatsächlich vorzusehen – eine solche bestimmt das Aktiengesetz gerade nicht.[320] Empfehlung G. 11 S. 2 des DCGK sieht allerdings vor, dass eine variable Vergütung in begründeten Fällen einbehalten oder zurückgefordert werden können soll. Davon abweichende Gesellschaften müssen sich gemäß § 161 AktG rechtfertigen. Ob das „oder“ dieser Empfehlung wirklich so zu lesen ist, dass eine Befolgung bereits erklärt werden kann, wenn das Vergütungssystem der Gesellschaft *entweder* eine Malus- *oder* eine Clawback-Regelung enthält,[321] erscheint zweifelhaft. Naheliegender dürfte sein, dass die Kodex-Kommission sowohl den Fall einer bereits erfolgten als auch den Fall einer noch nicht erfolgten Auszahlung abdecken wollte – je nachdem soll die betroffene variable Vergütung einbehalten *oder* zurückgefordert werden können. Folglich muss sich die Gesellschaft aber auch beide Möglichkeiten offenhalten, um eine vollständige Befolgung der Empfehlung erklären zu können.[322] In der Praxis

319 Umfassende empirische Auswertung bei *Arnold/Zeh/Hanke,* AG 2022, 843 ff.

320 K. Schmidt/Lutter/*Seibt,* § 87a Rn. 15; *Löbbe/Fischbach,* AG 2019, 373, 377; a. A. MüKoAktG/*Spindler,* § 87 Rn. 112, der eine solche Pflicht aus § 87 Abs. 1 S. 2, 3 AktG ableiten möchte, „sofern die Gesellschaft nicht andere Modelle verwendet, die die Gefahr der nur kurzfristigen Anreizsetzung bannen können“.

321 So die Lesart von *Arnold/Zeh/Hanke,* AG 2022, 843, 844; ebenso JIG/*Kießling,* DCGK, G. 11 Rn. 10.

322 Wie hier KBLW/*Bachmann,* DCGK, G. 11 Rn. 5.

verwenden die allermeisten Unternehmen Kombinationsklauseln, die beide Optionen vorsehen.[323]

Unterscheiden lassen sich solche Klauseln, die an die *Performance*, und solche, die an die *Compliance* des Vorstandsmitglieds anknüpfen: Erstere kommen zur Anwendung, wenn bestimmte Erfolgsziele nicht erreicht wurden oder die Vergütung aufgrund einer erst im Nachhinein bekannt gewordenen falschen Datenlage ausgezahlt wurde.[324] Zwar könnte die Vergütung in diesen Fällen bei bereits erfolgter Auszahlung in der Regel auch bereicherungsrechtlich gemäß §§ 812 ff. BGB zurückgefordert werden;[325] ein (zusätzlicher) vertraglicher Anspruch kann die Rechtsdurchsetzung aber erleichtern und etwa die theoretische Gefahr des Einwands der Entreicherung (§ 818 Abs. 3 BGB) beseitigen.[326] *Compliance*-Mechanismen greifen bei einem Fehlverhalten des Vorstandsmitglieds, insbesondere bei einem Verstoß gegen die Sorgfaltspflicht aus § 93 Abs. 1 S. 1 AktG, je nach Ausgestaltung aber ggf. etwa auch bei einem Zuwiderhandeln gegen interne Compliance-Regularien.[327]

Vieldiskutiert ist die Vereinbarkeit von Clawback-Klauseln mit AGB-Recht.[328] Aufgrund der nunmehr in § 87a Abs. 1 Satz 2 Nr. 6 AktG gesetzlich anerkannten Möglichkeit, variable Vergütungsbestandteile zurückzufordern, wird man Malus- und Clawback-Klauseln nicht (mehr) als überraschend gemäß § 305c BGB und in aller Regel auch nicht als unangemesse-

323 *Arnold/Zeh/Hanke*, AG 2022, 843, 845.

324 *Poelzig*, NZG 2020, 41, 42; *Arnold/Zeh/Hanke*, AG 2022, 843, 845 f. m. w. N.

325 Näher zu den je nach Konstellation unterschiedlichen in Betracht kommenden bereicherungsrechtlichen Ansprüchen *Poelzig*, NZG 2020, 41, 45.

326 *Poelzig*, NZG 2020, 41, 45.

327 *Arnold/Zeh/Hanke*, AG 2022, 843, 845.

328 Eingehend *Seyfarth*, WM 2019, 569, 572 ff.; *Poelzig*, NZG 2020, 41, 45 ff.

ne Benachteiligung im Sinne von § 307 Abs. 1 S. 1 BGB ansehen können.[329] Erhebliche Bedeutung kommt allerdings dem Transparenzgebot des § 307 Abs. 1 S. 2 BGB zu. Die Klausel muss so bestimmt formuliert sein, dass ihr Anwendungsbereich klar erkennbar ist; insbesondere bei Compliance-Klauseln ist deshalb darauf zu achten, dass sie nicht zu weit gefasst sind, sondern klar bestimmen, bei welcher Art von Fehlverhalten und in welchem Umfang sie greifen.[330]

Skepsis ist gegenüber Überlegungen angebracht, das Nachhaltigkeits- und Langfristigkeitsgebot des § 87 Abs. 1 S. 2 AktG *allein* durch die Vereinbarung einer Clawback-Möglichkeit für den Fall des Nichterreichens von Nachhaltigkeits- und Langfristigkeitszielen umzusetzen. Entsprechende Erwägungen wurden insbesondere in der ersten Zeit nach Erlass des VorstAG geäußert: Die (damals lediglich zeitliche) Vorgabe des § 87 Abs. 1 S. 2 AktG sei auch dadurch umsetzbar, dass in der Vergütungsstruktur des Vorstands weiterhin ausschließlich kurzfristige Jahresboni vorgesehen werden, ihre Auszahlung aber unter den Vorbehalt einer Rückzahlungsverpflichtung für den Fall gestellt wird, dass sich die Dauerhaftigkeit des eingetretenen Erfolgs nicht bestätigt.[331] Für diese Sichtweise spricht auf den ersten Blick zwar, dass die dem Vorstand final verbleibende Vergütung hier gleichermaßen von der langfristigen Entwicklung der Gesellschaft abhängt, wie wenn sie von vornherein danach bemessen und erst nach ihrer Feststellung ausgezahlt worden wäre. Allerdings ist bereits die Durchsetzbarkeit eines etwaigen späteren Rückforderungsanspruchs nicht garantiert.[332] Zudem wird der Fokus des Vorstands bei dieser Gestaltung abermals sehr stark auf den

329 *Spindler,* AG 2020, 61, 67; *Bachmann,* ZHR 184 (2020), 127, 135.

330 KBLW/*Bachmann,* DCGK, G. 11 Rn. 10.

331 Etwa *Hohenstatt/Kuhnke,* ZIP 2009, 1981, 1985, die diese Gestaltung allerdings selbst für „kaum empfehlenswert" halten; *Schuster,* FS Bauer, 2010, 973, 979; wohl auch *Thüsing,* AG 2009, 517, 521.

332 *Lingemann,* BB 2009, 1918, 1919; *Bauer/Arnold,* AG 2009, 717, 723.

kurzfristigen Jahresbonus gelenkt: Dessen Höhe steht aufgrund der zeitnahen Auszahlung ganz im Mittelpunkt seines Bewusstseins, zumal jene Höhe auch bestimmt, wie viel Geld dem Vorstandsmitglied schlussendlich nach Abzug eines etwaigen späteren Clawback maximal verbleiben kann. Die damit drohende starke Fixierung auf den kurzfristigen Unternehmenserfolg ist mit Blick auf den Gesetzeszweck von § 87 Abs. 1 S. 2 AktG bedenklich. Entsprechende Vergütungsgestaltungen haben sich in der Praxis daher zu Recht nicht durchgesetzt, zumal auch der DCGK in seinen Empfehlungen G. 6 und G. 10 S. 2 vom Vorhandensein langfristig variabler Gewährungsbeträge ausgeht, über die das Vorstandsmitglied erst nach vier Jahren verfügen können soll. Ein gänzlich hiervon abweichendes Vergütungskonzept wäre gemäß § 161 AktG erläuterungsbedürftig und läge weit jenseits aktueller Praxisstandards.

Insgesamt können Malus- und Clawback-Klauseln somit zwar eine unterstützende Wirkung im Hinblick auf das Nachhaltigkeits- und Langfristigkeitsgebot des § 87 Abs. 1 S. 2 AktG zeitigen, indem sie lediglich kurzfristige wirtschaftliche Erfolge, die sich langfristig nicht bestätigen, mit einer Einbehaltung oder Rückforderung von variablen Vergütungsbestandteilen „sanktionieren“ (Performance-Mechanismen).[333] Auch Compliance-Mechanismen können diesen Zweck fördern, indem sie den Vorstand von einer pflichtwidrigen, übermäßig auf kurzfristigen Profit unter Eingehung hoher Langfristrisiken für die Gesellschaft ausgerichteten Unternehmensführung abhalten. In der Praxis wird die Langfristausrichtung der Vergütungsstruktur allerdings in aller Regel bereits durch langfristig bemessene und erst nach Ablauf der Bemessungsperiode ausbezahlte variable Vergütungskomponenten sichergestellt, bei deren Berechnung etwaige negative Entwicklungen schon berücksichtigt werden, und die Nachhaltigkeitsaus-

333 *Poelzig*, NZG 2020, 41, 42.

richtung erfolgt durch die Integration von ESG-Zielen.[334] Malus- und Clawback-Klauseln kommt damit im Hinblick auf die Umsetzung der Vorgabe des § 87 Abs. 1 S. 2 AktG faktisch allenfalls eine Nebenrolle zu.[335] Empirisch bestätigt wird dieser Befund dadurch, dass von jenen Klauseln – obwohl sie bei börsennotierten Unternehmen sehr verbreitet sind – in der Praxis nur selten tatsächlich einmal Gebrauch gemacht wird.[336]

334 *Arnold/Zeh/Hanke*, AG 2022, 843, 847.

335 Ebd.

336 Zur (kaum erfolgten) Anwendung von Malus-/Clawback-Regelungen im Geschäftsjahr 2021 *Arnold/Zeh/Hanke*, AG 2022, 843, 849.

D. „Nachhaltige" Vorstandsvergütung und Unternehmensinteresse

Die Debatte um die Ausrichtung der Vorstandsvergütung auf eine „nachhaltige und langfristige Entwicklung der Gesellschaft" ist in engem Zusammenhang zu sehen mit der schon seit langem geführten aktienrechtlichen Grundsatzdiskussion um das Leitbild, welchem Vorstand und Aufsichtsrat bei ihrer Unternehmensführung zu folgen haben. Angesprochen ist damit die Kontroverse um Begriff und Inhalt des sog. Unternehmensinteresses. Die umfangreich geführte Diskussion soll hier nicht in all ihren Aspekten rezipiert,[337] aber doch in ihren wesentlichen Zügen dargestellt und die Vorgabe des § 87 Abs. 1 S. 2 AktG n. F. dazu in Beziehung gesetzt werden. Das Aktiengesetz enthält keine explizite Handlungsmaxime für Vorstand und Aufsichtsrat. Gemäß § 76 Abs. 1 AktG hat der Vorstand „unter eigener Verantwortung die Gesellschaft zu leiten". Den dabei anzulegenden Sorgfaltsmaßstab bestimmt § 93 Abs. 1 S. 1 AktG, der besagt, dass die Vorstandsmitglieder bei ihrer Geschäftsführung die Sorgfalt eines ordentlichen und gewissenhaften Geschäftsleiters anzuwenden haben – andernfalls machen sie sich unter den weiteren Voraussetzungen des § 93 Abs. 2 S. 1 AktG der Gesellschaft gegenüber schadensersatzpflichtig. Nach § 93 Abs. 1 S. 2 AktG liegt eine Pflichtverletzung nicht vor, wenn das Vorstandsmitglied bei einer unternehmerischen Entscheidung vernünftigerweise annehmen durfte, auf der Grundlage angemessener Information „zum Wohle der Gesellschaft" zu handeln (sog. Business Judgement Rule). Die unternehmerische Entschei-

337 Umfassend zuletzt *Schubert*, Das Unternehmensinteresse – Maßstab für die Organwalter der Aktiengesellschaft, 2020; Unternehmensinteresse und Nachhaltigkeitsdebatte zueinander in Kontext setzend auch *Mittwoch*, Nachhaltigkeit und Unternehmensrecht, S. 330 ff.

dung steht im Gegensatz zur rechtlich gebundenen Entscheidung,[338] das heißt, ein Vorstandsmitglied trifft im Rahmen seiner Amtsführung immer dann eine unternehmerische Entscheidung, wenn keine rechtlichen Normen existieren, die die Entscheidung verbindlich vorgeben. Die Anerkennung eines solchen weiten Handlungsspielraums bei der Unternehmensführung rechtfertigt sich dadurch, dass unternehmerische Entscheidungen auf der Grundlage einer zukunftsbezogenen Gesamtabwägung von Chancen und Risiken getroffen werden müssen, die wegen ihres Prognosecharakters unvermeidlich die Gefahr erst nachträglich erkennbarer Fehleinschätzungen mit sich bringt.[339]

Der Aufsichtsrat hat die Geschäftsführung gemäß § 111 Abs. 1 AktG zu überwachen. Nach § 116 S. 1 AktG gilt § 93 AktG für die Aufsichtsratsmitglieder (mit Ausnahme der Vorgabe des § 93 Abs. 2 S. 3 AktG betreffend den Selbstbehalt bei einer D&O-Versicherung) sinngemäß. § 116 S. 3 AktG betont ausdrücklich die Bedeutung der Sorgfaltspflicht des Aufsichtsrats bei der Festsetzung der Vorstandsvergütung, wenn es darin heißt, die Aufsichtsratsmitglieder seien „namentlich zum Ersatz verpflichtet, wenn sie eine unangemessene Vergütung festsetzen (§ 87 Absatz 1)". Ob die Festlegung der Vorstandsbezüge durch den Aufsichtsrat eine unternehmerische Entscheidung im Sinne des § 93 Abs. 1 S. 2 AktG darstellt, ist strittig, richtigerweise aber im Grundsatz zu bejahen: § 87 Abs. 1 AktG sieht zwar einerseits durchaus rechtlich bindende Leitvorgaben vor, an die sich der Aufsichtsrat bei der Vergütungsgestaltung halten muss. Mit einigen namhaften Stimmen in der Literatur könnte man deshalb am Vorliegen einer unternehmerischen Entscheidung zweifeln.[340] Andererseits sind die Maßgaben der Norm aber recht

338 Regierungsbegründung BT-Drucks. 15/5092, S. 11.

339 Vgl. BGHZ 135, 244, 253 f.

340 Ablehnend gegenüber einer Anwendung der Business Judgement Rule bei der Festsetzung der Vorstandsvergütung etwa *Koch*, § 116 Rn. 19; GK-AktG/*Kort*, § 87 Rn. 348 f.; MüKoAktG/*Habersack*, § 116 Rn. 43. Diese Autoren räumen dem Aufsichtsrat gleichwohl

abstrakt („angemessenes Verhältnis“, „auf eine nachhaltige und langfristige Entwicklung der Gesellschaft auszurichten“) und belassen für die konkrete Festsetzung einen beträchtlichen, der Absicherung der grundrechtlich verbürgten Privatautonomie (Art. 2 Abs. 1 GG, auf Seiten der durch den Aufsichtsrat vertretenen AG in Verbindung mit Art. 19 Abs. 3 GG) dienenden Gestaltungs- und Ermessensspielraum, der nur mittels einer prognostizierenden Kosten-Nutzen-Abwägung ausgefüllt werden kann. Das Ergebnis dieser Abwägung ist – solange es sich innerhalb der durch § 87 Abs. 1 AktG gezogenen „äußeren“ Grenzen bewegt – nach zutreffender herrschender Ansicht an § 93 Abs. 1 S. 2 AktG zu messen und juristisch (nur) darauf überprüfbar, ob die Aufsichtsratsmitglieder vernünftigerweise davon ausgehen durften, auf der Grundlage angemessener Information zum Wohle der Gesellschaft zu handeln.[341]

Der BGH verwendet in seiner Rechtsprechung die Begriffe „Gesellschaftswohl“, „Unternehmenswohl“, „Gesellschaftsinteresse“ sowie „Unternehmensinteresse“ synonym, ohne sie näher zu konkretisieren.[342] Auch im bislang wichtigsten höchstrichterlichen Urteil zur Vorstandsvergütung – der

einen sich unmittelbar aus § 87 Abs. 1 AktG ergebenden Ermessensspielraum ein. Unterschiede gegenüber einer hier befürworteten (begrenzten) Anwendung der Business Judgement Rule dürften sich im Ergebnis kaum ergeben.

341 Wie hier für die Anwendung der Business Judgement Rule MüKoAktG/*Spindler,* § 87 Rn. 161 f.; Grigoleit/*Grigoleit/Tomasic,* § 116 Rn. 8 f.; *Fleischer,* DB 2006, 542, 543; KK-AktG/*Mertens/Cahn,* § 116 Rn. 68; Hölters/Weber/*Groß-Bölting/Rabe,* § 116 Rn. 52; *Röttgen/Kluge,* NJW 2013, 900, 904; *Bauer/Arnold,* AG 2009, 717, 718; der Sache nach auch BGHSt 50, 331, 335 f.

342 Insbesondere BGHZ 135, 244 („ARAG/Garmenbeck"), vierter Leitsatz, in dem sowohl vom „Gesellschaftswohl" als auch vom „Unternehmenswohl" die Rede ist, ohne dass jeweils etwas anderes gemeint wäre; ferner etwa BGHZ 64, 325, 331 („Interesse des Unternehmens"); BGHZ 71, 40, 44 sowie BGHZ 83, 319, 321 (jeweils „Gesellschaftsinteresse"); BHGZ 125, 239, 241 („Interesse der Gesellschaft") und 243 („sachliches unternehmerisches Interesse"); BGHZ 136, 133, 139 („Interesse der Gesellschaft aus unternehmerischer Sicht"); siehe zur Begriffsverwendung durch den BGH auch *Henze,* BB 2000, 209, 212; ferner BeckOGK/*Fleischer,* AktG, Stand: 01. 04. 2023, § 76 Rn. 27.

Mannesmann-Entscheidung[343] aus dem Jahr 2005 – taucht der Begriff des Unternehmensinteresses auf. Der BGH führt aus, die Aufsichtsratsmitglieder müssten nach den Vorgaben des Aktienrechts bei allen Vergütungsentscheidungen im Unternehmensinteresse handeln, insbesondere den Vorteil der Gesellschaft wahren und Nachteile von ihr abwenden.[344] Diese sich aus §§ 93 Abs. 1, 116 S. 1 AktG ergebende Verpflichtung stelle eine Vermögensbetreuungspflicht im Sinne des § 266 Abs. 1 StGB dar. Unvereinbar mit den Pflichten des Aufsichtsrats sei es, dem Vorstand für eine geschuldete Leistung eine im Dienstvertrag nicht vereinbarte Sonderzahlung zu gewähren, die ausschließlich belohnenden Charakter hat und der Gesellschaft keinen zukunftsbezogenen Nutzen bringen kann (sog. kompensationslose Anerkennungsprämie).[345] Konkret ging es um Zahlungen für besondere Leistungen in der Vergangenheit, die an alsbald ausscheidende Vorstandsmitglieder geleistet wurden, im Anstellungsvertrag aber nicht vorgesehen waren. Weil die Leistungen der Vorstandsmitglieder bereits durch die dienstvertraglich vereinbarten Vergütungen abgegolten gewesen seien und von den Prämien im konkreten Fall kein zukunftsbezogener Anreizeffekt ausgehen könne, sei kein Nutzen solcher Zahlungen für die Gesellschaft erkennbar. Der BGH sah darin eine Verschwendung von Gesellschaftsvermögen, die eine strafbare Untreue zulasten der Gesellschaft darstelle.

343 BGHSt 50, 331 ff.

344 BGHSt 50, 331, 335 f.

345 BGHSt 50, 331, 337 f.

I. Die Diskussion um die Zielkonzeption des deutschen Aktienrechts

Der Debatte um das sog. Unternehmensinteresse liegt die Frage nach der Zielkonzeption des deutschen Aktienrechts zugrunde: Welche Interessen haben der Vorstand und – im Rahmen seiner Zuständigkeit – auch der Aufsichtsrat bei der Unternehmensführung zu berücksichtigen, um „zum Wohle der Gesellschaft" im Sinne des § 93 Abs. 1 S. 2 AktG zu handeln? Die Diskussion ist so alt wie das Aktienrecht selbst. Zwar wurde die Business Judgement Rule des § 93 Abs. 1 S. 2 AktG erst 2005 in das Aktiengesetz aufgenommen, der Gesetzgeber regelte damit aber lediglich einen seit jeher anerkannten Grundsatz zur (eingeschränkten, weil zwangsläufig auf Prognosen beruhenden) rechtlichen Überprüfbarkeit unternehmerischer Entscheidungen.

Im Wesentlichen existieren zur Bestimmung der Handlungsmaxime für Vorstand und Aufsichtsrat einer Aktiengesellschaft zwei große unterschiedliche Denkschulen. Da eine Aktiengesellschaft zunächst einmal eine Vereinigung von risikokapitalgebenden Aktionären darstellt, die sich zur Verfolgung eines gemeinsamen erwerbswirtschaftlichen Zwecks zusammenschließen, wird vertreten, dass sich die Verwaltungsorgane allein an dem Interesse dieser Aktionäre zu orientieren haben, welches im Regelfall – soweit in der Satzung nicht explizit etwas anderes vereinbart ist – in der wirtschaftlichen Gewinn- und Unternehmenswertsteigerung bestehe (sog. Shareholder Value-Ansatz).[346] Demgegenüber geht der interessenpluralistisch konzipierte Stakeholder Value-Ansatz davon aus, dass Vorstand und Aufsichtsrat im Rahmen ihrer Unternehmensführung gleichberechtigt die Interessen all

346 Etwa Grigoleit/*Grigoleit*, § 76 Rn. 19 ff.; *Mülbert*, AG 2009, 766 ff.; *Zöllner*, AG 2003, 2, 7 f., jeweils m. w. N.

derjenigen Personen und Gruppen berücksichtigen müssen, die in einem weiten Sinne „Teilhaber" (Stakeholder) des Unternehmens sind und für deren Interessenlage es daher von Belang ist, wie das Unternehmen sich verhält – neben den kapitalgebenden Aktionären sind dies insbesondere die Arbeitnehmer des Unternehmens, aber auch die Allgemeinheit als solche.[347] Dazwischen liegen vermittelnde Ansichten, die im Grundsatz einen interessenpluralistischen Ansatz befürworten, den Anteilseigner-Interessen allerdings eine mehr oder weniger stark hervorgehobene Bedeutung beimessen möchten (sog. „Enlighted Shareholder Value-Ansatz" bzw. moderater Stakeholder Value-Ansatz).[348]

Bevor auf die Debatte und ihre historischen Hintergründe sogleich näher einzugehen ist, erscheint zunächst eine Begriffsklärung notwendig, denn in der Literatur zur Thematik werden die Termini nicht immer einheitlich verwendet. Teilweise wird unterschieden zwischen einem „Gesellschaftsinteresse" und einem „Unternehmensinteresse" – beides sei inhaltlich nicht dasselbe: Während unter dem Gesellschaftsinteresse das kollektive Interesse der Aktionäre (im Sinne des Shareholder Value-Ansatzes) zu verstehen sei, meine Unternehmensinteresse eine interessenpluralistische Ausrichtung der Unternehmensführung im Sinne des Stakeholder Value-Ansatzes.[349] Im Einklang mit der bereits angesprochenen Begriffsverwendung durch den BGH wird eine solche sprachliche Unterscheidung im Folgenden nicht vorgenommen. Gesellschaftsinteresse und Unternehmensinteresse werden als synony-

347 Einen Stakeholder Value-Ansatz befürwortend etwa *Raiser/Veil,* KapGesR, § 14 Rn. 14, 75 (im Hinblick auf den Vorstand) sowie § 15 Rn. 93, 115, 123 f. (im Hinblick auf den Aufsichtsrat); *Koch,* § 76 Rn. 30 ff.; *Hüffer,* FS Raiser, 2005, 163, 166 ff.; vgl. auch OLG Frankfurt, AG 2011, 918, 919.

348 Bspw. K. Schmidt/Lutter/*Seibt,* § 76 Rn. 40; BeckOGK/*Fleischer,* AktG, Stand: 01.04.2023, § 76 Rn. 37 f. m. w. N.; wohl auch Bürgers/Körber/Lieder/*Bürgers,* § 76 Rn. 12 f.

349 Etwa *Zöllner,* AG 2003, 2, 7 f.; Bürgers/Körber/Lieder/*Bürgers,* § 76 Rn. 12 f.; *Dörrwächter,* NZG 2022, 1083, 1084 ff.

me Begriffe behandelt, die zunächst einmal neutral – also ohne, dass allein mit der Bezeichnung bereits eine Festlegung auf die zu berücksichtigenden Interessen verbunden wäre – als Schlagworte das Leitbild bezeichnen, an dem sich Vorstand und Aufsichtsrat im Rahmen ihrer Unternehmensführung orientieren müssen, um ihrer Pflicht, zum Wohle der Gesellschaft zu handeln, nachzukommen.[350] Um sprachliche Verwirrung zu vermeiden, wird nachfolgend einheitlich vom Unternehmensinteresse gesprochen.

1. Historische Ursprünge des deutschen Aktienrechts und Gemeinwohlverpflichtung des AktG 1937

Die Gründung einer deutschen Aktiengesellschaft setzte bis 1870 eine staatliche Genehmigung voraus, mittels derer der Staat die Bindung der Gesellschaften an das Gemeinwohl sicherstellte (sog. Octroi- und später Konzessionssystem).[351] Zunehmende liberale Tendenzen führten 1870 zur Ablösung des Konzessions- durch ein Normativsystem, welches die Aktiengesellschaften deutlich von staatlichem Dirigismus befreite. Man erhoffte sich durch die stärker autonom bestimmte Tätigkeit der Gesellschaften positive – auch dem Gemeinwohl dienliche – (volks-)wirtschaftliche Impulse.

Es dauerte freilich nicht lange, bis Gegenbewegungen zur neuen liberalen Linie einsetzten. 1917 veröffentlichte *Rathenau* seine Abhandlung „Das Aktienwesen. Eine geschäftliche Betrachtung“, in welcher er die gesamtwirtschaft-

350 Für eine inhaltliche Gleichsetzung spricht im Übrigen auch die Genese von § 87 Abs. 1 S. 2 AktG: War in seiner Fassung nach dem VorstAG noch von einer „nachhaltigen *Unternehmens*entwicklung“ die Rede, findet sich seit dem ARUG II die Formulierung „nachhaltige und langfristige Entwicklung der *Gesellschaft*“, ohne dass der Gesetzgeber jeweils ein anderes Bezugsobjekt meinen würde.

351 Näher dazu und zum Folgenden *Habersack*, AcP 220 (2020), 594, 603 f.; ferner *Harbarth*, ZGR 2022, 533, 535 ff., jeweils m. w. N.

liche Bedeutung des Großunternehmens hervorhob.[352] Im Ausgangspunkt trage dieses zwar die Züge eines privatrechtlichen Erwerbsunternehmens, sei aber längst und in steigendem Maße öffentlichen Interessen dienstbar geworden und habe sich hierdurch ein neues Daseinsrecht geschaffen.[353] Die Verwaltung der AG und die sie stützende und langfristig engagierte Aktionärsmehrheit müsse, damit das Großunternehmen seiner besonderen Rolle im volkswirtschaftlichen und gesellschaftlichen Gesamtgefüge gerecht werden könne, gegenüber kurzfristig orientierten Anlegern, die Aktien nicht erwerben, um sie zu besitzen, sondern um sie mit schnellem Gewinn zu verkaufen, abgeschirmt werden. *Rathenaus* Überlegungen wurden als Lehre vom „Unternehmen an sich" bekannt und blieben durchaus nicht unwidersprochen – manche sahen damit die Fundamente einer freiheitlichen Privatrechtsordnung infrage gestellt.[354]

Als das zuvor im Handelsrecht geregelte Aktienrecht 1937 in ein eigenes Gesetz überführt wurde, gewährte dieses dem Vorstand tatsächlich, wie zuvor von *Rathenau* gefordert, einen großen und von Weisungen der Hauptversammlung sowie des Aufsichtsrats befreiten Handlungs- und Ermessensspielraum. Zugleich verpflichtete der Gesetzgeber den Vorstand bei seiner Unternehmensführung ausdrücklich auf das Gemeinwohl. § 70 AktG 1937 lautete:

> *„Der Vorstand hat unter eigener Verantwortung die Gesellschaft so zu leiten, wie das Wohl des Betriebes und seiner Gefolgschaft und der gemeine Nutzen von Volk und Reich es fordern."*

352 Näher zu *Rathenaus* Abhandlung, ihren Hintergründen und ihrer zeitgenössischen Rezeption *Fleischer*, JZ 2017, 991 ff.

353 *Rathenau*, Vom Aktienwesen. Eine geschäftliche Betrachtung, S. 38 f.

354 Kritisch insbesondere *Haussmann*, JW 1927, 2953 ff., auf den auch das Schlagwort vom „Unternehmen an sich" zurückgeht – im Werk von *Rathenau* taucht es nicht auf.

Durchaus bemerkenswert ist, dass die Interessen der Aktionäre in dieser Norm überhaupt keine Erwähnung fanden. Unter der „Gefolgschaft" verstand der damalige Gesetzgeber nicht die Gesellschafter der AG, sondern die Arbeiter und Angestellten des Betriebs.[355] Die Regelung sollte offenbar einen deutlichen Gegenpol zur bisherigen – als zu stark wahrgenommenen – Fokussierung auf Aktionärsinteressen darstellen.[356] Dass der Vorstand die Interessen der Aktionäre, auf deren Investitionsbereitschaft er ja nun einmal zur Fortführung des Unternehmens angewiesen blieb, auch zukünftig ausreichend mitberücksichtigen würde, unterstellte man scheinbar als selbstverständlich.

2. Insbesondere: Verknüpfung von Gemeinwohl und Vorstandsvergütung im AktG 1937

Als Antwort auf zuvor sichtbar gewordene Missstände im Bereich der Vorstandsvergütung enthielt das AktG 1937 auch erste rechtliche Vorgaben für die Bezüge von Vorstandsmitgliedern. Während Aktiengesellschaften im Zuge der Weltwirtschaftskrise Ende der 1920er Jahre ihre Arbeitnehmer vielfach entweder gekündigt oder auf Kurzarbeit gesetzt hatten, hatten Vorstandsmitglieder weiterhin sehr hohe Gehälter verdient, was vielfach auf öffentliche Empörung gestoßen war.[357] Deshalb ordnete schon § 78 Abs. 1

355 *Schlegelberger/Quassowski/Herbig/Geßler/Hefermehl*, AktG 1937, § 70 Rn. 6.

356 Nur so lassen sich wohl die überaus negativen Bemerkungen bei *Schlegelberger/Quassowski/Herbig/Geßler/Hefermehl*, AktG 1937, § 70 Rn. 1, zur Stellung der Aktionäre vor Inkrafttreten des AktG 1937 verstehen: „Die grundsätzlichen Entscheidungen über die Geschicke der Gesellschaft lagen bei der Hauptversammlung. Diese war in ihrer Zusammensetzung dem Zufall ausgeliefert. In ihr regierte die unverantwortliche und meist fachunkundige Masse der Aktionäre, die ihre Rechte überwiegend unter dem Blickwinkel ihres eigenen Vorteils ausübten."

357 Eingehend zu den damaligen Hintergründen *Hommelhoff*, FS Hopt, 2020, 467, 468 ff.; siehe zur historischen Entwicklung der Vorgaben zur Vorstandsvergütung auch *Schüller*, Vorstandsvergütung, S. 115 ff.

AktG 1937 an, der Aufsichtsrat habe dafür zu sorgen, dass die Gesamtbezüge der Vorstandsmitglieder in einem angemessenen Verhältnis zu den Aufgaben des einzelnen Vorstandsmitglieds und zur Lage der Gesellschaft stehen. §78 Abs.2 Satz 1 AktG 1937 sah sodann die bis heute sehr ähnlich geltende (vgl. §87 Abs.2 S.1 AktG) und aufgrund ihres Spannungsverhältnisses zum Grundsatz *pacta sunt servanda* hochkontrovers diskutierte[358] Möglichkeit zur nachträglichen angemessenen Herabsetzung der Bezüge durch den Aufsichtsrat vor, „soweit nach Festsetzung der Gesamtbezüge eine so wesentliche Verschlechterung in den Verhältnissen der Gesellschaft eintritt, dass die Weitergewährung der Bezüge eine schwere Unbilligkeit für die Gesellschaft sein würde".

Mit Blick auf das Thema der vorliegenden Arbeit im historischen Rückblick besonders interessant erweist sich die Vorgabe des §77 Abs.3 AktG 1937, der in seinem Satz 1 für etwaige Gewinnbeteiligungen der Vorstandsmitglieder vorschrieb, diese sollten „in einem angemessenen Verhältnis stehen zu den Aufwendungen zugunsten der Gefolgschaft oder von Einrichtungen, die dem gemeinen Wohle dienen". Schon der zeitgenössische, offiziöse *Schlegelberger*'sche Kommentar zum AktG 1937 weist auf den Konnex zwischen der Gemeinwohlverpflichtung des Vorstands gemäß §70 Abs.1 AktG 1937 und der Vorschrift des §77 Abs.3 AktG 1937 hin: Die soziale Pflicht des Vorstands finde in dieser Vergütungsmaßgabe besonderen Ausdruck.[359] Mit „Aufwendungen für die Gefolgschaft" seien nicht die Gesamtlohnsumme für die Arbeitnehmer oder der Gesamtbetrag der von der Gesellschaft entrichteten Sozialabgaben gemeint, sondern freiwillige Aufwendungen zu sozialen Zwecken, die die Gesellschaft über ihre gesetzlichen Pflichten hinaus erbringe – etwa freiwillige Beiträge an Pensionskassen, Heirats-, Kinder-, Familien- und Altersbeihilfen, der Bau von Arbeiterwohnungen und

358 Sehr kritisch etwa *Martens*, FS Hüffer 2010, 647, 650 ff.

359 *Schlegelberger/Quassowski/Herbig/Geßler/Hefermehl*, AktG 1937, §70 Rn. 7.

-eigenheimen, von Turn- und Sportplätzen, Schwimmbädern, Erholungsheimen sowie sonstiger sanitärer Einrichtungen.[360] Auch seien Fälle denkbar, in denen bereits die Aufrechterhaltung des Betriebs oder die Erhaltung von Arbeitsplätzen eine soziale Leistung zugunsten der „Gefolgschaft" darstelle. Unter „Aufwendungen zugunsten von Einrichtungen, die dem gemeinen Wohle dienen" seien beispielsweise Zuwendungen an das Winterhilfswerk des Deutschen Volkes oder an die Unfallversorgung zu verstehen.[361] §77 Abs.3 S.3 AktG 1937 ermöglichte es gar der Staatsanwaltschaft (!), die Beachtung von §77 Abs.3 S.1 AktG 1937 im Klagewege zu erzwingen. Tatsächlich erhoben wurde eine solche Klage allerdings nie – man ging davon aus, dass §77 Abs.3 S.3 AktG 1937 bereits durch sein bloßes Vorhandensein disziplinierende Wirkung entfalte.[362]

Die zeitgenössische Kommentierung gibt keinen klaren Aufschluss darüber, ob der damalige Gesetzgeber mit §77 Abs.3 AktG 1937 eine Anreizfunktion vergleichbar derjenigen heutiger variabler Vorstandsvergütungsmodelle beabsichtigte. Sollten Vorstandsmitglieder im Interesse der Steigerung ihrer eigenen Vergütung zu besonderer „Mildtätigkeit" im Rahmen ihrer Amtsführung motiviert werden? Die Gegenüberstellung der Höhe etwaiger Gewinnbeteiligungen der Vorstandsmitglieder mit der Höhe von sozialen Aufwendungen der Gesellschaft diente als Anhaltspunkt zur Feststellung der Angemessenheit der Höhe der an die Vorstandsmitglieder gezahlten Gewinnbeteiligung.[363] Dem Gedanken nach lässt sich eine entfernte Ähnlichkeit zum heute gemäß §162 Abs.1 S.2 Nr.2 AktG im Vergütungsbericht vorzunehmenden Vergleich der jährlichen Veränderung der Vergütung der Verwaltungsmitglieder mit (unter anderem) der über die letzten fünf Ge-

360 *Schlegelberger/Quassowski/Herbig/Geßler/Hefermehl*, AktG 1937, §77 Rn.20.

361 Ebd.

362 *Schlegelberger/Quassowski/Herbig/Geßler/Hefermehl*, AktG 1937, §77 Rn.24 a.E.

363 Vgl. *Schlegelberger/Quassowski/Herbig/Geßler/Hefermehl*, AktG 1937, §77 Rn.21.

schäftsjahre betrachteten durchschnittlichen Arbeitnehmervergütung erkennen. Wenn auch im Rahmen dieses heutzutage zwingend zu veröffentlichenden Vergleichs keine *freiwilligen* Aufwendungen der Gesellschaft zu sozialen Zwecken betrachtet werden, so dient §162 Abs.1 S.2 Nr.2 AktG doch dazu, den Aktionären und der Öffentlichkeit eine Überprüfung zu ermöglichen, ob sich die Veränderungen (und vor allem Erhöhungen) der Gehälter der Verwaltungs-, insbesondere der Vorstandsmitglieder, zu sehr von der allgemeinen Lohnentwicklung im Unternehmen – und damit von den Aufwendungen des Unternehmens für seine Arbeitnehmerschaft – abgekoppelt haben.[364] §77 Abs.3 AktG 1937 dürfte analog vor allem einen Vergleichszweck zur (mittelbaren) Hinwirkung auf eine angemessene Vergütungshöhe verfolgt haben und weniger als ein über potenzielle Vergütungssteigerung wirkender Verhaltensanreiz für die Vorstandsmitglieder gedacht gewesen sein. Die Grenzen sind insoweit allerdings fließend: Jedenfalls die *Schlegelberger*'sche Kommentierung lässt sich durchaus so verstehen, dass Sozialaufwendungen des Vorstands wünschenswert seien und deshalb auch über dessen Vergütung honorierend gewürdigt werden könnten.[365] Der Gedanke einer Koppelung der Vorstandsvergütung jedenfalls an die *soziale* Bilanz des Unternehmens erweist sich somit bei einem Blick in die Rechtsgeschichte als nicht so neuartig wie man bei einem ersten Blick auf die – weit zu interpretierende – Nachhaltigkeitsvorgabe des §87 Abs.1 S.2 AktG in seiner Fassung nach dem ARUG II annehmen könnte. Er erlebt derzeit vielmehr eine faszinierende, um ökologische Aspekte angereicherte rechtspolitische Renaissance.

364 Zum Sinn und Zweck von §162 Abs.1 S.2 Nr.2 AktG siehe *Bayer*, DB 2018, 3034, 3040.

365 Vgl. *Schlegelberger/Quassowski/Herbig/Geßler/Hefermehl*, AktG 1937, §77 Rn.20ff.

3. Aktienrechtsnovelle 1965 und Mitbestimmungsgesetz 1976

In der Nachkriegszeit galt das AktG 1937 zunächst größtenteils unverändert fort. Neuen Schwung bekam die Debatte um das Leitbild, dem die Unternehmensführung der AG zu folgen hat, mit der ersten größeren Aktienrechtsnovelle im Jahr 1965. Die explizite Gemeinwohlverpflichtung des § 70 Abs. 1 AktG 1937 wurde dabei (ebenso wie übrigens § 77 Abs. 3 AktG 1937) gestrichen – sicherlich auch, um den belasteten Begriff der „Gefolgschaft" sowie die Bezugnahme auf das nicht mehr existierende Deutsche Reich aus dem Gesetz zu entfernen. § 76 Abs. 1 AktG lautet seither nur noch: „Der Vorstand hat unter eigener Verantwortung die Gesellschaft zu leiten". Anträge, eine der Vorgängervorschrift ähnliche, umformulierte Richtlinienvorgabe beizubehalten, wurden im Gesetzgebungsverfahren abgelehnt.[366] Aus der Gesetzesbegründung zum AktG 1965 ergibt sich allerdings, dass man die alte Maßgabe nicht ihrem Grundgedanken nach für falsch hielt; man erachtete es vielmehr als eine Selbstverständlichkeit, dass der Vorstand im Rahmen seiner Unternehmensführung neben den Interessen der Aktionäre auch diejenigen der Arbeitnehmer und der Allgemeinheit zu berücksichtigen habe – eine explizite gesetzliche Regelung sei verzichtbar.[367] Außerdem befürchtete man, dass die Aufzählung aller zu berücksichtigenden Interessenträger (Arbeitnehmer, Aktionäre, Allgemeinheit) zu dem Missverständnis führen könne, dass aus der Reihenfolge ihrer Nennung eine unterschiedliche Wertigkeit der einzelnen Interessen abgeleitet und die zuerst genannten zu Unrecht höher gewichtet werden könnten als die jeweils nachfolgenden.[368]

366 Vgl. Ausschussbericht, abgedruckt bei *Kropff*, AktG, 1965, 97 f.

367 Begründung zum Gesetzentwurf der Bundesregierung, abgedruckt bei *Kropff*, AktG, 1965, 97.

368 Ausschussbericht, abgedruckt bei *Kropff*, AktG, 1965, 98.

Historisch abermals befeuert wurde die Diskussion durch den Erlass des Gesetzes über die Mitbestimmung der Arbeitnehmer im Jahr 1976. Die danach vorgesehene quasiparitätische Mitsprache von Arbeitnehmervertretern im Aufsichtsrat großer Kapitalgesellschaften werteten zahlreiche Autoren als gesetzliche Bestätigung einer interessenpluralistisch ausgerichteten Zielkonzeption des deutschen Aktienrechts.[369] Gegenstimmen weisen allerdings darauf hin, dass das MitbestG eben *nur* Arbeitnehmer und nicht sämtliche Stakeholder in die Unternehmensführung (und dort in erster Linie auch nur in die überwachende Tätigkeit des Aufsichtsrats) einbeziehe, die Intensität der gesetzlichen Mitbestimmung in Abhängigkeit von Beschäftigtenzahl und Branche zudem sehr unterschiedlich ausfalle und kleine Aktiengesellschaften ferner überhaupt keiner Mitbestimmung unterlägen.[370] Auch das in § 29 Abs. 2 S. 1 MitbestG bei Stimmengleichheit vorgesehene Zweitstimmrecht des Aufsichtsratsvorsitzenden – bei dessen Wahl sich die Anteilseignervertreter gemäß § 27 Abs. 2 MitbestG gegen die Arbeitnehmervertreter durchsetzen können – wird als Beleg eines überwiegenden Gewichts der Interessen der Aktionäre im gesetzlichen Gefüge angeführt.[371] Das Bundesverfassungsgericht stützte sich in seinem Mitbestimmungsurteil unter anderem maßgeblich auf diese verbleibende Privilegierung der Anteilseignerseite, um die mitbestimmungsrechtlichen Vorschriften für verfassungsrechtlich unbedenklich zu erklären.[372]

369 *Raiser*, FS R. Schmidt, 1976, 101, 114 ff.; *Reuter*, AcP 179 (1979), 509 ff.; *Schilling*, ZHR 144 (1980), 136, 142 f.; *Hopt*, ZGR 1993, 534, 536.

370 *Mülbert*, AG 2009, 766, 771 f.; *Empt*, Corporate Social Responsibility – Das Ermessen des Managements zur Berücksichtigung von Nichtaktionärsinteressen im US-amerikanischen und deutschen Aktienrecht, 131 ff.; gegen Schlussfolgerungen aus den Vorgaben des Mitbestimmungsrechts für den Leitungsmaßstab des Vorstands auch GK-AktG/*Kort*, § 76 Rn. 79.

371 *Mülbert*, ZGR 1997, 129, 152 f.

372 BVerfGE 50, 290, 322 ff.

4. Shareholder Value-Orientierung in den 90er-Jahren

Ab den 1990er-Jahren gewann eine allein am Shareholder Value ausgerichtete Handlungsmaxime für die Unternehmensführung erheblich an Zuspruch. Drei wesentliche Gründe dafür lassen sich benennen: Zum einen erhoffte man sich von einem (lediglich) auf den Shareholder Value ausgerichteten Leitungsmaßstab klarere rechtliche Leitplanken; ein interessenpluralistisches Konzept laufe dagegen Gefahr, zur Rechtfertigung für nahezu beliebiges Vorstandshandeln zu werden.[373] Zweitens wurde die schon näher dargestellte[374], aus den USA stammende Prinzipal-Agent-Theorie zunehmend zum wirtschaftswissenschaftlichen Ausgangspunkt der Unternehmenssteuerung auch in deutschen Aktiengesellschaften. Der Prinzipal-Agent-Theorie zufolge ist der Vorstand freilich bloßer „Agent" der Aktionäre und somit (nur) auf ihre Interessen verpflichtet. Drittens schließlich strömten deutsche börsennotierte Unternehmen in den 90er-Jahren vermehrt an die internationalen Kapitalmärkte. Um dort mit der – vor allem US-amerikanischen, traditionell Shareholder Value-orientierten – Konkurrenz mithalten zu können und für Geldgeber als attraktives Investitionsobjekt zu erscheinen, wurde der Fokus verstärkt auf die Renditeinteressen der Aktionäre gelegt. Diese Entwicklung fand auch Bestärkung durch den deutschen Gesetzgeber: Das Gesetz zur Kontrolle und Transparenz im Unternehmensbereich (KonTraG) vereinfachte im Jahr 1998 durch eine Neufassung von § 192 Abs. 2 Nr. 3 AktG die Ausgabe von Aktienoptionen an Führungskräfte zum Zwecke der Ausrichtung ihres Handelns auf die Steigerung des Unternehmenswerts und ermöglichte in gewissen Grenzen über § 71 Nr. 8 AktG den Rückerwerb eigener Aktien als indirektes Mittel zur Senkung der Ei-

373 Bis heute wird dieses Argument häufig vorgetragen, siehe etwa Grigoleit/*Grigoleit*, § 76 Rn. 21; *Mülbert*, AG 2009, 766, 770 f.

374 Hierzu oben unter C. I. 2.

genkapitalquote und zur Börsenkurssteigerung.[375] In der Begründung zum KonTraG verwies der Gesetzgeber explizit auf den Wettbewerb am internationalen Kapitalmarkt, dem sich deutsche börsennotierte Gesellschaften ausgesetzt sähen.[376] Infolgedessen orientiere sich die Strategie der Unternehmen zunehmend an den Anlegerinteressen. Dies bedinge eine intensivere Ausrichtung auf die Wertsteigerung für die Anteilseigner, was wiederum zu einer Stärkung der Ertragskraft der Unternehmen zwinge und damit zu einer Steigerung ihrer Wettbewerbsfähigkeit sowie im Ergebnis auch zur Sicherung von Arbeitsplätzen beitrage.

5. Rückbesinnung auf den Stakeholder Value im Zuge von Finanzkrise und CSR-Diskussion

Die wachsenden Sympathien für einen Shareholder Value-Ansatz erlebten durch die Finanzkrise 2008/2009 einen herben Rückschlag. Wie bereits näher ausgeführt,[377] stellte man eine maßgebliche Ursache der Krise in einer vielfach übermäßig nur auf kurzfristigen finanziellen Erfolg abzielenden Unternehmensführung fest. In jüngerer Zeit ist des Weiteren durch die internationale Debatte um das UN-Konzept der „nachhaltigen Entwicklung" vermehrt die zentrale Rolle der Wirtschaft – vor allem die der weltweit agierenden Großkonzerne – für das Gelingen der Umsetzung dieses Leitbilds auf globaler Ebene in das Zentrum der rechtspolitischen Diskussion gerückt. Ganz besonders gilt dies im Kontext der Klimadebatte der letzten Jahre, verursachen die großen international tätigen Unternehmen doch einen ganz erheblichen Teil der weltweiten CO_2-Emissionen. Seit Erlass der CSR-Richtlinie 2014/95/EU, deren Vorgaben zur nichtfinanziellen Berichterstat-

375 Dazu *Ulmer*, AcP 202 (2002), 143, 158 f.

376 Begründung zum Gesetzentwurf der Bundesregierung BT-Drucks. 13/9712, S. 11.

377 Siehe unter C. II.

tung der europäische Gesetzgeber explizit als „wesentliches Element der Bewältigung des Übergangs zu einer nachhaltigen globalen Wirtschaft“[378] bezeichnet, ist das Thema der Berücksichtigung ökologischer und sozialer Aspekte im unternehmerischen Bereich ständig präsent und wird mit den Schlagworten „CSR“, „ESG“ und „Nachhaltigkeit“ lediglich begrifflich bisweilen unterschiedlich betitelt. Im Zuge des 2019 veröffentlichten European Green Deals versucht der europäische Gesetzgeber durch eine Vielzahl von Gesetzgebungsinitiativen das europäische Finanz- und Wirtschaftssystem in Richtung eines ökologisch verträglichen, sozial gerechten und gleichzeitig wirtschaftlich erfolgreichen Funktionsgefüges – ganz im Sinne eines interessenpluralistischen Stakeholder Value-Ansatzes – zu transformieren. Dies wirkt sich auch auf die Rechtslage in Deutschland aus, wo die europäischen Vorgaben (im Falle europäischer Verordnungen) entweder unmittelbar gelten oder (im Falle europäischer Richtlinien) umgesetzt werden müssen.

Die – in der Mehrzahl befindlichen – Vertreter einer interessenpluralistischen Stakeholder Value-Ausrichtung des deutschen Aktienrechts in der Literatur gehen bislang allerdings ganz überwiegend davon aus, dass die Berücksichtigung von Nichtaktionärsinteressen durch den Vorstand nur insoweit verpflichtend sei, als diese spezialgesetzlich (etwa in Arbeitnehmerschutz- oder Umweltgesetzen) vorgeschrieben werde; der Vorstand *dürfe* soziale und ökologische Belange aufgrund der interessenpluralistischen Zielkonzeption des Aktienrechts zwar auch über spezialgesetzliche Standards hinaus im Rahmen der finanziellen Leistungsfähigkeit der Gesellschaft berücksichtigen, *müsse* dies aber nicht.[379]

378 Erwägungsgrund 3 der Richtlinie 2014/95/EU.

379 Etwa *Habersack*, AcP 220 (2020), 594, 622 ff.; *Kort*, AG 2012, 926 f.; *Vetter*, ZGR 2018, 338, 341 ff., 375 ff.; KK-AktG/*Cahn*, § 76 Rn. 37 ff.; MüKoAktG/*Spindler*, § 76 AktG Rn. 97; zum Stand der Diskussion *Harbarth*, AG 2022, 633, 635 ff.

II. Stellungnahme zur Zielkonzeption des deutschen Aktienrechts

Aus der Neufassung von § 87 Abs. 1 S. 2 AktG durch das ARUG II lassen sich neue Erkenntnisse für die Grundsatzdebatte um die Zielkonzeption des deutschen Aktienrechts ziehen. Deutete schon bislang die Mehrzahl der Anhaltspunkte darauf hin, dass das deutsche Aktienrecht einem Stakeholder Value-Ansatz folgt (sogleich unter 1.), wird dies durch § 87 Abs. 1 S. 2 AktG n. F. erneut und nachdrücklich bestätigt (unter 2.). Es spricht einiges dafür, dass die Unternehmensleitung der AG bereits nach geltender Rechtslage auch über die Vorgaben zwingender spezialgesetzlicher (Mindest-) Standards hinaus zur Berücksichtigung sozialer und ökologischer Belange angehalten ist, dies aber jedenfalls *de lege ferenda* immer stärker sein wird (unter 3.).

1. Bisherige Indizien für einen Stakeholder Value-Ansatz des deutschen Aktienrechts

Die besseren Argumente sprachen schon bisher dafür, dass dem deutschen Aktienrecht eine interessenpluralistische Zielkonzeption im Sinne eines Stakeholder Value-Ansatzes zugrunde liegt. Mangels einer ausdrücklichen gesetzlichen Regelung lässt sich dieses Ergebnis allerdings nur anhand von Indizien belegen. Für eine interessenpluralistische Zielkonzeption lässt sich zum einen schon die Entwicklungsgeschichte des § 76 AktG anführen. Zwar wurde die Gemeinwohlklausel der Vorgängervorschrift (§ 70 AktG 1937) im Jahr 1965 – trotz Anträgen, sie beizubehalten – bewusst aufgehoben, weshalb einige Stimmen davon ausgehen, dass § 76 AktG in seiner aktuellen Fassung die Leitung der Gesellschaft in das nur durch den Gesellschaftszweck und das Gewinnziel begrenzte freie Ermessen des Vorstands stelle.[380] Ausweislich der Gesetzesmaterialien zum AktG 1965 wollte der damalige Gesetzgeber die Gültigkeit von § 70 AktG 1937 seinem Gedanken nach aber gerade nicht infrage stellen, was für eine stillschweigende Weitergeltung seiner Wertung spricht.[381] In der Tat ist dem Gesetzgeber des AktG 1965 vor dem Hintergrund einer verfassungsrechtlichen Rahmenordnung, in der der Gebrauch des Eigentums gemäß Art. 14 Abs. 2 S. 2 GG „zugleich dem Wohle der Allgemeinheit dienen" soll, auch darin zuzustimmen, dass die angemessene Berücksichtigung der Belange der Arbeitnehmerschaft ebenso wie derjenigen der Allgemeinheit durch Manager großer Unternehmen bei ihrer Unternehmensführung im Grunde eine Selbstverständlichkeit darstellt.[382] Dem wird zwar häufig entgegengehalten, dass Art. 14 Abs. 2 GG lediglich einen Regelungsauftrag an den Gesetzgeber enthalte und für Privatrechtssubjekte nach verfassungsrechtlicher Dogmatik unmittelbar weder Rechte noch Pflichten begründe.[383] Eben gerade die Tatsache, dass der Gesetzgeber des AktG 1965 an den Regelungsauftrag des Art. 14 Abs. 2 GG gebunden war, lässt aber Rückschlüsse auf seine Absichten bei Erlass des heutigen § 76 AktG zu. In Zusammenschau mit der Gesetzesbegründung zum AktG 1965 spricht somit sehr vieles dafür, dass der Gesetzgeber eine interessenpluralistische Zielkonzeption für das Vorstandshandeln festlegen – besser: beibehalten – wollte.

380 Etwa Grigoleit/*Grigoleit*, § 76 Rn. 21; *Mülbert*, AG 2009, 766, 770; *Zöllner*, AG 2003, 2, 7 f.

381 Wie hier insbesondere *Koch*, § 76 Rn. 30 ff.; ferner etwa *Hopt*, ZGR 1993, 534, 536; zurückhaltender *Habersack*, AcP 220 (2020), 594, 608 ff.

382 Von einer Selbstverständlichkeit ausgehend die damalige Begründung zum Gesetzentwurf der Bundesregierung, abgedruckt bei *Kropff*, AktG, 1965, 97; für eine unmittelbar aus Art. 14 Abs. 2 GG abgeleitete Sozialbindung des Vorstandshandelns etwa noch MüKoAktG/*Spindler*, 5. Auflage 2019, § 76 Rn. 66, der davon allerdings in der 6. Auflage 2023, § 76 Rn. 80, abgerückt ist.

383 Etwa *Habersack*, AcP 220 (2020), 594, 615; BeckOGK/*Fleischer*, AktG, Stand: 01.04.2023, § 76 Rn. 46, jeweils m. w. N.

Daneben streitet auch der Zweck der Mitbestimmungsgesetze für eine Stakeholder Value-Ausrichtung des deutschen Aktienrechts. Werden durch das Mitbestimmungsrecht zwar nicht sämtliche Stakeholder eines Unternehmens, sondern „nur“ die Arbeitnehmer in die Unternehmensführung miteinbezogen, so belegt dies doch, dass das deutsche Recht dort zumindest keinen interessenmonistischen – nur die Interessen der Aktionäre berücksichtigenden – Ansatz verfolgt. Damit ist eine reine Shareholder Value-Ausrichtung des deutschen Rechts bereits widerlegt.[384] Ebenso wenig verfängt der Einwand, die mitbestimmungsrechtlichen Regelungen beträfen nur die überwachende Tätigkeit des Aufsichtsrats und nicht die eigentliche Unternehmensleitung durch den Vorstand: Aufgrund der Zuständigkeit des Aufsichtsrats für die Auswahl, Bestellung, Abberufung und Überwachung der Vorstandsmitglieder haben die Mitbestimmungsgesetze ganz erhebliche (mittelbare) Auswirkung auch auf das Vorstandshandeln. Im Übrigen besitzen – was die Gegenauffassung unterschlägt – auch die Aktionäre kein unmittelbares Mitspracherecht bei der Zusammensetzung des Vorstands: Sie wählen ebenfalls lediglich repräsentative Vertreter in den Aufsichtsrat, die ihrerseits dann einen Vorstand bestellen und überwachen. Als nicht durchschlagend erweisen sich schließlich auch die Argumente, die Intensität der gesetzlichen Arbeitnehmermitbestimmung variiere nach Beschäftigtenzahl und Branche des jeweiligen Unternehmens und den Anteilseignervertretern verbleibe im Anwendungsbereich des Mitbestimmungsgesetzes gemäß §§ 27 Abs. 2, 29 Abs. 2 S. 1 MitbestG ein gewisses Durchsetzungsprivileg. Zuzugestehen ist insoweit, dass das deutsche Mitbestimmungsrecht einen pragmatischen Ansatz verfolgt: Die beiden Phänomene sind Ausdruck einer ausgewogenen, abgestuften Herangehensweise des Gesetzgebers, der neben seinem Anliegen, Arbeitnehmerinteressen über die gesetzliche Mitbestimmung stärkere Durchsetzungskraft in Unternehmen zu verschaffen, auch praktische Gesichtspunkte berücksichtigt, insbesondere kleine Gesellschaf-

384 So auch bereits *Hopt*, ZGR 1993, 534, 536.

ten nicht organisatorisch überfordern möchte und mit §§ 27 Abs. 2, 29 Abs. 2 S. 1 MitbestG einen Auflösungsmechanismus für besondere Konfliktsituationen zugunsten der Anteilseigner festgelegt hat. Dies ändert aber nichts an der grundsätzlichen Feststellung, dass durch das Mitbestimmungsrecht Nichtaktionärsinteressen bei großen Unternehmen in die Unternehmensführung miteinbezogen werden. Die Existenz einer gesetzlichen Arbeitnehmermitbestimmung ist damit – wenngleich angesichts verbleibender Einwände kein vollständiger Beweis – so doch zumindest ein weiterer Fingerzeig in Richtung einer interessenpluralistischen Zielkonzeption des deutschen Aktienrechts.

Ein gleichgerichteter Hinweis ergibt sich auch aus den CSR-Berichtspflichten der §§ 289b ff. HGB. *De lege lata* enthalten diese zwar keine Verhaltenspflichten für den Vorstand, sondern eben „nur" eine Pflicht zur Berichterstattung über soziale und ökologische Belange im Zusammenhang mit der Geschäftstätigkeit der jeweiligen Gesellschaft.[385] Allerdings misst der Gesetzgeber den berichtspflichtigen Belangen offensichtlich relevante Bedeutung für die (Beurteilung der) Unternehmensführung zu, andernfalls würde die von §§ 289b ff. HGB geforderte Berichterstattung lediglich sinnlose Bürokratie darstellen. Die Berichtspflicht soll ein Bewusstsein für jene Belange auf Managementebene im Unternehmen schaffen. Beabsichtigt ist dadurch eine Verhaltensanpassung im Sinne eines „Nudging" – der Gesetzgeber zielt darauf, dass die angesprochenen Belange in der Unternehmensführung stärkere Berücksichtigung finden, damit die Gesellschaft eine möglichst positive öffentlichkeitswirksame Berichtsbilanz vorweisen kann.[386]

385 Etwa *Bachmann*, ZGR 2018, 231, 233 f; *Harbarth*, ZGR 2018, 379, 388; *Koch*, § 76 Rn. 35d; a. A. *Hommelhoff*, NZG 2017, 1361 ff.; zu den sich nunmehr allerdings durch die kürzlich beschlossene Corporate Sustainability Reporting Directive (CSRD) verdichtenden Organpflichten *Bingel/Rothenburg/Schumann*, DB 2023, 118, 121 ff; zur CSRD auch noch unter G.I.2.

386 Vgl. MüKoHGB/*Kajüter*, §§ 289b-289e Rn. 2; zu den Rückschlüssen, die die CSR-

Die Beachtung jener Aspekte ist vom Gesetzgeber also gewünscht, womit §§289b ff. HGB – wenn auch mangels enthaltener harter Handlungspflichten ebenfalls keine endgültige Bestätigung – ebenfalls Indiz einer Stakeholder Value-Ausrichtung des deutschen Aktienrechts sind.

2. § 87 Abs. 1 S. 2 AktG n. F. als wichtiger zusätzlicher Beleg

Auch aus § 87 Abs. 1 S. 2 AktG lassen sich wichtige Rückschlüsse für die Zielkonzeption des deutschen Aktienrechts ziehen. Zwar betrifft die Norm bei vordergründiger Betrachtung nur die Vergütung des Vorstands, nicht das Vorstandshandeln selbst oder seine Ausrichtung entlang eines bestimmten Leitbilds. Da die Vorstandsvergütung allerdings Entgelt für eine aufgaben- und leistungsbezogene Vorstandstätigkeit ist, lässt sich aus dem Gebot, dass die Vergütungsstruktur bei börsennotierten Unternehmen auf eine nachhaltige und langfristige Entwicklung der Gesellschaft auszurichten ist, die Schlussfolgerung ziehen, dass das Hinwirken auf eine solche Entwicklung der Gesellschaft (jedenfalls bei börsennotierten Gesellschaften) gesetzlicher Auftrag an den Vorstand ist.[387] Eine rechtliche Vorgabe, den Vorstand für etwas zu entlohnen, das gar nicht zu seinen Aufgaben gehört, würde hingegen keinerlei Sinn ergeben – daher überzeugt es nicht, in § 87 Abs. 1 S. 2 AktG nur und ausschließlich eine vergütungsspezifische Vorschrift zu sehen, die

Berichtspflichten für die Vorstandspflichten und -rechte zulassen *Vetter*, ZGR 2018, 338, 354 ff.

387 Vgl. GK-AktG/*Kort*, § 76 Rn. 54, dessen Ausführungen sich allerdings auf § 87 Abs. 1 S. 2 AktG in seiner Fassung nach dem VorstAG beziehen und der die Norm – vom damaligen Standpunkt aus zutreffend – lediglich zeitlich interpretiert; sehr ähnlich wie hier *Hommelhoff*, FS Hopt, 2020, 467, 471 ff.; in der Tendenz ebenso, wenngleich etwas zurückhaltender *Walden*, NZG 2020, 50, 57: „Neben dieser neuen Pflicht des Aufsichtsrats wird aus § 87 I 2 AktG n. F. auch (zumindest) die Befugnis des Vorstands abzuleiten sein, für eine solche nachhaltige und langfristige Entwicklung der Gesellschaft Sorge zu tragen".

keine weiteren Rückschlüsse zulasse.[388] Geht man, wie ausführlich begründet,[389] richtigerweise davon aus, dass § 87 Abs. 1 S. 2 AktG in seiner neuen Fassung neben einer Orientierung der Vorstandsvergütungsstruktur am dauerhaften wirtschaftlichen Erfolg des Unternehmens in aller Regel auch die Festsetzung ökologischer und sozialer Vergütungsziele durch den Aufsichtsrat fordert, so spricht dies dafür, dass die Berücksichtigung ökologischer und sozialer Belange bei der Unternehmensführung zu den Aufgaben des Vorstands zählen muss. Dies wiederum lässt nur den Schluss zu, dass der Vorstand nach der gesetzlichen Konzeption im Rahmen seiner Tätigkeit nicht nur auf die Aktionärsinteressen verpflichtet ist, sondern auch soziale Interessen, beispielsweise der Arbeitnehmer an fairen und weltweit menschenwürdigen Arbeitsbedingungen, auch in der Lieferkette, sowie ökologische Interessen der Allgemeinheit, allen voran die Erreichung der mit dem Pariser Klimaabkommen international vereinbarten Klimaschutzziele, bei seiner Entscheidungsfindung zu beachten hat. Da sich § 87 Abs. 1 S. 2 AktG – sogar noch vorrangig – an den Aufsichtsrat (als das für die Gestaltung der Vorstandsvergütung zuständige Organ) richtet, lässt sich dieselbe Folgerung auch für ihn im Rahmen seines gesetzlichen Aufgabenbereichs ziehen. Mit einer rein auf die Aktionärsinteressen fokussierten Shareholder Value-Konzeption wäre eine solche gesetzliche Aufgabenzuweisung an Vorstand und Aufsichtsrat nicht oder jedenfalls kaum erklärbar; es zeigt sich vielmehr nunmehr auch in § 87 Abs. 1 S. 2 AktG, dass das deutsche Aktienrecht einer interessenpluralistischen Zielkonzeption folgt.

Die derzeit einzige explizite Bestätigung dieses Ergebnisses innerhalb eines kodifizierten Regelwerks findet sich im DCGK. Dieser führt – wenngleich ohne Gesetzeskraft – in seiner aktuellen Präambel aus: „Der Kodex verdeutlicht die Verpflichtung von Vorstand und Aufsichtsrat, im Einklang mit den

388 So aber *Harbarth*, ZGR 2022, 533, 550.

389 Dazu oben unter C. IV. 3. a).

Prinzipien der sozialen Marktwirtschaft unter Berücksichtigung der Belange der Aktionäre, der Belegschaft und der sonstigen mit dem Unternehmen verbundenen Gruppen (Stakeholder) für den Bestand des Unternehmens und seine nachhaltige Wertschöpfung zu sorgen (Unternehmensinteresse). Diese Prinzipien verlangen nicht nur Legalität, sondern auch ethisch fundiertes, eigenverantwortliches Verhalten (Leitbild des Ehrbaren Kaufmanns)." Und weiter: „Die Gesellschaft und ihre Organe haben sich in ihrem Handeln der Rolle des Unternehmens in der Gesellschaft und ihrer gesellschaftlichen Verantwortung bewusst zu sein. Sozial- und Umweltfaktoren beeinflussen den Unternehmenserfolg und die Tätigkeiten des Unternehmens haben Auswirkungen auf Mensch und Umwelt. Vorstand und Aufsichtsrat berücksichtigen dies bei der Führung und Überwachung im Rahmen des Unternehmensinteresses."

Eine generelle Vorrangstellung der Aktionärsinteressen innerhalb der interessenpluralistischen Konzeption („Enlighted Shareholder Value" bzw. moderater Stakeholder Value-Ansatz) ist abzulehnen. Sie wäre mangels eindeutiger Quantifizierbarkeit jenes Sondergewichts kaum praktisch handhabbar, stattdessen würde sie das soeben gefundene Ergebnis zugunsten einer letztlich doch wieder (sehr stark) am Shareholder Value orientierten Unternehmensführung konterkarieren. Sämtliche Stakeholder-Belange stehen in der Zielkonzeption des deutschen Aktienrechts richtigerweise grundsätzlich gleichberechtigt nebeneinander.[390] Dies schließt es freilich nicht aus, dass die Abwägung der verschiedenen Stakeholder-Belange durch die Verwaltungsorgane – auch gehäuft – zugunsten der Aktionärsinteressen ausfallen kann. Denn das Unternehmen ist und bleibt für seinen (auch im Interesse der übrigen Stakeholder liegenden) Fortbestand und seine wirtschaftliche Entwicklung nun einmal auf die Investitionsbereitschaft seiner Risikokapi-

390 *Koch*, § 76 Rn. 31; *Raiser/Veil*, KapGesR, § 14 Rn. 14.

talgeber angewiesen. Maßgeblich bleibt jedoch stets die unvoreingenommene Abwägung im Einzelfall.

3. Rechtspraktische Auswirkungen

Ist somit festzustellen, dass das deutsche Aktienrecht dem Ziel der Verwirklichung eines interessenpluralistisch zu verstehenden Unternehmensinteresse folgt, fragt sich, welche rechtspraktischen Auswirkungen sich daraus im Vergleich zu einer rein am Shareholder Value orientierten Konzeption ergeben.

a) Unterschiede gegenüber dem Shareholder Value-Ansatz

Die angesichts der sehr gegensätzlichen Grundpositionen auf den ersten Blick massiv anmutenden Unterschiede relativieren sich bei näherer Betrachtung vor allem aus zwei Gründen: Zunächst wird auch ein Anhänger eines reinen Shareholder Value-Ansatzes nicht bestreiten – vielmehr sogar fordern –, dass die Verwaltungsorgane im Rahmen ihrer Tätigkeit für eine gute Reputation des von ihnen geleiteten Unternehmens zu sorgen haben.[391] Ein guter Ruf fördert die Absatzchancen für die eigenen Produkte und Dienstleistungen; gute Arbeitsbedingungen für Arbeitnehmer steigern die Reputation auf dem Arbeitsmarkt und somit die Chancen im Wettstreit um die besten Talente. Ein schlechter Ruf kann umgekehrt zu Umsatzeinbußen und Abwanderung von Arbeitnehmern führen. Schon im rein ökonomischen Interesse der Aktionäre wird der Vorstand daher ein Reputationsmanagement betreiben und dabei Arbeitnehmerbelange sowie reputationsför-

391 Zur Pflicht des Vorstands, als Teil seiner Leitungsaufgabe ein Reputationsmanagement zu betreiben *Seibt*, DB 2015, 171 ff.; *Fleischer*, DB 2017, 2015, 2019 ff.

derliche Belange der Allgemeinheit – etwa den Umweltschutz – bei seinen unternehmerischen Entscheidungen berücksichtigen.[392] Der Blick auf die Unternehmensreputation erklärt, warum auch immer mehr (institutionelle) Investoren und Stimmrechtsberater die Berücksichtigung von ESG-Faktoren bei der Unternehmensführung[393] und gerade auch die Integration von ESG-Zielen in der Vorstandsvergütung[394] aktiv einfordern. Ebenso bestreiten die Anhänger eines Shareholder Value-Konzepts nicht, dass der Vorstand die Interessen von Nichtaktionären jedenfalls insoweit zwingend beachten muss, als dies spezialgesetzlich etwa in Arbeitnehmer- oder Umweltschutzgesetzen explizit vorgeschrieben ist. Denn zu den wichtigsten Pflichten des Vorstands aus § 93 Abs. 1 S. 1 AktG gehört es, bei seinem Handeln das geltende Recht einzuhalten („Legalitätspflicht").[395] Rechtspraktische Unterschiede zwischen dem Shareholder Value- und Stakeholder Value-Ansatz können sich daher schon im Ausgangspunkt nur (aber immerhin) dort ergeben, wo es um eine über die Einhaltung zwingender spezialgesetzlicher Vorgaben hinausgehende Berücksichtigung von Nichtaktionärsinteressen geht.

Umgekehrt gestehen die Anhänger eines Stakeholder Value-Ansatzes zu, dass die (sonstigen) Stakeholder ein wesentliches Interesse der Shareholder

392 Hölters/Weber/*Weber*, § 76 Rn. 22; K. Schmidt/Lutter/*Seibt*, § 76 Rn. 41 ff.; *Walden*, NZG 2020, 50, 52 f.

393 Siehe etwa Allianz Global Investors, Global Corporate Governance Guidelines, Stand: Januar 2023, S. 8, 19; Deka Investment, Grundsätze der Abstimmungspolitik bei Hauptversammlungen, Stand: Januar 2023, S. 15 f.; DWS, Corporate Governance and Proxy Voting Policy 2023, S. 7 f., 13,16 et passim; Union Investment, Proxy Voting Policy, Stand: 31. März 2023, S. 2, 6; Glass Lewis, 2023 Policy Guidelines, S. 16.

394 Vgl. Allianz Global Investors, Global Corporate Governance Guidelines, Stand: Januar 2023, S. 3, 17, 19; Deka Investment, Grundsätze der Abstimmungspolitik bei Hauptversammlungen, Stand: Januar 2023, S. 10; DWS, Corporate Governance and Proxy Voting Policy 2023, S. 9; Union Investment, Proxy Voting Policy, Stand: 31. März 2023, S. 4 f.; näher zu den insoweit bestehenden Investorenerwartungen noch unter F. III. 2.

395 Siehe nur MüKoAktG/*Spindler*, § 93 Rn. 89 f.; *Koch*, § 93 Rn. 9 f.; Grigoleit/*Grigoleit*, § 76 Rn. 13.

teilen – nämlich jenes am wirtschaftlichen Erfolg des Unternehmens.[396] Die Arbeitnehmer streben, vereinfacht und verallgemeinert gesprochen, ihre Weiterbeschäftigung und idealerweise stetig weiter verbesserte Arbeitsbedingungen bei einem Arbeitgeber mit zukunftsträchtigem Geschäftskonzept und guter Marktposition an. Und auch die Allgemeinheit hat ein Interesse am Bestand florierender Unternehmen, die Arbeitsplätze schaffen, (technischen) Fortschritt ermöglichen und Steuergelder erwirtschaften; kein öffentliches Interesse besteht dagegen an der Existenz dauerhaft unrentabel wirtschaftender Einheiten.[397] Der Interessenskonflikt zwischen Shareholdern und sonstigen Stakeholdern stellt sich damit bei näherer Betrachtung als weniger gravierend dar, als es auf den ersten Blick scheinen mag.[398]

Mildern sich die rechtspraktischen Unterschiede zwischen einem Shareholder Value- und einem Stakeholder Value-Konzept dadurch zumindest faktisch etwas ab, sind sie andererseits dennoch nicht irrelevant. Zwischen Aktionären und (sonstigen) Stakeholdern mögen abstrakt betrachtet mitunter erhebliche Interessensgleichläufe bestehen, in der konkreten Einzelentscheidungssituation divergieren die Interessen aber oftmals massiv. So reduziert eine den Arbeitnehmern zugutekommende Verbesserung ihrer Arbeitsbedingungen (z. B. Gehaltserhöhungen) unmittelbar die Rendite der Anteilseigner. Gleiches gilt für – meist teure – Maßnahmen zur Reduzierung der Umwelteinwirkungen der Geschäftstätigkeit des Unternehmens. Unter Zugrundelegung eines Shareholder Value-Ansatzes darf der Vorstand Nichtaktionärsinteressen *nur* dann jenseits zwingender spezialgesetzlicher Anforderungen berücksichtigen, wenn sich daraus gleichzeitig ein

396 Vgl. etwa MüKoAktG/*Spindler*, § 76 Rn. 87; *Koch*, § 76 Rn. 34.

397 *Koch*, § 76 Rn. 34; GK-AktG/*Kort*, § 76 Rn. 84.

398 Vgl. Kubis/Tödtmann/*Dörrwächter*, Arbeitshandbuch für Vorstandsmitglieder, § 4 Rn. 40, der deshalb sogar zu dem Ergebnis kommt, dass die Diskussion um Shareholder Value vs. Stakeholder Value insgesamt „eher akademischer Natur" sei; von einem „Scheingefecht" spricht auch *Bachmann*, ZHR 187 (2023), 166, 178 f.

wirtschaftlicher Vorteil für die Aktionäre ergibt – andernfalls macht er sich gemäß § 93 Abs. 2 S. 1 AktG ggf. sogar schadensersatzpflichtig. Da ein wirtschaftlicher Vorteil in solchen Fällen häufig nur in Form eines schwer messbaren Reputationsgewinns eintreten kann, wird der Vorstand im Hinblick auf Nichtaktionärsinteressen tendenziell zurückhaltend agieren und seinen Fokus stattdessen stark auf die Finanzkennzahlen des Unternehmens richten. Nach dem Stakeholder Value-Ansatz ist ihm dagegen die Berücksichtigung aller im konkreten Einzelfall relevanten Interessen der Stakeholder auch jenseits spezialgesetzlicher Vorgaben und unabhängig von der Auswirkung auf die wirtschaftliche Lage des Unternehmens (solange nur sein dauernder Bestand und seine dauerhafte Rentabilität nicht in Frage gestellt werden) zumindest *erlaubt*.[399] Sozialen und ökologischen Stakeholder-Belangen kann damit eine stärkere Bedeutung im Rahmen der Unternehmensführung zukommen, denn sie dürfen nicht mehr nur dann berücksichtigt werden, wenn sich daraus gleichzeitig ein wirtschaftlicher Vorteil für die Shareholder ergibt, sondern auch „um ihrer selbst willen".

b) „Dürfen" oder „Müssen" der Berücksichtigung von Stakeholder-Belangen jenseits spezialgesetzlicher Vorgaben

Die eigentliche Frage ist allerdings nicht so sehr, ob die Unternehmensleitung der AG nach deutschem Recht soziale und ökologische Stakeholder-Belange auch jenseits spezialgesetzlicher Vorgaben trotz damit ggf. einhergehender wirtschaftlicher Nachteile für das Unternehmen berücksichtigen *darf* – dies ist wie dargelegt im Grundsatz mittlerweile ganz überwiegend anerkannt. Die Frage ist angesichts der aktuellen Nachhaltigkeitsdebatte vielmehr, ob sie dies auch *muss*. Die herrschende Ansicht lehnt eine entspre-

399 Nur für eine Erlaubnis – keine Pflicht – etwa *Habersack*, AcP 220 (2020), 594, 622 ff.; *Kort*, AG 2012, 926 f.; *Vetter*, ZGR 2018, 338, 341 ff., 375 ff.; KK-AktG/*Cahn*, § 76 Rn. 37 ff.; MüKoAktG/*Spindler*, § 76 Rn. 97.

chende Pflicht bislang ab,[400] verstrickt sich allerdings in gewisse Widersprüche, wenn sie vom Vorstand einerseits eine Abwägung und einen Ausgleich der verschiedenen im Unternehmen zusammentreffenden Stakeholder-Interessen fordert – oftmals wird insoweit vom Erfordernis einer aus dem Verfassungsrecht bekannten „praktischen Konkordanz" gesprochen[401] –, andererseits aber nur die Beachtung von spezialgesetzlichen Mindestvorgaben als Minimalergebnis dieses Abwägungsvorgangs verlangt. Die Befolgung der Gesetze etwa zum Arbeitnehmer- und Umweltschutz ist dem Vorstand bereits aufgrund seiner Legalitätspflicht zwingend vorgegeben, selbst ein Anhänger der Shareholder Value-Doktrin würde dies nicht bestreiten. Bis zu dieser Untergrenze gibt es für den Vorstand nichts abzuwägen, er hat die Gesetze schlicht einzuhalten. Wenn man dem Vorstand aber jede über dieses Minimum hinausgehende Berücksichtigung ökologischer und sozialer Belange im Sinne eines „Dürfen" freistellt, trifft ihn in Wahrheit letztlich doch keine *Pflicht* zu einer Abwägung aller jeweils relevanten Stakeholder-Interessen, sondern allenfalls eine freiwillige Option dazu. Das ist inkonsequent[402] und letztlich nicht vollends überzeugend. Die Forderung nach Interessenabwägung im Sinne einer praktischen Konkordanz ist richtig, sie kann aber erst jenseits spezialgesetzlicher Mindestvorgaben beginnen. Deutlich in diese Richtung weist nunmehr auch die nach hier vertretener Auffassung aus § 87 Abs. 1 S. 2 AktG n. F. in der Regel abzuleitende Pflicht, ökologische und soziale Ziele in der Vorstandsvergütung festzusetzen, aus der sich wie dargelegt auch Rückschlüsse für die Handlungsmaxime der Unternehmensleitung ziehen lassen: Es würde nämlich keinen Sinn ergeben, vergütungsrelevante Ziele festzusetzen, zu deren Erreichung der Vorstand spezialge-

400 Siehe die in Fn. 399 genannten Fundstellen.

401 Etwa *Koch*, § 76 Rn. 33; Bürgers/Körber/Lieder/*Bürgers*, § 76 Rn. 13; *Hopt*, ZGR 1993, 534, 536 f.; *Grothaus/MacDonald*, DB-Beilage 22/2022, 40, 41.

402 Vgl. *Harbarth*, AG 2022, 633, 635 f., der diese Inkonsequenz aber als „Ausdruck des insoweit durchaus ambivalenten Charakters der auf die Aktiengesellschaft bezogenen Regelungen der deutschen Rechtsordnung selbst" rechtfertigt.

setzlich sowieso verpflichtet ist. § 87 Abs. 1 S. 2 AktG n. F. möchte vielmehr dazu beitragen, dass Umwelteinwirkungen (vor dem Hintergrund der aktuellen dramatischen Klimaentwicklungen insbesondere CO_2-Emissionen) der wirtschaftlichen Tätigkeit des Unternehmens auch unterhalb geltender gesetzlicher Grenzwerte reduziert werden und dass soziale Aspekte (etwa Arbeitnehmerbelange) im Unternehmen auch jenseits gesetzlicher Mindestanforderungen gefördert werden. Eine ökologisch, ökonomisch und sozial ausgewogene Entwicklung der Gesellschaft wird über § 87 Abs. 1 S. 2 AktG n. F. zum gesetzlichen Unternehmensziel.[403]

Sieht man die Unternehmensführung auch jenseits spezialgesetzlicher Mindeststandards und trotz ggf. damit einhergehender wirtschaftlicher Belastungen für das Unternehmen zur Berücksichtigung ökologischer und sozialer Belange im Rahmen ihrer Ermessensausübung verpflichtet, stellt sich allerdings die Frage nach den objektiven Maßstäben für die Ermessenskontrolle. Die – vermeintliche – Unmöglichkeit, solche Maßstäbe zu bestimmen, ist zentrales Argument der herrschenden Meinung, eine entsprechende Pflicht der Unternehmensleitung bislang abzulehnen.[404] Dem lässt sich freilich entgegenhalten, dass es wertungsaufgeladene Generalklauseln, bei deren Maßstabsbildung über spezialgesetzliche Grenzen hinausgegangen wird und werden muss, im Zivilrecht etwa in §§ 138, 242 BGB schon immer gegeben hat.[405] Im Verwaltungsrecht, und dort namentlich im Baurecht, hat sich gar eine eigene Abwägungsfehlerlehre zur rechtlichen Kontrolle von Ermessens- und Planungsentscheidungen etabliert, die für das Aktien-

403 Vgl. *Hommelhoff*, FS Hopt 2020, 467, 472 f.

404 Etwa *Fleischer*, DB 2017, 2015, 2017 ff.; *Vetter*, ZGR 2018, 338, 343; *Harbarth*, ZGR 2022, 533, 544 und 549.

405 Dies konzediert immerhin auch *Fleischer*, DB 2017, 2015, 2018 f., der allerdings den Ausnahmecharakter jener beiden Vorschriften hervorhebt, diesen Ausnahmecharakter dabei aber tendenziell auch überbetont. Generalklauseln finden sich bekanntlich durchaus des Öfteren im deutschen Zivilrecht, neben §§ 138, 242 BGB seien nur beispielhaft auch §§ 157, 307 Abs. 1 und 2, 314, 626 und 826 BGB genannt.

recht als Vorbild dienen könnte.[406] Dort unterscheidet man grob zusammengefasst die Fehlerkategorien (1.) des *Abwägungsausfalls,* bei welchem ein sachgerechter Abwägungsvorgang überhaupt nicht stattgefunden hat, (2.) des *Abwägungsdefizits,* bei welchem nicht alle erheblichen Belange in die Abwägung eingestellt wurden, (3.) der *Abwägungsfehleinschätzung,* bei welcher das Gewicht einzelner erheblicher Belange verkannt wird, und (4.) der *Abwägungsdisproportionalität,* bei welcher der Ausgleich in einer Weise vorgenommen wurde, die dem objektiven Gewicht einzelner Belange nicht gerecht wird.[407] Anerkannt ist dabei freilich auch, dass die gerichtliche Nachprüfbarkeit im Hinblick auf ein Vorliegen der letzten beiden Fehlerkategorien deutlich begrenzter ist als im Hinblick auf ein Vorliegen der ersteren beiden[408] – entscheidend ist insoweit aber, dass Justiziabilität hinsichtlich aller genannten Fehlerkategorien jedenfalls im Grundsatz besteht. Eine dem Verwaltungsrecht vergleichbare Dogmatik ist für das Aktienrecht bislang nicht entwickelt worden, zumal vom Standpunkt der herrschenden Lehre aus auch kein Anlass dazu bestand. Die aktuellen rechtspolitischen Entwicklungen sprechen jedoch dafür, dass ökologische und soziale Aspekte (auch jenseits spezialgesetzlicher Vorgaben) *de lege ferenda* immer größere Bedeutung für die Ermessensausübung bei der Unternehmensführung bekommen werden;[409] insbesondere zum Schutz des Weltklimas wird dies auch geradezu unvermeidlich sein. Diesem Umstand Rechnung tragende Grundsätze für die Kontrolle unternehmerischen Ermessens unter Einbeziehung ökologischer und sozialer Belange werden im Aktienrecht durch Gesetzgebung und

406 In Ansätzen hat dies bereits vor knapp 20 Jahren kein Geringerer als *Hüffer,* FS Raiser, 2005, 163, 172 ff. vorgeschlagen. Seine Gedanken verdienen vor dem Hintergrund der aktuellen Nachhaltigkeitsdebatte eine neue Diskussion.

407 Instruktiver Überblick zur verwaltungsrechtlichen Abwägungsfehlerlehre bei *Martini/Finkenzeller,* JuS 2012, 126 ff.; s. a. *Maurer/Waldhoff,* Allgemeines Verwaltungsrecht, § 7 Rn. 64, mit Nachweisen zur Entwicklung der Abwägungsfehlerlehre in der Rechtsprechung des Bundesverwaltungsgerichts.

408 Vgl. *Muckel/Ogorek,* Öffentliches Baurecht, § 5 Rn. 139 m. w. N.

409 Zu den aktuellen rechtspolitischen Entwicklungen unter G. I.

Rechtsprechung erst noch herauszubilden sein.[410] Sich dabei am öffentlichen Recht zu orientieren, liegt schon deshalb nahe, weil der in der aktienrechtlichen Literatur mit Blick auf die Ausübung unternehmerischen Ermessens verbreitete Verweis auf das Erfordernis einer „praktischen Konkordanz" hinsichtlich aller jeweils relevanten Stakeholder-Belange bereits deutlich in diese Richtung weist. Namentlich die Abwägung im Bauplanungsrecht dient zudem explizit der Umsetzung des dreidimensionalen Nachhaltigkeitskonzepts der UN,[411] was die Eignung der dazu entwickelten Dogmatik als Vorbild für die Ermessenskontrolle im Aktienrecht unter Einbeziehung sozialer und ökologischer Nachhaltigkeits- bzw. Stakeholder-Belange unterstreicht.

All dies bedeutet freilich nicht, dass die Aktiengesellschaft zu einem ausschließlich auf das Allgemeinwohl verpflichteten „Wohlfahrtsverband" umfunktioniert würde. Mit § 87 Abs. 1 S. 2 AktG n. F. hat der Gesetzgeber vielmehr ein sozial- und umweltpolitisches Element – übrigens keinesfalls ein „Fremdelement"[412], sondern eines, das ähnlich der Arbeitnehmermitbestimmung im Einklang mit dem in Deutschland herrschenden Leitbild der

410 Erste Überlegungen, wie die Ermessenskontrolle nach Umsetzung der aktuell diskutierten Corporate Sustainability Due Diligence-Richtlinie aussehen könnte, bei *Weller/Fischer*, ZIP 2022, 2253 ff.

411 Gemäß § 1 Abs. 7 BauGB sind bei der Aufstellung der Bauleitpläne die öffentlichen und privaten Belange gegeneinander und untereinander gerecht abzuwägen. Dafür sind zunächst gemäß § 2 Abs. 3 BauGB die Belange, die für die Abwägung von Bedeutung sind (Abwägungsmaterial), zu ermitteln und zu bewerten. Nach § 1 Abs. 5 S. 1 BauGB sollen die Bauleitpläne eine nachhaltige städtebauliche Entwicklung, die die sozialen, wirtschaftlichen und umweltschützenden Anforderungen auch in Verantwortung gegenüber künftigen Generationen miteinander in Einklang bringt, und eine dem Wohl der Allgemeinheit dienende sozialgerechte Bodennutzung unter Berücksichtigung der Wohnbedürfnisse der Bevölkerung gewährleisten. Nach S. 2 sollen sie (unter anderem) dazu beitragen, eine menschenwürdige Umwelt zu sichern, die natürlichen Lebensgrundlagen zu schützen und zu entwickeln sowie den Klimaschutz und die Klimaanpassung, insbesondere auch in der Stadtentwicklung, zu fördern.

412 So aber *Florstedt*, ZIP 2020, 1, 3, der mit Blick auf § 87 Abs. 1 S. 2 AktG n. F. von „Einlagerungen sozialpolitischer Fremdelemente" spricht.

sozialen (und bald wohl auch ökologischen[413]) Marktwirtschaft steht – im Aktienrecht verankert. Es soll Umwelt- und Sozialbelangen im Rahmen der Unternehmensführung bei börsennotierten Gesellschaften ein stärkeres Gewicht verschaffen, ohne dass damit die Renditeinteressen der Aktionäre, die ja nach wie vor ebenfalls in der Gestaltung der Vorstandsvergütung abgebildet werden können und denen in der Praxis auch nach wie vor sehr großes Gewicht zukommt, außen vor gelassen würden.

III. Unternehmensinteresse und „nachhaltige" Vorstandsvergütung

Zu klären ist, welche Leitlinien sich für eine am interessenpluralistisch zu verstehenden Unternehmensinteresse orientierte, auf Nachhaltigkeit und Langfristigkeit ausgerichtete Vorstandsvergütung ziehen lassen.

1. Bestimmung der für das konkrete Unternehmen relevanten Parameter

Das ihm im Rahmen von § 87 Abs. 1 S. 2 AktG eingeräumte, weite Ermessen hat der Aufsichtsrat im Unternehmensinteresse auszuüben. Er hat das abstrakte Ziel einer „nachhaltigen und langfristigen Entwicklung" für die jeweilige Gesellschaft zu konkretisieren, gleichzeitig dürfen seine dabei angestellten Überlegungen allerdings nicht die Leitungskompetenz des Vorstands unterminieren (dazu sogleich unter 2.). Entscheidet sich der Aufsichtsrat einer börsennotierten Gesellschaft – wie in der Praxis absolut üblich – für

413 Ebenso *Hommelhoff*, FS Hopt, 2020, 467, 480.

die Festlegung einer teilweise variablen Vorstandsvergütung,[414] setzt eine Konkretisierung der Vorgabe des § 87 Abs. 1 S. 2 AktG zunächst voraus, dass der Aufsichtsrat diejenigen Indikatoren eruiert, die für die nachhaltige und langfristige Entwicklung der konkreten Gesellschaft die wesentlichen Parameter darstellen. Im Hinblick auf die *langfristige* wirtschaftliche Entwicklung der Gesellschaft sind Finanzkennzahlen die wichtigsten Indikatoren. In der Praxis kommt der langfristigen Entwicklung des Aktienkurses der Gesellschaft die größte Bedeutung zu. Obwohl kurzfristig bisweilen großer Volatilität ausgesetzt, spiegelt der Aktienkurs die durch den Markt bewertete wirtschaftliche Gesamtentwicklung eines Unternehmens auf lange Sicht relativ zuverlässig wider. Daher bietet es sich an, die langfristig-variable Vorstandsvergütung an die – ggf. um Dividendenauszahlungen und allgemeine Marktentwicklungen bereinigte[415] – Veränderung des Aktienkurses im Bemessungszeitraum zu knüpfen.[416] Möglich ist selbstverständlich aber auch die Auswahl anderer bzw. weiterer finanzieller Indikatoren, wie die Entwicklung von Gewinn, Umsatz und/oder Liquidität des Unternehmens.[417] Bei einer Kombination mehrerer Indikatoren kann die Bemessung indes schnell komplex und damit intransparent(er) werden.

Neben den für die *langfristige* Entwicklung der Gesellschaft relevanten wirtschaftlichen Parametern hat der Aufsichtsrat sodann geeignete Indikatoren für die *nachhaltige* Entwicklung der Gesellschaft zu ermitteln. Dafür hat er sich mit den ökologischen und sozialen Stakeholder-Belangen des Unternehmens zu befassen. Eine hilfreiche Orientierung für die Ermittlung der

414 Zur Frage, ob auch eine reine Festvergütung mit § 87 Abs. 1 S. 2 AktG vereinbar ist, siehe bereits oben unter C. IV. 3. C) aa).

415 Beispiele für in der Praxis verwendete Modelle unter E. I.

416 In der Praxis ist dies auch absolut üblich. Kritisch allerdings *Wighardt/Berger,* NZG 2017, 1370, 1373, denen zufolge eine aktienkursorientierte Vergütung ungeeignet ist, die Vorstandsleistung abzubilden, da der Aktienkurs von zahlreichen externen Faktoren beeinflusst werde.

417 *Spindler,* NJOZ 2009, 3282, 3284; *Thüsing,* AG 2009, 517, 520.

in Frage kommenden Parameter bietet die in § 289c Abs. 2 HGB enthaltene Aufzählung von CSR-Aspekten.[418] Börsennotierte Gesellschaften sind gemäß §§ 289b Abs. 1 Nr. 2, 264d HGB zur Abgabe einer nichtfinanziellen Erklärung verpflichtet, in der gemäß § 289c Abs. 3 HGB zu den in § 289c Abs. 2 HGB genannten Aspekten jeweils diejenigen Angaben zu machen sind, die für das Verständnis des Geschäftsverlaufs, des Geschäftsergebnisses, der Lage der Kapitalgesellschaft sowie der Auswirkungen ihrer Tätigkeit auf die in § 289c Abs. 2 HGB genannten Aspekte erforderlich sind. Zwar wird in der Literatur teilweise eingewandt, dass eine Ausstrahlungswirkung der §§ 289b ff. HGB auf § 87 Abs. 1 S. 2 AktG durch den Gesetzgeber nicht hinreichend deutlich angelegt sei.[419] Dem wird man allerdings die Frage entgegnen müssen, welche anderen „sozialen und ökologischen Gesichtspunkte" der Rechtsauschuss im Rahmen seiner Beschlussempfehlung zum ARUG II[420] denn gemeint haben soll, wenn nicht diejenigen, die im Zusammenhang mit der wirtschaftlichen Tätigkeit der Gesellschaft relevant sind und über die sie deshalb auch gemäß §§ 289b ff. HGB berichten muss. Jene Normen gehen auf die europäische CSR-Richtlinie 2014/95/EU zurück, welche Ausfluss einer europäischen Nachhaltigkeitspolitik im unternehmensrechtlichen Bereich ist.[421] § 289c Abs. 2 HGB zählt fünf verschiedene CSR-Themenfelder auf, nämlich:

1. Umweltbelange, wobei sich die Angaben beispielsweise auf Treibhausgasemissionen, den Wasserverbrauch, die Luftverschmutzung, die Nutzung von erneuerbaren und nicht erneuerbaren Energien oder den Schutz der biologischen Vielfalt beziehen können,

418 Vgl. *Hommelhoff*, FS Hopt, 2020, 467, 475 f.

419 *Koch*, § 87 Rn. 27.

420 Beschlussempfehlung und Bericht des Rechtsausschusses, BT-Drucks. 19/15153, S. 55.

421 *Hommelhoff*, NZG 2017, 1361, 1364; siehe auch die Erwägungsgründe 1 ff. der Richtlinie 2014/95/EU.

2. Arbeitnehmerbelange, wobei sich die Angaben beispielsweise auf die Maßnahmen, die zur Gewährleistung der Geschlechtergleichstellung ergriffen wurden, die Arbeitsbedingungen, die Umsetzung der grundlegenden Übereinkommen der Internationalen Arbeitsorganisation, die Achtung der Rechte der Arbeitnehmerinnen und Arbeitnehmer, informiert und konsultiert zu werden, den sozialen Dialog, die Achtung der Rechte der Gewerkschaften, den Gesundheitsschutz oder die Sicherheit am Arbeitsplatz beziehen können,

3. Sozialbelange, wobei sich die Angaben beispielsweise auf den Dialog auf kommunaler oder regionaler Ebene oder auf die zur Sicherstellung des Schutzes und der Entwicklung lokaler Gemeinschaften ergriffenen Maßnahmen beziehen können,

4. die Achtung der Menschenrechte, wobei sich die Angaben beispielsweise auf die Vermeidung von Menschenrechtsverletzungen beziehen können, und

5. die Bekämpfung von Korruption und Bestechung, wobei sich die Angaben beispielsweise auf die bestehenden Instrumente zur Bekämpfung von Korruption und Bestechung beziehen können.

Aus dieser Aufzählung können die für das jeweilige Unternehmen aufgrund seines Tätigkeitsbereichs und seiner Gesamtsituation relevantesten Aspekte herausgefiltert werden. Besonderes Augenmerk kann der Aufsichtsrat etwa auf die Klimabilanz des Unternehmens und damit dessen Treibhausgasemissionen legen, denen vor dem Hintergrund der gegenwärtigen öffentlichen Klimadebatte eine enorme Bedeutung für das Gemeinwohl zukommt. Sollte die sich derzeit auf europäischer Ebene im Gesetzgebungsverfahren befindliche „Corporate Sustainability Due Diligence“-Richtlinie tatsächlich – wie im Vorschlag der Kommission vorgesehen[422] – eine Koppelung der Organvergütung an die Klimabilanz des Unternehmens europaweit verbindlich vorgeben, dürfte die schon jetzt festzustellende erhebliche Praxisbedeutung vergütungsrelevanter CO_2-Einsparungsziele[423] nochmals erheblich zunehmen. Alternativ können in ökologischer Hinsicht der Wasser- bzw. Energieverbrauch oder etwa die Abfallproduktion des jeweiligen Unternehmens ins Auge gefasst werden. In sozialer Hinsicht kann beispielsweise die über Umfragen ermittelte Mitarbeiterzufriedenheit oder das im Unternehmen – insbesondere auch auf den Führungsebenen – vorhandene Maß an (etwa geschlechterbezogener) Diversität betrachtet werden. Denkbare Indikatoren sind äußerst vielfältig und ihre Sinnhaftigkeit von den konkreten Verhältnissen der jeweiligen Gesellschaft abhängig. Stützen kann sich der Aufsichtsrat auch auf die Vorarbeit, die der Vorstand gemäß § 289c Abs. 3 Nr. 5 HGB leistet.[424] Danach hat der Vorstand in der nichtfinanziellen Erklärung unter anderem die „bedeutsamsten nichtfinanziellen Leistungsindikatoren, die für die Geschäftstätigkeit der Kapitalgesellschaft von Bedeutung sind" anzugeben. Der Sache nach stellt der Vorstand dabei sehr ähnliche Überlegungen an, wie sie auch der Aufsichtsrat zur Konkretisierung der Nachhaltigkeitsvorgabe in § 87 Abs. 1 S. 2 AktG n. F. vorzunehmen hat. Bei der Sammlung der relevanten Indikatoren hat der Aufsichtsrat allerdings auch zu bedenken, inwieweit diese sich vernünftigerweise für eine Anreizsetzung über die Vorstandsvergütung eignen. Sie sollten zum einen nachvollziehbar messbar sein,[425] was voraussetzt, dass sie nicht zu abstrakt bestimmt sind. Zudem ist – wie bereits erwähnt – zu beachten, dass der Vorstand aufgrund

422 Art. 15 Abs. 3 des Richtlinienentwurfs der Kommission COM(2022) 71 final; näher zur geplanten „Corporate Sustainability Due Diligence"-Richtlinie noch unter G. I. 3.

423 Zur aktuellen Praxisbedeutung solcher Ziele unter E. II. und III.

424 *Walden*, NZG 2020, 50, 58; dies sogar unter der Rechtslage nach dem VorstAG bereits befürwortend *Hommelhoff*, NZG 2017, 1361, 1364 f.

425 Vgl. auch das White Paper „Nachhaltigkeit, ESG-Ziele und deren Verankerung in der Vorstandsvergütung" des Arbeitskreises Leitlinien für eine nachhaltige Vorstandsvergütung, Stand: September 2021, abrufbar unter http://www.leitlinien-vorstandsvergue

seiner Legalitätspflicht (ohnehin) zur Einhaltung zwingender spezialgesetzlicher Vorgaben verpflichtet ist. Eine weitere Incentivierung zur Einhaltung dieser Vorgaben über die Vorstandsvergütung ist weder notwendig noch zweckmäßig[426] – sie liegt folglich auch nicht im Unternehmensinteresse. Sinnvoll ist nur ein Anreiz zur Erreichung von Zielen, die über zwingende gesetzliche Vorgaben hinausgehen.

2. Die Bedeutung der Unternehmensstrategie – Kompetenzabgrenzung zwischen Vorstand und Aufsichtsrat

§ 87 Abs. 1 S. 2 AktG steht in einem faszinierenden Spannungsverhältnis zur Leitungskompetenz des Vorstands:[427] Während die vergütungsrechtliche Ausrichtungsvorgabe dem Aufsichtsrat die Berechtigung dafür zuzuweisen scheint, eine Vision für die nachhaltige und langfristige Entwicklung der Gesellschaft zu entwickeln und deren Umsetzung dem Vorstand über die Setzung entsprechender Vergütungsanreize aufzugeben, ergibt sich aus § 76 Abs. 1 AktG andererseits die Zuständigkeit des Vorstands für sämtliche Grundlagenentscheidungen im Hinblick auf die Unternehmens- und Strategieplanung. Dogmatisch stellt sich damit die Frage, welche Kompetenz bzw. welches Organ sich im Konfliktfall durchsetzt. Exemplarisch sei der aktuell durchaus praxisnahe Fall genannt, dass der Vorstand im Rahmen seiner Strategieplanung gemäß § 76 Abs. 1 AktG das Ziel einer CO_2-Neutralität seines Unternehmens bis 2040 ausruft. Der Aufsichtsrat ist indes der Ansicht, das Klimaziel des Vorstands sei viel zu lasch – eine CO_2-Neutralität des Un-

tung.de/wp-content/uploads/2021/09/whitepaper_esg.pdf (zuletzt abgerufen am 10.08.2023), S. 4; siehe auch *Johannsen-Roth/Kießling*, DB-Beilage 20/2021, 31, 33.

426 White Paper „Nachhaltigkeit, ESG-Ziele und deren Verankerung in der Vorstandsvergütung" (Fn. 425), S. 5.

427 Vgl. *Dauner-Lieb/von Preen/Simon*, DB 2010, 377 ff.; K. Schmidt/Lutter/*Seibt*, § 87 Rn. 6 und 23.

ternehmens könne bereits bis 2030 erreicht werden. Darf der Aufsichtsrat in diesem Fall die Vergütungsstruktur des Vorstands auf eine CO_2-Neutralität des Unternehmens bis 2030 ausrichten und dem Vorstand entsprechende Vergütungsanreize setzen? Oder muss er sich den Grundsatzentscheidungen des Vorstands unterordnen und die vergütungsrelevanten Ziele daraus ableiten? Noch drastischer stellt sich das Problem dar, wenn der Aufsichtsrat über die Vergütungsgestaltung versuchen würde, dem Vorstand konkrete tätigkeitsbezogene Vorgaben zu machen. So könnte etwa der Aufsichtsrat einer automobilproduzierenden Gesellschaft versucht sein, seinen Wunsch einer baldigen kompletten Umstellung der Produktion auf E-Fahrzeuge dem Vorstand dadurch aufzuoktroyieren, dass er dessen variable Vergütung zu einem Großteil von der Erreichung eben dieses Ziels abhängig macht.

Das dargestellte Problem ist ein juristisches Dilemma, denn egal wie man sich entscheidet, es droht entweder die Vorgabe des § 87 Abs. 1 S. 2 AktG oder die des § 76 Abs. 1 AktG unterlaufen zu werden. Ginge man etwa davon aus, dass sich die Leitungskompetenz des Vorstands immer und unter allen Umständen durchsetzt, würde sich die Frage nach dem Sinn von § 87 Abs. 1 S. 2 AktG stellen: Eine ernsthafte Lenkungsfunktion kann die Norm nur erfüllen, wenn derjenige, der gelenkt werden soll, nicht stets selbst (mittelbar) die Lenkungsziele vorgibt – andernfalls wird die Lenkungsfunktion ad absurdum geführt. Umgekehrt widerspräche es § 76 Abs. 1 AktG und der allgemeinen aktienrechtlichen Kompetenzordnung aber, wenn plötzlich der Aufsichtsrat zum eigentlichen, die Unternehmens- und Strategieplanung über den Umweg der Vergütungsgestaltung übernehmenden Leitungsorgan der AG würde.[428] Der BGH hat daher auch bereits festgehalten, dass vergütungsrelevante Zielvereinbarungen mit Vorständen nicht uneingeschränkt geschlossen werden können, sondern nur, „soweit sie nicht in unzulässiger Weise auf die Leitungsautonomie des Vorstands Einfluss nehmen"; der Auf-

428 *Dauner-Lieb/von Preen/Simon*, DB 2010, 377, 381 f.

sichtsrat sei „nicht befugt, dem Vorstand vorzugeben, wie er seine Dienstleistung im Einzelnen erbringen soll, auch nicht mittels tätigkeitsbezogener Zielvorgaben“.[429]

Die Lösung des bislang wenig diskutierten gesetzlich angelegten Konfliktpotentials kann nur in einer vermittelnden Rechtsanwendung liegen. Überzeugend erscheint es, ein gleichermaßen für den Vorstand als auch für den Aufsichtsrat geltendes Gebot organkooperativen Verhaltens anzunehmen, demgemäß sie Meinungsverschiedenheiten im Hinblick auf die nachhaltige und langfristige Entwicklung der Gesellschaft möglichst in gegenseitiger Absprache und Abstimmung zu lösen haben.[430] Ein Kooperationsgebot bzw. eine Kooperationspflicht werden in der Literatur auch in anderen potentiellen Konfliktfällen befürwortet, in denen entweder das eine Verwaltungsorgan auf die Mitwirkung des anderen angewiesen ist oder in denen sich beide Organe kompetenziell ins Gehege kommen können – so etwa, wenn der Aufsichtsrat bzw. der Aufsichtsratsvorsitzende für die zu ihrer jeweiligen Aufgabenerfüllung erforderliche Mittelausstattung notwendigerweise der Mitwirkung des Vorstands bedürfen,[431] wenn der Aufsichtsrat von seinem Einsichts- und Prüfungsrecht gemäß §111 Abs. 2 S. 1 und 2 AktG Gebrauch machen möchte und dabei die Unterstützung des Vorstands benötigt[432] oder wenn Vorstand und Aufsichtsrat parallel Compliance-Untersuchungen im Unternehmen durchführen und deshalb eine Abstimmung zwischen beiden Organen geboten erscheint.[433] Im Hinblick auf die Unternehmensstrategie

429 BGH NJW 2020, 679, 681; kritisch dazu K. Schmidt/Lutter/*Seibt*, §87 Rn. 6, der diese Rechtsprechung für „deutlich zu weit gehend“ hält.

430 K. Schmidt/Lutter/*Seibt*, §87 Rn. 23.

431 *Lutter/Krieger/Verse*, Rechte und Pflichten des Aufsichtsrats, Rn. 659; Goette/Arnold/*Carl*, AR-HdB, §3 Rn. 140; im Hinblick auf die Mittelausstattung des Aufsichtsrats ist freilich vieles umstritten, siehe dazu nur *von Schenck*, FS Marsch-Barner, 2018, 483, 485 f. m. w. N.

432 MüKoAktG/*Habersack*, §111 Rn. 76 m. w. N.

433 *Reichert/Ott*, NZG 2014, 241, 250; *Arnold*, ZGR 2014, 76, 103 ff.

ist ein gewisses Maß an Kooperation zwischen Vorstand und Aufsichtsrat im Gesetz auch bereits angelegt: Der Aufsichtsrat ist im Rahmen seiner Überwachungs- und Beratungsfunktion in die Strategieplanung des Vorstands – wenn auch nur als Dialogpartner ohne Mitentscheidungsrecht[434] – eingebunden (arg. e § 90 Abs. 1 S. 1, Abs. 2 Nr. 1 AktG; siehe auch Grundsatz 2 des DCGK) und kann dort seine Vorstellungen und Wünsche zur zukünftigen Entwicklung des Unternehmens zur Sprache bringen.[435] Schwere und anhaltende Meinungsunterschiede diesbezüglich dürften früher oder später sowieso zu einem Austausch des Managements durch den Aufsichtsrat führen – wodurch sich die faktische Bedeutung der Problematik in der Praxis ein wenig relativiert. Sollte es dennoch einmal zu einem akuten Konflikt zwischen der Strategieplanung des Vorstands einerseits und der nach § 87 Abs. 1 S. 2 AktG vorgenommenen Ausrichtung der Vergütungsstruktur durch den Aufsichtsrat andererseits kommen, wird man für die Beurteilung der Rechtmäßigkeit der Vergütungsgestaltung auf eine wertende Einzelfallbetrachtung abstellen müssen. Vergütungsrelevante Zielvorgaben müssen im Einklang mit der vorgenannten BGH-Rechtsprechung grundsätzlich mit der nötigen Abstraktheit formuliert sein, um den Vorstand nicht übermäßig in seiner Leitungsautonomie einzuengen.[436] Je granularer sie gefasst sind, desto eher laufen sie Gefahr, als zu konkrete Handlungsanweisung gegen § 76 Abs. 1 AktG zu verstoßen.[437] Das genannte Beispiel einer Durchsetzung der vom Aufsichtsrat gewünschten Umstellung der Produktion über den Weg der Vergütungsgestaltung wäre daher als rechtswidrig zu werten. An-

434 Darauf hinweisend Handelsrechtsausschuss des DAV, NZG 2015, 86, 88, der den Wortlaut von Grundsatz 2 DCGK deshalb als „zu weit" kritisiert.

435 Eingehend zur Rolle des Aufsichtsrats im Strategieprozess *Grundei/Graumann*, DB 2021, 181 ff.

436 MüKoAktG/*Spindler*, § 87 Rn. 94; *Behrens/Rinsdorf*, FS 25 Jahre AG ArbR im DAV, 2006, 449, 458; *Schäfer*, Liber Amicorum Martin Winter, 2011, 557, 560 ff. weist daraufhin, dass Ziele, die an der Erreichung bestimmter Finanzkennzahlen ausgerichtet sind, in der Regel „strategieneutral" sind.

437 Vgl. *Martens*, FS Hüffer, 2010, 647, 661.

ders können die Dinge allerdings liegen, wenn der Vorstand die Produktionsumstellung selbst beschlossen und der Aufsichtsrat die entsprechenden vergütungsrelevanten Zwischenziele für den Umstellungsprozess lediglich aus den Planungen des Vorstands abgeleitet hat. Da der Aufsichtsrat hier die Leitungskompetenz des Vorstands respektiert, steht § 76 Abs. 1 AktG einer entsprechenden Zielvorgabe nicht entgegen. Je enger sich also der Aufsichtsrat an der Strategieplanung des Vorstands orientiert, desto konkreter dürfen dann wiederum von ihm festgelegte Zielvorgaben im Rahmen der variablen Vorstandsvergütung ausfallen;[438] allerdings müsste der Aufsichtsrat bei einer Planungsänderung des Vorstands dann ggf. auch die Zielvorgaben anpassen, was bei langfristig-variablen Vergütungskomponenten zu einer Abweichung von Empfehlung G. 8 DCGK nötigen kann, der zufolge eine nachträgliche Änderung der Zielwerte oder der Vergleichsparameter ausgeschlossen sein soll.

Schwieriger zu bewerten ist der erstgenannte Beispielsfall. Vergütungsrelevante CO_2-Einsparungsziele für den Vorstand sind in der Praxis sehr verbreitet.[439] Sie sind grundsätzlich auch ausreichend abstrakt, denn sie belassen dem Vorstand verschiedenste Handlungsoptionen zu ihrer Realisierung: Die CO_2-Einsparung könnte etwa durch eine Modernisierung der Produktionsstätten des Unternehmens, eine verstärkte Nutzung erneuerbarer Energiequellen, eine Erneuerung der Fahrzeugflotte, eine systematische Reduzierung der Reiseaktivität der Mitarbeiter durch verstärkte Nutzung von Videokonferenzen etc. erreicht werden. Da sie dem Vorstand somit keine übermäßig einengenden Handlungsvorgaben machen, sind sie mit der Rechtsprechung des BGH im Grundsatz vereinbar. Fraglich ist aber, ob der Aufsichtsrat mit seiner Vergütungsgestaltung gezielt von der

438 In diesem Sinne wohl auch *Behrens/Rinsdorf*, FS 25 Jahre AG ArbR im DAV, 2006, 449, 458 f.

439 Dazu unter E. II.

vom Vorstand beschlossenen Unternehmensstrategie abweichen und seine eigene Vorstellung von der nachhaltigen und langfristigen Entwicklung der Gesellschaft durchsetzen kann. Einerseits könnte man argumentieren, dass der Steuerungszweck des § 87 Abs. 1 S. 2 AktG auch – und gerade – bei der grundlegenden Unternehmens- und Strategieplanung des Vorstands gemäß § 76 Abs. 1 AktG zum Tragen kommen muss. Genau dort wird nämlich die Basis für die nachhaltige und langfristige Entwicklung der Gesellschaft gelegt. Dennoch sprechen insgesamt wohl auch im ersten Beispielsfall die besseren Gründe dafür, der Planung des Vorstands, in die der Aufsichtsrat ja wie gesehen eingebunden ist, den Vorrang einzuräumen; die aktienrechtliche Kompetenzordnung drohte andernfalls nämlich auf den Kopf gestellt zu werden.[440] Indes überschreitet der Aufsichtsrat seine Kompetenzen noch nicht, wenn er einzelne vom Vorstand entwickelte Unternehmensziele mangels Nachhaltigkeit bzw. Langfristigkeit nicht über die Vergütung honoriert.[441] Ferner ist eine Ausnahme vom Vorrang der Leitungskompetenz gemäß § 76 Abs. 1 AktG für den Fall zu machen, dass die vom Vorstand beschlossene Unternehmensstrategie objektiv schlechterdings nicht mehr mit einer nachhaltigen und langfristigen Entwicklung der Gesellschaft vereinbar ist: In dieser (allerdings wohl eher theoretischen) Situation braucht sich der Aufsichtsrat nicht mehr an der Planung des Vorstands zu orientieren.[442] Im Übrigen wird sich der Vorstand – wie erwähnt – Gewahr sein müssen, dass seine Ablösung im Falle von allzu grundlegenden Meinungsdifferenzen mit dem Aufsichtsrat hinsichtlich der langfristigen und nachhaltigen Unternehmensplanung nur eine Frage der Zeit sein dürfte. Schon aus diesem Grund wird er sich in der Regel um Einvernehmen bemühen.

440 *Dauner-Lieb/von Preen/Simon*, DB 2010, 377, 381 f.

441 *Koch*, § 87 Rn. 26.

442 Vgl. MüKoAktG/*Spindler*, § 87 Rn. 94; ähnlich *Wagner*, AG 2010, 774, 778 f.

3. Abwägung und Vermeidung von Zielkonflikten

Für die so zusammengetragenen wirtschaftlichen, ökologischen und sozialen Parameter hat der Aufsichtsrat Ziele bzw. Zielwerte zu entwickeln, die bezogen auf den Bemessungszeitraum und die konkrete Ausgangssituation des Unternehmens einerseits realistisch, gleichzeitig aber auch – dem Zweck einer Anreizsetzung entsprechend – ambitioniert sind. Dabei hat er zur bestmöglichen Förderung des interessenpluralistischen Unternehmensinteresses die einzelnen, hinter den Parametern stehenden Stakeholder-Belange abzuwägen und jeweils angemessen zur Geltung zu bringen. Allgemeingültige Regeln lassen sich hierzu schwerlich aufstellen, die Justiziabilität beschränkt sich im Wesentlichen auf eine Evidenzkontrolle. Natürlich spielt der – im Interesse aller Stakeholder liegende und in § 87 Abs. 1 S. 2 AktG auch mit dem Langfristigkeitsgebot explizit angesprochene – dauerhafte wirtschaftliche Erfolg des Unternehmens eine wichtige Rolle. Nach dem Nachhaltigkeitsgebot sind aber eben nunmehr in aller Regel zwingend auch ökologische und soziale Stakeholder-Belange abzubilden.

In diesem Zusammenhang wird analog zur angesprochenen Diskussion um „Dürfen" und „Müssen" der Berücksichtigung sozialer und ökologischer Stakeholder-Belange jenseits spezialgesetzlicher Vorgaben trotz damit ggf. einhergehender wirtschaftlicher Belastungen für das Unternehmen, darüber diskutiert, inwieweit der Aufsichtsrat Vergütungsziele festlegen darf, die zwar die ökologische bzw. soziale Bilanz des Unternehmens verbessern, sich gleichzeitig allerdings wirtschaftlich negativ auf es auswirken[443] – etwa wenn ein festgelegtes Umweltschutzziel voraussichtlich die Produktionskosten erhöhen wird und dadurch zu einer geringeren Gewinnspanne für das Unternehmen führen kann. An der Zulässigkeit solcher Ziele kann, jedenfalls solange der Bestand und die langfristige Rentabilität des Unter-

443 Dazu *Walden*, NZG 2020, 50, 57 f.

nehmens durch sie nicht in Frage gestellt werden, aufgrund der Stakeholder Value-Ausrichtung der deutschen Aktienrechts gar kein Zweifel bestehen – sie bestanden übrigens auch schon unter der Rechtslage nach dem VorstAG nicht. Nach neuer Rechtslage sind solche Ziele im Interesse der Umsetzung von Agenda 2030 und des Pariser Klimaabkommens sogar ausdrücklich geboten, wenngleich natürlich vorzugswürdig bleibt – und der Aufsichtsrat deshalb auch dazu angehalten ist –, Möglichkeiten der Zielsymbiose zu finden.[444] Umweltschutzmaßnahmen müssen etwa, wie ausgeführt, keineswegs zwangsläufig (nur) mit wirtschaftlichen Belastungen für das Unternehmen einhergehen, sondern können auch ökonomische Chancen eröffnen, sei es mittelbar in Form eines Reputationsgewinns für das Unternehmen oder unmittelbar etwa durch den Verkauf gefragter umweltfreundlicher und ressourceneffizienter Produkte. Die Förderung sozialer Arbeitnehmerbelange kann die Chancen des Unternehmens auf dem Arbeitsmarkt fördern. Die Gefahr, dass die Aufsichtsratsmitglieder die wirtschaftlichen Belange des Unternehmens bei ihrer Ermessensausübung zu weit hintanstellen, dürfte in der Praxis sehr gering sein. Im Zweifel droht wohl eher das Gegenteil, nämlich eine am Status quo wenig verändernde, sehr niedrige Gewichtung ökologischer und sozialer Aspekte bei der Festsetzung der vergütungsrelevanten Ziele für den Vorstand. In der Literatur wird jedenfalls auch unter Geltung des neuformulierten § 87 Abs. 1 S. 2 AktG bezweifelt, dass ökologische und soziale Leistungsparameter in der Vorstandsvergütung wesentlich an Bedeutung gewinnen werden – vielmehr dürften finanzielle Parameter wohl weiterhin ganz vorherrschend bleiben.[445] Die Nachhaltigkeitsvorgabe des § 87 Abs. 1 S. 2 AktG gebietet jedoch, dass ökologische und soziale Ziele nicht lediglich ein unbedeutendes Anhängsel in der Gesamtstruktur

444 Die Förderung von „win-win-Situationen" befürwortend auch *Walden*, NZG 2020, 50, 58.

445 Insbesondere *Velte*, NZG 2020, 12, 14; auch *Goslar*, DB 2020, 937, 938; nach Einschätzung von *Arnold/Herzberg/Zeh*, AG 2021, 141, 146, beträgt der Anteil von ESG-Zielen, so sie denn überhaupt vorgesehen werden, derzeit in der Regel lediglich ca. 5 bis 10 % an der Ziel-Gesamtvergütung.

der Vorstandsvergütung darstellen, vielmehr müssen sie nach der *ratio legis* mit einem angemessenen, spürbaren Gewicht einbezogen werden.[446] *De lege ferenda* wird der Gesetzgeber hier voraussichtlich noch einmal durch eine gesetzliche Vorgabe zur Mindestgewichtung ökologischer und sozialer Ziele in der Vergütungsstruktur nachschärfen müssen.[447]

4. Vermeidung von Überkomplexität zur Absicherung von Anreizwirkung und Transparenz

Schließlich fordert die Bindung an das Unternehmensinteresse den Aufsichtsrat auch dazu auf, bei seiner Gestaltung der Vorstandsvergütung darauf zu achten, dass das Vergütungssystem trotz aller zu beachtenden Vorgaben nicht überkomplex wird. Von einem überkomplexen Vergütungssystem können keine sinnvollen Anreizeffekte ausgehen. Es wird vom Vergütungsempfänger nicht mehr richtig überblickt; die beabsichtigte verhaltenssteuernde Wirkung verpufft. Wie bereits einleitend zu dieser Arbeit erwähnt, haben Vorstandsvergütungssysteme bei börsennotierten Unternehmen in Deutschland mittlerweile einen Komplexitätsgrad erreicht, der mitunter bezweifeln lässt, dass die Vielzahl der darin vorgesehenen Steuerungsmechanismen wirklich noch die jeweils beabsichtigten, unterschiedlichen verhaltenslenkenden Wirkungen zeitigen können. Unbedingt erforderlich ist deshalb, dass sich der Aufsichtsrat auf eine überschaubare Anzahl von vergütungsrelevanten Zielen beschränkt und diese klar an den Vorstand kommuniziert. Eine geringe Zahl an Zielen mit dafür umso ambitionierteren Zielwerten kann deutlich effektivere Anreize setzen als eine Vielzahl unterschiedlicher Ziele, die der Vorstand in ihrer Masse nicht mehr überschauen, jedenfalls bei seinem Handeln nicht ständig präsent haben kann.

446 Dazu bereits oben C. IV. 3. C) ee).

447 Vorschläge dazu unter G. II. 2. Und 3.

Die Vermeidung von Überkomplexität liegt auch im Interesse der Vergütungstransparenz und -kontrolle, die von §§ 87a, 162, 120a Abs. 1 und Abs. 4 AktG bezweckt werden. Auch für die Aktionäre und die Öffentlichkeit wird es immer herausfordernder, die umfangreichen Strukturen zu erfassen und zu bewerten. § 87a Abs. 1 AktG fordert ausdrücklich, dass der Aufsichtsrat der börsennotierten Gesellschaft ein „klares und verständliches" System zur Vergütung der Vorstandsmitglieder beschließt. Ebenso fordert § 162 AktG die jährliche Erstellung eines „klaren und verständlichen" Vergütungsberichts. Manche in der Praxis zu beobachtende Verkomplizierung der Vergütungsgestaltung mag regulatorisch begründet und damit unvermeidlich sein; in vielen Punkten belässt das Gesetz dem Aufsichtsrat aber großen Spielraum, den dieser im ausgeführten Sinne nutzen sollte. Insbesondere gilt dies für die abstrakte Vorgabe der Ausrichtung der Vergütungsstruktur auf eine „nachhaltige und langfristige Entwicklung der Gesellschaft" gemäß § 87 Abs. 1 S. 2 AktG. Dem Aufsichtsrat obliegt hier die herausfordernde Aufgabe, die „goldene Mitte" zu finden: Einerseits beabsichtigt § 87 Abs. 1 S. 2 AktG wie ausgeführt, die Abbildung wirtschaftlicher, ökologischer und sozialer Gesichtspunkte und damit durchaus eine Mehrzahl an Vergütungszielen. Andererseits sollten innerhalb dieser jeweiligen Bereiche (Ökonomie, Ökologie und Soziales) nicht zu viele Unterziele festgelegt werden.

Freilich hält sich die Justiziabilität auch im Hinblick auf die Komplexität der Vergütungsgestaltung in engen Grenzen. Erst eine evident überkomplexe Vergütungsstruktur wäre mit dem Steuerungszweck von § 87 Abs. 1 S. 2 AktG nicht mehr vereinbar. *De lege ferenda* erscheint es empfehlenswert, den DCGK noch stärker als Handlungsanleitung für den Aufsichtsrat bei der Gestaltung des Vorstandsvergütungssystems nutzbar zu machen.[448]

448 Dazu unter G. II. 3.

E. Die aktuelle Umsetzung der Vorgabe des § 87 Abs. 1 S. 2 AktG in der Praxis

Im Anschluss an die vorstehenden theoretischen Erwägungen möchte das folgende Kapitel einen Überblick über einige aktuell tatsächlich verwendete Modelle zur Umsetzung der Nachhaltigkeits- und Langfristigkeitsvorgabe des § 87 Abs. 1 S. 2 AktG geben. Anhand anekdotischer Beispiele soll ein Eindruck vom Umgang der Unternehmen mit der gesetzlichen Maßgabe und der zu beobachtenden Vielfalt der Umsetzungsmechanismen vermittelt werden. Exemplarisch herausgegriffen werden die Vergütungsmechanismen einiger DAX-40-Unternehmen.

Vorab ist es hilfreich, sich die übliche Grundstruktur eines Vorstandsvergütungssystems vor Augen zu führen. Es besteht in der Regel aus drei großen Komponenten, welche sich wiederum aus Unterkomponenten zusammensetzen können, nämlich (1.) einer festen Vergütung, die üblicherweise aus einer Grundvergütung und Nebenleistungen (etwa Altersvorsorge, Versicherungsleistungen, Dienstwagen etc.) besteht, (2.) einer kurzfristig-variablen Vergütung (sog. Short Term Incentive – STI) und (3.) einer langfristig-variablen Vergütung (sog. Long Term Incentive – LTI). Im Folgenden näher betrachtet wird vor allem die langfristig-variable Vergütung. Soweit Unternehmen ESG-Ziele (auch) in der kurzfristig-variablen Vergütung verankern, wird dies ebenfalls beleuchtet.

I. Ausrichtung auf eine „langfristige" Entwicklung der Gesellschaft

Zur Umsetzung der zeitlich-ökonomischen Anforderung des § 87 Abs. 1 S. 2 AktG (Ausrichtung auf eine „langfristige" Entwicklung der Gesellschaft) haben sich in der Praxis verschiedene, untereinander aber durchaus ähnliche Modelle entwickelt.[449]

1. Beispiel der Siemens AG

Die Siemens AG gewährt ihren Vorstandsmitgliedern gemäß ihrem im Jahr 2020 von der Hauptversammlung gebilligten Vergütungssystem als langfristig-variable Vergütung sog. Stock Awards.[450] Dabei handelt es sich um Anrechte auf den Erhalt von Siemens-Aktien nach Ablauf einer vierjährigen Sperrfrist, wobei die Anzahl der letztlich tatsächlich gewährten Aktien von der Erreichung bestimmter Ziele abhängt. Zu Beginn eines Geschäftsjahrs wird jedem Vorstandsmitglied eine bestimmte Menge an Stock Awards zugeteilt. Nach dem Ende der damit beginnenden rund vierjährigen Sperrfrist werden den Begünstigten Siemens-Aktien übertragen, deren Anzahl zu 80 % von einem finanziellen Leistungskriterium und zu 20 % von einem nichtfinanziellen ESG-Leistungskriterium abhängig ist (auf letzteres wird unter E. II. 5. zurückzukommen sein). Als finanzielles Leistungskriterium ist die Gesamtaktienrendite (sog. Total Shareholder Return – TSR) be-

449 Allgemein zu denkbaren Gestaltungsvarianten *Eichner/Delahaye*, ZIP 2010, 2082, 2085 ff.

450 Siehe zum Folgenden die Darstellung der Grundzüge des Vergütungssystems für die Mitglieder des Vorstands in der Einladung zur ordentlichen Hauptversammlung 2020 der Siemens AG, abrufbar unter https://assets.new.siemens.com/siemens/assets/api/uuid:ca6887d7-e971-46a9-978f-e66a8a6331ff/Siemens-Einberufung-HV2020.pdf (zuletzt abgerufen am 10.08.2023), S. 5, 29 ff.

stimmt, welcher die Wertentwicklung einer Aktie über einen bestimmten Zeitraum – bei Siemens während der rund vierjährigen Sperrfrist – wiedergibt und dabei sowohl eingetretene Kursentwicklungen als auch die in dem Zeitraum ausgezahlten Dividenden berücksichtigt.

Am Ende der Sperrfrist wird der TSR der Siemens AG mit dem TSR des internationalen Branchenindex „MSCI World Industrials" verglichen. Dazu werden zunächst ein TSR-Referenzwert jeweils für die Siemens AG und für den Branchenindex berechnet. Der TSR-Referenzwert entspricht dem Durchschnitt der Monatsendwerte während der ersten zwölf Monate der Sperrfrist, der sog. Referenzperiode. Zur Feststellung der Entwicklung des TSR der Siemens AG im Vergleich zum Branchenindex am Ende der Sperrfrist wird über die nachfolgenden 36 Monate (sog. Performance-Periode) der TSR-Performancewert errechnet. Dieser ergibt sich aus dem Durchschnitt der Monatsendwerte während der Performance-Periode. Nach Ablauf der Sperrfrist wird jeweils die TSR-Entwicklung der Siemens AG und des Branchenindex anhand eines Vergleichs der TSR-Referenzwerte mit den TSR-Performancewerten ermittelt. Die Zielerreichung beträgt 100 %, wenn die TSR-Entwicklung der Siemens AG derjenigen des Branchenindex entspricht. Ist die TSR-Entwicklung der Siemens AG um 20 Prozentpunkte schlechter als die des Branchenindex, beträgt die Zielerreichung 0 %. Ist die TSR-Entwicklung der Siemens AG um 20 Prozentpunkte besser als die TSR-Entwicklung des Branchenindex, beträgt die Zielerreichung 200 %. Bei einer TSR-Entwicklung der Siemens AG zwischen +20 und -20 Prozentpunkten gegenüber dem des Branchenindex wird die Zielerreichung durch lineare Interpolation ermittelt.

Der Wert der Siemens-Aktien, die am Ende der Sperrfrist übertragen werden, ist auf eine Maximalhöhe gedeckelt. Wird diese Höchstgrenze überschritten, verfällt die darüber liegende Anzahl an Aktienzusagen ersatzlos. Für den Fall außerordentlicher, nicht vorhergesehener Entwicklungen, die

Auswirkungen auf die Leistungskriterien haben, kann der Aufsichtsrat korrigierend eingreifen und etwa beschließen, dass die Anzahl der zugesagten Stock Awards nachträglich reduziert wird.

Schließlich sind, wie bei vielen anderen DAX-Unternehmen, sog. „Share Ownership Guidelines" Teil des Vergütungssystems der Siemens AG.[451] Es handelt sich um Aktienhalteverpflichtungen, die das Vorstandshandeln zusätzlich auf eine langfristige Entwicklung der Gesellschaft ausrichten sollen.[452] Die Vorstandsmitglieder müssen dabei während ihrer Zugehörigkeit zum Vorstand den Wert eines Vielfachen ihrer Grundvergütung – der Vorstandsvorsitzende das Dreifache seiner Grundvergütung, die weiteren Vorstandsmitglieder das Zweifache – dauerhaft in Siemens-Aktien halten. Nach Ablauf einer vierjährigen Aufbauphase ist die Einhaltung dieser Verpflichtung dem Aufsichtsrat jährlich nachzuweisen. Das Vorstandsmitglied ist zum Nacherwerb verpflichtet, wenn der Wert des aufgebauten Aktienbestands infolge von Kurschwankungen der Siemens-Aktie unter den jeweils nachzuweisenden Betrag sinkt.

2. Beispiel der Deutsche Post AG

Ein interessantes Kombinationsmodell nutzt gemäß ihrem im Jahr 2021 von Hauptversammlung gebilligten Vergütungssystem derzeit die Deutsche Post AG.[453] Neben einem kurzfristig-variablen und einem langfristig-va-

451 Darstellung der Grundzüge des Vergütungssystems für die Mitglieder des Vorstands in der Einladung zur ordentlichen Hauptversammlung 2020 der Siemens AG (Fn. 450), S. 5, 36.

452 In der Literatur wird teilweise kritisch angemerkt, dass Share Ownership Guidelines keine „Vergütung" darstellen und daher mit § 87 AktG in keinem Zusammenhang stehen, vgl. *Wilsing/Paul*, GWR 2010, 363, 364 f. Die Einbeziehung von Share Ownership Guidelines in das Vorstandsvergütungssystem ist in der Praxis aber sehr verbreitet.

453 Siehe zum Folgenden die Darstellung des Vergütungssystems für den Vorstand in der Einladung zur ordentlichen Hauptversammlung 2021 der Deutschen Post AG, abruf-

riablen Vergütungselement ist dort zusätzlich noch eine Mittelfristkomponente vorgesehen, die ebenfalls die Ausrichtung der Vorstandsvergütung auf eine langfristige Entwicklung des Unternehmens stärken soll. Für die Mittelfristkomponente (sog. Deferral) werden 50 % jeder erdienten kurzfristig-variablen Jahreserfolgsvergütung einbehalten und nach einer weiteren zweijährigen „Nachhaltigkeitsphase" nur dann ausgezahlt, wenn sich während dieses weiteren Zeitraums die Dauerhaftigkeit des erreichten kurzfristigen Erfolgs bestätigt. Dies wird dann bejaht, wenn der Gewinn nach Kapitalkosten (EBIT after Asset Charge – EAC) nach Ablauf der Nachhaltigkeitsphase höher ist als im Ausgangsjahr „oder wenn der EAC-Wert während der Nachhaltigkeitsphase kumuliert positiv ist, das heißt, dass mindestens die Kapitalkosten (inklusive Kapitalkosten auf Goodwill) verdient werden müssen."[454] Eine Übererfüllung dieses Ziels löst keine Erhöhung des auszuzahlenden Betrags aus. Es handelt sich um eine reine Malus-Regelung – bei Nichterreichen des Kriteriums wird das Deferral nicht ausgezahlt und verfällt ersatzlos.

Die daneben bestehende langfristig-variable Vergütung wird in Form sog. Stock Appreciation Rights (SAR) gewährt. Dabei handelt es sich um Anrechte auf den Erhalt einer Barzahlung je SAR in Höhe der etwaig zwischenzeitlich eingetretenen Steigerung des Aktienkurses der Gesellschaft. Jedem Vorstandsmitglied wird jährlich eine bestimmte Anzahl von SAR mit einer vierjährigen Sperrfrist zugeteilt. Nach Ablauf der Sperrfrist wird ermittelt, ob bestimmte vorab festgelegte Erfolgsziele erreicht wurden. Dabei sind sechs aktienkursbezogene Erfolgsziele definiert; pro erreichtem Erfolgsziel wird für die Begünstigten je ein Sechstel der gewährten SAR nach Ablauf

bar unter https://www.dpdhl.com/content/dam/dpdhl/de/investors/veranstaltungen/hauptversammlung/2021/DPDHL-Einberufung-Tagesordnung-Hauptversammlung-2021.pdf (zuletzt abgerufen am 10.08.2023), S. 17, 23 ff.

454 Darstellung des Vergütungssystems für den Vorstand in der Einladung zur ordentlichen Hauptversammlung 2021 der Deutschen Post AG (Fn. 453), S. 19.

der Sperrfrist ausübbar. Vier Erfolgsziele zielen auf die absolute Steigerung des Aktienkurses der Deutsche Post AG. Sie sind jeweils erreicht, wenn der Endkurs der Deutsche-Post-Aktie am Ende der Sperrfrist mindestens 10 % (Ziel 1), 15 % (Ziel 2), 20 % (Ziel 3) bzw. 25 % (Ziel 4) über dem Durchschnittskurs der letzten 20 Tage vor dem Gewährungsstichtag liegt. Als „Endkurs" gilt der Durchschnittskurs der letzten 60 Tage vor Ablauf der Sperrfrist. Die zwei weiteren Erfolgsziele sind an die Entwicklung der Deutsche-Post-Aktie im relativen Vergleich zur Entwicklung des STOXX Europe 600 Index geknüpft. Sie sind erreicht, wenn die Wertentwicklung der Deutsche-Post-Aktie der des Index entspricht (Ziel 5) bzw. ihn um mehr als 10 % übersteigt (Ziel 6). Die Wertentwicklung des Index wird ebenfalls anhand eines Vergleichs des 20-Tages-Durchschnittswerts vor dem Gewährungsstichtag mit dem 60-Tages-Durchschnittswert vor Ablauf der Sperrfrist ermittelt.

Nach Ablauf der Sperrfrist können die SAR innerhalb einer Ausübungsfrist von zwei Jahren ausgeübt werden, andernfalls verfallen sie. Die Ausübung eines SAR berechtigt das Vorstandsmitglied zum Erhalt einer Barzahlung in Höhe der Differenz zwischen dem Durchschnitt der Schlusskurse der Deutsche-Post-Aktie während der letzten fünf Handelstage vor dem Ausübungstag und dem 20-Tages-Durchschnittskurs vor dem Gewährungsstichtag. Somit erhält das Vorstandsmitglied nur dann eine Zahlung, wenn der Aktienkurs in der Zwischenzeit gestiegen ist. Die langfristig-variable Vergütung soll damit für bis zu sechs Jahre einen Anreiz schaffen, den Kurs der Deutsche-Post-Aktie zu steigern. Der Gesamterlös je jährlicher LTI-Tranche ist gedeckelt – für den Vorstandsvorsitzenden auf das Zweieinhalbfache seines Grundgehalts, für die ordentlichen Vorstandsmitglieder auf das Vierfache ihres Grundgehalts.

Ähnlich einer Share Ownership Guideline müssen Vorstandsmitglieder der Deutsche Post AG vor der Zuteilung der jeweiligen LTI-Tranche ein Eigeninvestment in Höhe von 10% ihres Grundgehalts am Gewährungsstichtag tätigen, vorrangig in Aktien der Gesellschaft.[455] Dieses Eigeninvestment müssen sie während der Sperrfrist halten. Sollte ein Vorstandsmitglied das Eigeninvestment vor Ablauf der Sperrfrist zurückverlangen, verfallen sämtliche SAR aus der betreffenden Tranche.

3. Beispiel der SAP SE

Ein relativ komplexes LTI-System verwendet aktuell die SAP SE. Sie ist als dualistische SE mit Sitz in Deutschland organisiert, weshalb § 87 AktG über die Verweisung des Art. 9 Abs. 1 lit. c) Ziff. ii) SE-Verordnung (EG) Nr. 2157/2001 Anwendung findet. Für die langfristig-variable Vergütung ihrer Vorstandsmitglieder wird gemäß dem im Jahr 2020 von der Hauptversammlung gebilligten Vergütungssystem bei der SAP SE ein virtuelles Aktienprogramm genutzt.[456] Jedem Vorstandsmitglied wird jährlich eine bestimmte Anzahl virtueller Aktien (sog. Share Units) zugeteilt. Die zugeteilten Share Units teilen sich auf in ein Drittel sog. Financial Performance Share Units (FSU), ein Drittel sog. Market Performance Share Units (MSU) und ein Drittel sog. Retention Share Units (RSU). Alle Share Units haben jeweils eine Laufzeit von rund vier Jahren.

Hinsichtlich der FSU gilt: Die Zahl der zu Beginn zugeteilten FSU wird am Ende der Laufzeit mit einem Performance-Faktor multipliziert. Dieser setzt sich aus drei gleich gewichteten Einzelfaktoren zusammen, die auf für das

455 Darstellung des Vergütungssystems für den Vorstand in der Einladung zur ordentlichen Hauptversammlung 2021 der Deutschen Post AG (Fn. 453), S. 29.

456 Siehe zum Folgenden die Darstellung des Vergütungssystems für die Vorstandsmitglieder in der Einladung zur ordentlichen Hauptversammlung 2020 der SAP SE, abrufbar unter https://www.sap.com/docs/download/investors/2020/sap-se-hv-2020-einladung.pdf (zuletzt abgerufen am 10.08.2023), S. 22, 30 ff.

Unternehmen bedeutsame betriebswirtschaftliche Kenngrößen (konkret den „Total Revenue“, den „Cloud Revenue“ und das „Operating Income“) bezogen sind. Mit dem Beginn des Geschäftsjahres der Gewährung der FSU startet die Performance-Periode, über die die Zielerreichung hinsichtlich der drei Indikatoren gemessen wird. Sie endet mit Ablauf des zweiten dem Geschäftsjahr der Gewährung der Share Units folgenden Jahres. Für jeden Indikator wird vom Aufsichtsrat eine strategieabgeleitete Zielvorgabe festgelegt, die 100 % Zielerreichung entspricht. Neben dieser Zielvorgabe sind für jeden Einzelfaktor ein Mindestwert und ein Maximalwert bestimmt. Bei Nichterreichen des Mindestwerts beträgt die Zielerreichung für den betreffenden Einzelfaktor 0 %. Wird der Mindestwert exakt erreicht, entspricht dies einer Zielerreichung von 50 %. Wird der Maximalwert erreicht oder überschritten, beträgt die Zielerreichung 150 %. Zwischen dem Mindest- und dem Maximalwert wird die Zielerreichung durch lineare Interpolation ermittelt. Der Durchschnitt der drei ermittelten Einzelfaktoren bildet den Performance-Faktor für die FSU, mit dem die anfänglich zugeteilte Zahl an FSU multipliziert wird.

Die Anzahl der gewährten MSU wird am Ende der Laufzeit ebenfalls mit einem Performance-Faktor multipliziert. Dessen Höhe hängt davon ab, wie hoch der TSR der SAP-Aktie im Verhältnis zum TSR der dem NASDAQ-100 Index zugehörigen Unternehmen, gemessen über eine Performance-Periode von rund drei Jahren, ist. Für die Anfangs- und Endwerte der Aktienkurse werden jeweils Durchschnittswerte über 20 Handelstage angesetzt. Liegt der TSR der SAP-Aktie unterhalb der 25. Perzentile, ist der Performance-Faktor 0 %. Entspricht der TSR der SAP-Aktie der 25. Perzentile, ist der Performance-Faktor 50 %. Entspricht TSR der SAP-Aktie dem Median, ist der Performance-Faktor 100 %. Entspricht der TSR der SAP-Aktie der 75. Perzentile oder liegt er darüber, ist der Performance-Faktor 150 %. Zwischen der 25. Perzentile und der 75. Perzentile wächst der Performance-Faktor linear. Sollte der TSR der SAP-Aktie über die Performance-

Periode negativ sein, beträgt der Performance-Faktor allerdings abweichend maximal 100 %. Die ursprünglich gewährte Zahl an MSU wird mit dem so ermittelten Performance-Faktor multipliziert.

Die Zahl der gewährten RSU verändert sich nicht. Sie dienen vorrangig der langfristigen Bindung („Retention“) des Vorstands an die SAP SE, da sie – ebenso wie die FSU und die MSU – bei einer Beendigung des Anstellungsverhältnisses des Vorstandsmitglieds vor Ablauf des dritten dem Jahr der Gewährung der Share Units folgenden Jahres grundsätzlich verfallen; Ausnahmen bzw. Sonderregelungen gelten für besondere Arten des Ausscheidens wie den Tod des Vorstandsmitglieds, Eintritt in den Ruhestand oder Beendigung der Tätigkeit im Zusammenhang mit einem „Change of Control“.

Der Wert der zum Ablauf des dritten Geschäftsjahres nach dem Geschäftsjahr der Gewährung nach den beschriebenen Regelungen bestehenden FSU, MSU und RSU wird in Euro ausgezahlt. Jede Share Unit berechtigt zur Auszahlung eines Betrags, dessen Höhe dem dann aktuellen Kurs der SAP-Aktie entspricht, zuzüglich derjenigen Dividenden, die in der Zeit vom Beginn des Jahres der Gewährung der Share Units bis zum Ablauf des dritten dem Jahr der Gewährung der Share Units folgenden Jahres auf eine SAP-Aktie ausgeschüttet wurden. Als Kurs der SAP-Aktie gilt dabei der arithmetische Mittelwert über einen Zeitraum von 20 Handelstagen nach der angekündigten Veröffentlichung der vorläufigen Ergebnisse für das vierte Quartal und das Gesamtjahr. Der Auszahlungsbetrag je Share Unit ist auf einen Maximalbetrag gedeckelt. Bei außergewöhnlichen, nicht vorhersehbaren Ereignissen ist der Aufsichtsrat berechtigt, den Auszahlungsbetrag nach billigem Ermessen im Umfang von zehn Prozent nach oben oder unten anzupassen.

II. Ausrichtung auf eine „nachhaltige“ Entwicklung der Gesellschaft

Eine noch größere Bandbreite an Gestaltungsvarianten hat sich bei der Umsetzung der ökologisch-sozialen Anforderung des § 87 Abs. 1 S. 2 AktG (Ausrichtung auf eine „nachhaltige“ Entwicklung der Gesellschaft) in der Praxis etabliert. Vielfach stellen Unternehmen auf das ESG-Konzept ab und setzen neben ökologischen und sozialen Zielen teilweise auch „Governance“-Ziele im Rahmen der Vorstandsvergütung fest.

1. Beispiel der Volkswagen AG

Die Volkswagen AG berücksichtigt ESG-Ziele (nur) in ihrer kurzfristig-variablen Vorstandsvergütung,[457] und zwar in Form eines ESG-Faktors, der zwischen 0,63 und 1,43 betragen kann und neben zwei finanziellen Leistungskriterien über die Höhe des Jahresbonus entscheidet. Für die Bestimmung des ESG-Faktors werden jeweils Teilziele aus den Bereichen Umwelt und Soziales festgelegt sowie (nach Ende des Geschäftsjahrs) ein Governance-Faktor determiniert. Das Teilziel aus dem Bereich Umwelt orientiert sich an einem unternehmensinternen Dekarbonisierungsindex, welcher sich ausweislich des Vergütungsberichts 2022 nach „den Emissionen von CO_2 und CO_2-Äquivalenten der Pkw und leichte Nutzfahrzeuge produzierenden [Konzern-]Marken während des gesamten Lebenszyklus“‘ bemisst und den Fortschritt des Unternehmens hinsichtlich der Verbesserung seiner CO_2-

457 Siehe zum Folgenden die Darstellung des Vergütungssystems für die Vorstandsmitglieder in der Einladung zur ordentlichen Hauptversammlung 2023 der Volkswagen AG, abrufbar unter https://uploads.vw-mms.de/system/production/files/cws/036/940/file/f5e780d9d22f493c848f7e949625215dfef671ca/Einladung_HV_2023_DE.pdf?1684752900 (zuletzt abgerufen am 10.08.2023), S. 67, 71 ff.

Bilanz zeigen soll.[458] Das Teilziel aus dem Bereich Soziales orientiert sich an einem Stimmungs- und einem Diversity-Index. Der Stimmungsindex basiert auf einer Mitarbeiterbefragung, mit der das Unternehmen regelmäßig die Zufriedenheit der Beschäftigten erhebt; der Diversity-Index soll die Entwicklung des Anteils von Frauen im Management sowie die Internationalisierung im Top-Management anzeigen.[459]

Nach dem Vergütungssystem werden vom Aufsichtsrat für jedes Geschäftsjahr für die Teilziele aus dem Bereich Umwelt und dem Bereich Soziales jeweils ein Mindestwert, der einem Teilzielerreichungsgrad von 0,7 entspricht, einen Zielwert, der einem Teilzielerreichungsgrad von 1,0 entspricht, und einen Maximalwert, der einem Teilzielerreichungsgrad von 1,3 entspricht, festgelegt. Die konkreten Zielwerte werden allerdings nicht prospektiv, sondern nur retrospektiv veröffentlicht. Die für das Geschäftsjahr 2022 festgelegten Zielwerte ergeben sich aus dem Vergütungsbericht 2022,[460] werden jedoch nicht näher erläutert bzw. begründet. Für Werte zwischen dem Mindestwert und dem Zielwert sowie zwischen dem Zielwert und dem Maximalwert wird der Teilzielerreichungsgrad linear interpoliert. Die Teilzielerreichung aus den Bereichen Umwelt und Soziales wird jeweils mit 50 % gewichtet. Innerhalb des Teilzieles Soziales werden die ESG-Kriterien wiederum jeweils mit 50 % gewichtet. Daneben legt der Aufsichtsrat nach Ablauf des Geschäftsjahres einen Governance-Faktor zwischen 0,9 und 1,1 fest, wobei er die kollektive Leistung des Gesamtvorstands und die individuelle Leistung der einzelnen Vorstandsmitglieder hinsichtlich Integrität und Compliance im Geschäftsjahr diskretionär bewertet.

458 Vergütungsbericht 2022 der Volkswagen AG, abrufbar unter https://uploads.vw-mms.de/system/production/documents/cws/002/023/file_de/2e8f2be379e97d352bca1b4b8780f7b3f70a653b/Verguetungsbericht_2022_d.pdf?1686152067&disposition=attachment (zuletzt abgerufen am 10.08.2023), S. 16.

459 Ebd.

460 Vergütungsbericht 2022 der Volkswagen AG (Fn. 458), S. 16.

Der ESG-Faktor errechnet sich aus der Summe der gewichteten Zielerreichung aus dem Bereich Umwelt sowie aus dem Bereich Soziales multipliziert mit dem Governance-Faktor gemäß folgender Formel:

ESG-Faktor = [Teilzielerreichungsgrad Umwelt x 50 % +
Teilzielerreichungsgrad Soziales x 50 %] x
Governance-Faktor

2. Beispiel der Deutsche Telekom AG

Auch die Deutsche Telekom AG berücksichtigt gemäß dem im Jahr 2021 von der Hauptversammlung gebilligten Vergütungssystem ESG-Ziele im Rahmen der kurzfristig-variablen Jahreserfolgsvergütung.[461] Sie fließen neben zwei finanziellen Zielen zu einem Drittel in die STI-Bemessung ein. Als ESG-Ziele legt das Unternehmen derzeit ausschließlich ökologische Vergütungsziele fest. Verfolgt wird einerseits eine Reduktion des Energieverbrauchs, andererseits eine Reduktion des CO_2-Ausstoßes.

Zum Ziel der Reduktion des Energieverbrauchs wird im Vergütungssystem erläutert, dass angesichts von Klimawandel und Umweltzerstörung für die Informations- und Kommunikationstechnologieindustrie die Erwartungshaltung formuliert werde, den Grundverbrauch an Energie trotz Ausbau des Telekommunikationsnetzes mittelfristig mindestens stabil zu halten oder sogar leicht zu senken. Dem Aufsichtsrat sei es deshalb wichtig, „den Vor-

461 Siehe zum Folgenden die Darstellung des Vergütungssystems für die Vorstandsmitglieder in der Einladung zur ordentlichen Hauptversammlung 2021 der Deutsche Telekom AG, abrufbar unter https://www.telekom.com/resource/blob/618456/d4883239d36ef5a909c57a212b842147/dl-01-einberufung-einschliesslich-tagesordnung-2021-data.pdf (zuletzt abgerufen am 10.08.2023), S. 40, 48 ff.

stand dahingehend zu incentivieren, dass der Energieverbrauch, der umweltbelastend wirkt, mittelfristig mindestens stabil gehalten wird."[462] Dieses Ziel unterstütze die Durchführung von Energieeinsparmaßnahmen bei gleichzeitiger Optimierung und Innovation hinsichtlich der Infrastruktur und den Einsatz moderner Technologiekomponenten. Zum Ziel der Reduktion des CO_2-Ausstoßes heißt es: „Durch die Incentivierung des Vorstands auf das Ziel der massiven CO_2-Reduktion verspricht sich der Aufsichtsrat eine nachhaltige Verankerung von 100 % Grünstrom sowie eine Verbrauchsoptimierung bei Gebäuden und die sukzessive Umstellung der im Konzern verwendeten Fahrzeugflotte von fossilen Brennstoffen auf emissionsfreie oder -arme Antriebsformen."[463] Für beide ökologischen Ziele werden für jedes Geschäftsjahr ein Zielwert, der 100 % Zielerreichung entspricht, ein unterer Schwellenwert, der 0 % Zielerreichung entspricht, und ein oberer Schwellenwert, der 150 % Zielerreichung entspricht, festgelegt. Die Schwellenwerte werden ebenso wie die tatsächlich eingetretene Zielerreichung jeweils ex post im Vergütungsbericht für das abgelaufene Geschäftsjahr veröffentlicht. Die für das Geschäftsjahr 2022 festgelegten Schwellenwerte ergeben sich aus dem Vergütungsbericht 2022; sie werden nicht näher erläutert bzw. begründet, es findet sich aber immerhin eine kurze Hintergrundinformation zur eingetretenen Zielerreichung.[464]

Die Deutsche Telekom AG berücksichtigt ferner im Rahmen ihrer langfristig-variablen Vorstandsvergütung neben zwei finanziellen Zielen auch zwei nichtfinanzielle Ziele, nämlich zum einen die „Kundenzufriedenheit" und

462 Darstellung des Vergütungssystems für die Vorstandsmitglieder in der Einladung zur ordentlichen Hauptversammlung 2021 der Deutsche Telekom AG (Fn. 461), S. 51.

463 Ebd.

464 Vergütungsbericht 2022 der Deutsche Telekom AG, abrufbar unter https://www.telekom.com/resource/blob/1027350/285ef820f7b55df8f523f6c3e131940d/dl-verguetungsbericht-2022-data.pdf (zuletzt abgerufen am 10.08.2023), S. 10.

zum anderen die „Mitarbeiterzufriedenheit“ – diese werden im Vergütungssystem allerdings nicht als ESG-Ziele bezeichnet.

3. Beispiel der Deutsche Post AG

Die Deutsche Post AG bezieht gemäß ihrem im Jahr 2021 von der Hauptversammlung gebilligten Vergütungssystem ESG-Ziele ebenfalls in der kurzfristig-variablen Jahresvergütung ein,[465] und zwar mit einer Gewichtung von 30 % neben den finanziellen Zielen. Es wird je ein „E“-, ein „S“- und ein „G“-Ziel bestimmt, die jeweils mit demselben Gewicht einfließen.

Als ökologisches Ziel wird eine Reduzierung der logistikbezogenen Emissionen angestrebt. Der Vergütungsbericht 2022 führt dazu aus, dass sich das Unternehmen Zwischenziele gesetzt hat, um bis 2050 alle logistikbezogenen Emissionen auf netto null zu reduzieren.[466] Als mittelfristiges Ziel solle der Ausstoß von Treibhausgasemissionen bis 2030 auf unter 29 Millionen Tonnen CO_2e gesenkt werden, wobei auch Transportleistungen von Subunternehmern erfasst sind. Die Leistung des Vorstands wird an einer Kennzahl „Realisierte Dekarbonisierungseffekte“ gemessen, die anzeigen soll, wie viele Treibhausgasemissionen durch Dekarbonisierungsmaßnahmen vermieden werden konnten. Als soziales Ziel wird ein möglichst hohes Niveau an Mitarbeiterengagement angestrebt. Das im Rahmen einer jährlich stattfindenden weltweiten Befragung der Beschäftigten gemessene Engagement der Beschäftigten für das Unternehmen und ihre Motivation, zum Unter-

465 Siehe zum Folgenden die Darstellung des Vergütungssystems für die Vorstandsmitglieder in der Einladung zur ordentlichen Hauptversammlung 2021 der Deutsche Post AG (Fn. 453), S. 23 ff.

466 Vergütungsbericht 2022 der Deutsche Post AG, abrufbar unter https://www.dpdhl.com/content/dam/dpdhl/de/about-us/about-us-assets/remuneration/dpdhl-verguetungsbericht-2022.pdf (zuletzt abgerufen am 10. 08. 2023), S. 13 f.

nehmenserfolg beizutragen, soll konstant auf einem hohen Level von über 80 % gehalten werden.[467] Im Bereich der Governance wird der Fokus auf die Vorbeugung gegen Korruption und Bestechung gelegt. Der Vergütungsbericht 2022 erläutert, dass verschiedene Compliance-Schulungen für Führungskräfte im mittleren und oberen Management in Form eines sog. Compliance Curriculum (Anti-Korruptionstraining, Wettbewerbskonformität, Verhaltenskodex) und des Datenschutztrainings verpflichtend sind.[468] Im zweijährlichen Rhythmus müssen Geschulte ihre Zertifizierung aktualisieren. Die vergütungsbezogene Zielerreichung des Vorstands im Bereich Governance hängt vom Anteil der gültigen Schulungszertifikate bei den Führungskräften im oberen und mittleren Management ab. Bei Auftreten eines wesentlichen Compliance-Verstoßes im Zuständigkeitsbereich eines Vorstandsmitglieds kann der Aufsichtsrat allerdings trotz Erreichung der Schulungs-Zielwerte diskretionär feststellen, dass das Ziel nicht erreicht ist.

Die konkreten vergütungsrelevanten Ziel- und Schwellenwerte für das Geschäftsjahr 2022 werden (retrospektiv) im Vergütungsbericht 2022 ausgewiesen und – anders als in den Vergütungsberichten vieler anderer Unternehmen – ausführlich erläutert.[469]

4. Beispiel der SAP SE

Bei der SAP SE hängt die Höhe des jährlichen STI gemäß dem im Jahr 2020 von der Hauptversammlung gebilligten Vergütungssystem neben finanziellen Zielen zu 20 % von der Erreichung nicht-finanzieller sog. „Nachhaltig-

467 Vergütungsbericht 2022 der Deutsche Post AG (Fn. 466), S. 14.

468 Vergütungsbericht 2022 der Deutsche Post AG (Fn. 466), S. 15.

469 Vergütungsbericht 2022 der Deutsche Post AG (Fn. 466), S. 13 ff.

keitsziele“ ab.[470] Als Indikatoren verwendet werden (1.) ein sog. Kunden-Net-Promoter-Score, der auf einer Skala von 0 bis 10 die Zufriedenheit der SAP-Kunden misst, (2.) ein sog. Mitarbeiterengagement-Index, der mit einer Skala von 0 bis 100 % den Einsatz der Mitarbeiter, ihren Stolz auf das Unternehmen und ihre Loyalität erfasst, und (3.) der CO_2-Ausstoß der SAP SE. Für jeden Indikator wird unter Berücksichtigung der langfristigen strategischen Planung und der erzielten Vorjahreswerte eine zahlenmäßige Zielvorgabe bestimmt, die 100 % Zielerreichung entspricht. Ausgehend von dieser Zielvorgabe werden für die nicht-finanziellen Indikatoren Zielerreichungskurven festgelegt, wobei die Zielerreichung auf 140 % gedeckelt ist.

Die für das Geschäftsjahr 2022 bestimmten 100-%-Zielwerte sind samt einer Abbildung der dazu festgelegten Zielerreichungskurven ex post im Vergütungsbericht 2022 veröffentlicht worden.[471] Die gesetzten Zielwerte werden indes nicht näher begründet bzw. erläutert.

5. Beispiel der Siemens AG

Die Siemens AG berücksichtigt ESG-Ziele im Rahmen ihrer langfristig-variablen Vergütung per Stock Awards.[472] Die Anzahl der nach Ende der Sperrfrist übertragenen Siemens-Aktien hängt neben dem finanziellen Leistungskriterium zu 20 % von einem nichtfinanziellen ESG-Leistungskriteri-

470 Siehe zum Folgenden die Darstellung des Vergütungssystems für die Vorstandsmitglieder in der Einladung zur ordentlichen Hauptversammlung 2020 der SAP SE, abrufbar unter https://www.sap.com/docs/download/investors/2020/sap-se-hv-2020-einladung.pdf (zuletzt abgerufen am 10. 08. 2023), S. 22, 27 ff.

471 Vergütungsbericht 2022 der SAP SE, abrufbar unter https://www.sap.com/docs/download/investors/2022/sap-2022-verguetungsbericht.pdf (zuletzt abgerufen am 10. 08. 2023), S. 11.

472 Dazu bereits oben unter E. I. 1. Siehe zum Folgenden abermals die Darstellung der Grundzüge des Vergütungssystems für die Mitglieder des Vorstands in der Einladung zur ordentlichen Hauptversammlung 2020 der Siemens AG (Fn. 450), S. 5, 29 ff.

um ab. Zu dessen Messung wird die Entwicklung der Siemens AG in den Bereichen Umwelt, Soziales und Governance anhand eines unternehmensinternen ESG-/Nachhaltigkeitsindex betrachtet. Er besteht aus drei gleichgewichteten ESG-Kennzahlen, über deren konkrete Zusammensetzung der Aufsichtsrat jährlich entscheidet. Für die jeweiligen ESG-Kennzahlen legt der Aufsichtsrat vor Ausgabe jeder Tranche konkrete Werte für eine Zielerreichung von 0 % bis 200 % fest. Die Zielmessung erfolgt anhand definierter Zwischenziele für jedes Geschäftsjahr. Die am Ende der rund vierjährigen Sperrfrist vom Aufsichtsrat festzustellende Gesamt-Zielerreichung ergibt sich aus dem Durchschnitt der Zielerreichungen bei den einzelnen Kennzahlen. Die ESG-Kennzahlen werden jeweils zu Beginn der rund vierjährigen Sperrfrist erläutert, die konkrete Zielerreichung wird nach vier Jahren ex post im Vergütungsbericht veröffentlicht.

Die für die im Jahr 2022 ausgegebene Stock Awards-Tranche festgelegten ESG-Kennzahlen finden sich samt einer kurzen Begründung im Vergütungsbericht 2022.[473] Danach wurden für diese Tranche (1.) die emittierte Menge der Treibhausgase aus eigenem Geschäftsbetrieb in Tonnen CO_2-Äquivalent, (2.) die Anzahl der digitalen Lernstunden pro Mitarbeiter und (3.) die mittels Umfrage gemessene Weiterempfehlungsabsicht der Unternehmenskunden als vergütungsrelevante ESG-Parameter bestimmt. Nähere Informationen zu den jeweils konkret festgelegten Ziel- und Schwellenwerten finden sich allerdings nicht – sie werden gemeinsam mit der konkreten Zielerreichung ex post nach Ablauf der vierjährigen Sperrfrist im Vergütungsbericht publiziert.

473 Vergütungsbericht 2022 der Siemens AG, abrufbar unter https://assets.new.siemens.com/siemens/assets/api/uuid:71590e68-6492-40a2-8e54-02dd0fffdb31/verguetungsbericht-2022.pdf (zuletzt abgerufen am 10.08.2023), S. 23 f.

6. Beispiel der Infineon Technologies AG

Die Infineon Technologies AG berücksichtigt ESG-Ziele in der langfristig-variablen Vergütung.[474] Sie fließen zu 20–30 % neben einem mit 70–80 % gewichteten finanziellen Leistungskriterium in die Gesamtzielerreichung ein. Die konkrete Gewichtung wird vor Beginn der jeweiligen vierjährigen Bemessungsperiode vom Aufsichtsrat festgelegt. Er definiert bis zu drei strategieabgeleitete ESG-Ziele, die zu gleichen Anteilen in das ESG-Leistungskriterium einfließen. Der Aufsichtsrat kann weitere ESG-Ziele und deren Gewichtung zueinander festlegen. Die Zielerreichung wird nach dem Ende der Bemessungsperiode bestimmt und kann zwischen 0 % und 150 % betragen.

Für die im Geschäftsjahr 2022 ausgegebene LTI-Tranche sind ausweislich des Vergütungsberichts 2022 zwei ESG-Ziele, die zusammen mit 20 % gegenüber dem finanziellen Leistungskriterium berücksichtigt werden, festgelegt:[475] Zum einen ein Ziel aus dem Bereich Umwelt, zum anderen ein Ziel aus dem Bereich Soziales. Die konkreten Ziele beschreibt die Infineon Technologies AG – anders als viele andere DAX-Unternehmen – bereits recht detailliert im Vergütungsbericht des Jahres der Tranchen-Ausgabe (und nicht erst ex post im Vergütungsbericht des Jahres der tatsächlichen Auszahlung). Das Umweltziel der im Jahr 2022 ausgegebenen Tranche hat demnach zum Gegenstand, bis Ende des Geschäftsjahres 2025 eine 70-prozentige CO_2-Neutralität gegenüber dem Kalenderjahr 2019 als Berechnungs-

474 Siehe zum Folgenden die Darstellung des Vergütungssystems für die Mitglieder des Vorstands in der Einladung zur ordentlichen Hauptversammlung 2023 der Infineon Technologies AG, abrufbar unter https://www.infineon.com/dgdl/%28DE%29+Einladung+oHV+2023.pdf?fileId=8ac78c8b850f495c01859674d1b00101 (zuletzt abgerufen am 10.08.2023), S. 44, 57 ff.

475 Vergütungsbericht 2022 der Infineon Technologies AG, abrufbar unter https://www.infineon.com/dgdl/Infineon+Vergütungsbericht+2022.pdf?fileId=8ac78c8b84a33cb40184b9718b23002b (zuletzt abgerufen am 10.08.2023), S. 14 ff.

basis zu erreichen. Realisiert werden soll dies unter anderem durch Umstellung auf erneuerbare Energiequellen sowie Energieeffizienzmaßnahmen, die mit CO_2-Einsparungen verbunden sind. Bis Ende des Geschäftsjahres 2025 werden Einsparungen von insgesamt 120.000 Tonnen CO_2 angestrebt; dieser Wert markiert den Zielwert und entspricht somit einer Zielerreichung von 100 %. Neben diesem Zielwert sind Schwellenwerte festgelegt: Werden weniger als 25.000 Tonnen CO_2 eingespart, liegt die Zielerreichung bei 0 %. Bei einer Einsparung von 180.000 Tonnen CO_2 oder mehr liegt die Zielerreichung bei 150 %. Weiter heißt es: „Sollte im Geschäftsjahr 2025 die CO_2-Neutralität von 70 Prozent gegenüber dem Kalenderjahr 2019 nicht erreicht werden, so ist die Zielerreichung 0 Prozent unabhängig von der vorgenannten linearen Komponente.“[476]

Für den Bereich „Soziales“ hat der Aufsichtsrat ein Diversitätsziel bestimmt. Dieses zielt unter anderem auf Geschlechterdiversität – konkret: den Frauenanteil in (näher definierten) Führungspositionen – ab. Neben der Geschlechterdiversität fließen aber auch weitere, nicht näher veröffentlichte Diversitätsfaktoren ein. Für den Frauenanteil in Führungspositionen wurde ein Zielkorridor festgelegt: Eine Steigerung von 1,2 Prozentpunkten bis 1,8 Prozentpunkten am Ende der Bemessungsperiode gegenüber einem Ausgangswert von 15,2 Prozent entspricht einer Zielerreichung von 100 %. Wird der Frauenanteil im Laufe der Bemessungsperiode nur um bis zu 0,3 Prozentpunkte erhöht, liegt die Zielerreichung bei 0 %. Eine Erhöhung des Frauenanteils um mehr als 2,3 Prozentpunkte führt zu einer Zielerreichung von 150 %. Zielerreichungen zwischen den festgelegten Schwellenwerten werden linear interpoliert.

476 Vergütungsbericht 2022 der Infineon Technologies AG (Fn. 475), S. 14.

Über die Zielerreichung wird nach Ablauf des Bemessungszeitraums im Vergütungsbericht des Jahres der tatsächlichen Auszahlung der Tranche berichtet.

7. Beispiel der Bayer AG

Auch bei der Bayer AG werden gemäß dem im Jahr 2020 von der Hauptversammlung gebilligten Vergütungssystem sog. „Nachhaltigkeitsziele" (vorrangig) in der langfristig-variablen Vorstandsvergütung berücksichtigt, und zwar mit einer Gewichtung von 20 % neben finanziellen Zielen.[477] Der Aufsichtsrat leitet die entsprechenden sozialen und ökologischen Ziele ausweislich des Vergütungsberichts 2022 aus den vom Vorstand festgelegten sozialen und ökologischen Nachhaltigkeitszielen des Konzerns ab.[478] Die sozialen Nachhaltigkeitsziele des Konzerns bis 2030 lauten: (1.) Die Unterstützung von 100 Millionen Kleinbauern in Ländern mit geringem bis mittlerem Einkommensniveau durch Produkte und Dienstleistungen sowie über Partnerschaften, (2.) die Verschaffung von Zugang zu moderner Empfängnisverhütung für 100 Millionen Frauen in Ländern mit geringem bis mittlerem Einkommensniveau mittels Maßnahmen, die durch Bayer unterstützt werden, und (3.) die Unterstützung der alltäglichen Gesundheitsversorgung von 100 Millionen Menschen in medizinisch oder ökonomisch unterversorgten Regionen durch Interventionen von Bayer. Zur auf den ersten Blick verblüffenden Verknüpfung von Nachhaltigkeit und Empfängnisverhütung erläutert das arzneimittelherstellende Unternehmen auf seiner Internet-

477 Siehe dazu die Beschreibung des Vergütungssystems für die Vorstandsmitglieder in der Einladung zur ordentlichen Hauptversammlung 2020 der Bayer AG, abrufbar unter https://www.bayer.com/sites/default/files/einladung-zur-hauptversammlung-2020.pdf (zuletzt abgerufen am 10.08.2023), S. 5, 20 ff.

478 Siehe zum Folgenden den Vergütungsbericht 2022 der Bayer AG, abrufbar unter https://www.bayer.com/sites/default/files/GB22_DE_Verguetungsbericht.pdf (zuletzt abgerufen am 10.08.2023), S. 20.

seite, dass der Zugang zu Familienplanung Frauen stärke und die Gleichstellung der Geschlechter fördere.[479] Dies wiederum führe zu verbesserter wirtschaftlicher und sozialer Entwicklung und insgesamt gesünderen Gesellschaften. In Ländern mit niedrigem und mittlerem Einkommensniveau würden nach Angaben der UN über 200 Millionen Frauen im fortpflanzungsfähigen Alter, die eine Schwangerschaft vermeiden möchten, keine sicheren und wirksamen Methoden zur Familienplanung anwenden. Ziel des Unternehmens sei es, Frauen unabhängig von ihrem wirtschaftlichen Status Zugang zu freiwilliger Familienplanung zu geben, was ihre Gesundheit und ihre wirtschaftlichen Chancen verbessere und zur Gleichberechtigung der Geschlechter beitrage.

Die ökologischen Nachhaltigkeitsziele des Konzerns bis 2030 lauten: (1.) Die Reduktion der eigenen Scope 1 und 2 Treibhausgasemissionen gemäß Definition des Greenhouse Gas (GHG) Protokolls um 42 % gegenüber dem Jahr 2019, (2.) die Reduktion der Scope 3 Treibhausgasemissionen näher definierter Kategorien um 12,3 % gegenüber dem Jahr 2019 und (3.) die vollständige Kompensation verbleibender Scope 1 und 2 Treibhausgasemissionen des Unternehmens. Die vom Aufsichtsrat aus den sozialen und ökologischen Nachhaltigkeitszielen des Konzerns abgeleiteten ESG-Ziele fließen alle mit der gleichen Gewichtung in die vergütungsrelevante ESG-Zielerreichung ein. Für die einzelnen Nachhaltigkeitsziele bestimmt der Aufsichtsrat einen Mindestwert, einen Zielkorridor sowie einen Maximalwert für den Bemessungszeitraum, die zusammen mit der Zielerreichung und einer Erläuterung und Begründung etwaiger Anpassungen der Nachhaltigkeitszielwerte durch den Aufsichtsrat erst ex post nach Ablauf des Bemessungszeitraums veröffentlicht werden.[480] Außerhalb des Zielkorridors

479 https://www.bayer.com/de/nachhaltigkeit/ziele (zuletzt abgerufen am 10.08.2023).

480 Beschreibung des Vergütungssystems für die Vorstandsmitglieder in der Einladung zur ordentlichen Hauptversammlung 2020 der Bayer AG (Fn. 477), S. 24 f.

folgt die Zielerreichung einer Zielfunktion innerhalb des Intervalls von 0 % bis 200 %.

Daneben werden die sozialen und ökologischen Ziele bei der Bayer AG als Nebenfaktor auch in der kurzfristig-variablen Vergütung berücksichtigt:[481] Die Höhe des jährlichen STI ist abhängig von drei finanziellen Zielen und einem individuellen Performance Faktor. Dieser Performance Faktor kann zwischen 0,8 und 1,2 liegen und wird multiplikativ auf die Zielerreichung der finanziellen Ziele angewandt. Wie hoch der Faktor ausfällt, hängt unter anderem vom individuellen Beitrag ab, den das Vorstandsmitglied zur Förderung der Nachhaltigkeitsziele des Konzerns leistet.

III. Zusammenfassung und Bewertung

Vorstehende Beispiele zeigen die Bandbreite der Umsetzungsvarianten, die sich bei der Handhabung der Vorgabe des § 87 Abs. 1 S. 2 AktG in der Praxis etabliert hat. Die Vielfalt der Vergütungsgestaltungen ist Ausdruck einer gelebten und in Art. 2 GG auch grundrechtlich verbürgten Vertragsfreiheit. Die Unternehmen machen von dem ihnen in § 87 Abs. 1 S. 2 AktG eingeräumten Umsetzungsspielraum regen Gebrauch. Gleichzeitig erschwert das große Spektrum der Gestaltungsvarianten und ihre teils erhebliche Komplexität jedoch die Vergleichbarkeit und Angemessenheitsüberprüfung der Vergütungsgestaltung durch Anleger und die Öffentlichkeit. Speziell mit Blick auf ESG-Ziele ist darüber hinaus zum einen zu kritisieren, dass die konkret gesetzten Zielwerte derzeit vielfach erst ex post – nach Ablauf des Bemessungszeitraums – veröffentlicht werden und sich zudem biswei-

481 Beschreibung des Vergütungssystems für die Vorstandsmitglieder in der Einladung zur ordentlichen Hauptversammlung 2020 der Bayer AG (Fn. 477), S. 19.

len keine nähere, aussagekräftige Erläuterung dazu findet, warum der Aufsichtsrat einen bestimmten Parameter ausgewählt hat und inwiefern der anvisierte Zielwert wirklich ambitioniert ist.

Zur Abbildung der zeitlich-ökonomischen Langfristigkeitsvorgabe des § 87 Abs. 1 S. 2 AktG hat sich in der Praxis mit sog. Stock Awards, Stock Appreciation Rights, virtuellen Aktien und ähnlichen Vehikeln ein bunter Strauß an langfristig-variablen Vergütungsmechanismen entwickelt, deren Gemeinsamkeit darin besteht, dass die dem Vorstandsmitglied schlussendlich zufließende Vergütung in der Regel ganz erheblich von der – ggf. relativ zu einem Index gemessenen – Entwicklung des Aktienkurses der Gesellschaft im Bemessungszeitraum abhängt. Dies erscheint insofern sachgerecht, als die nicht punktuell, sondern über mehrere Jahre betrachtete Aktienkursentwicklung der wohl zuverlässigste Indikator für die langfristige wirtschaftliche Gesamtentwicklung einer Aktiengesellschaft ist. Bisweilen werden daneben zusätzliche wirtschaftliche Parameter wie Umsatz und Gewinn (ggf. bezogen auf einzelne Sparten) herangezogen, was die Zielgenauigkeit der Anreizsetzung erhöhen kann, gleichzeitig aber auch die Komplexität der Vergütungsgestaltung vergrößert.

Die Festlegung von vergütungsrelevanten ökologischen und sozialen Zielen zur Umsetzung der Nachhaltigkeitsvorgabe des § 87 Abs. 1 S. 2 AktG ist – jedenfalls im DAX – mittlerweile Standard. Als gängigstes ökologisches Ziel hat sich die Reduzierung von CO_2-Emissionen durchgesetzt, was auf die allgegenwärtige öffentliche Klimadebatte zurückzuführen sein dürfte. Aus demselben Grund beliebt sind daneben Ziele, die auf die Erhöhung der Energieeffizienz des Unternehmens gerichtet sind. Beide Aspekte finden sich als berichtsrelevante CSR-Belange in § 289c Abs. 2 Nr. 1 HGB wieder, demzufolge sich die anzugebenden Umweltbelange beispielsweise auf „Treibhausgasemissionen“ und „die Nutzung von erneuerbaren und nicht erneuerbaren Energien“ beziehen können. Die Varianz von in der Praxis verwendeten vergütungsrelevanten sozialen Zielen ist noch größer. Verbreitet wird auf die über Umfragen gemessene Mitarbeiterzufriedenheit abgestellt, für die Zielwerte festgelegt werden. Zunehmender Beliebtheit erfreuen sich auch Diversitätsziele, insbesondere solche, die auf eine Erhöhung des Frauenanteils in Führungsebenen gerichtet sind. Beides sind zur Förderung der gemäß § 289c Abs. 2 Nr. 2 HGB berichtspflichtigen Arbeitnehmerbelange – wobei sich die Angaben explizit auch auf „Maßnahmen, die zur Gewährleistung der Geschlechtergerechtigkeit ergriffen wurden" beziehen können – sinnvolle Ziele. Häufiger anzutreffen sind außerdem Kundenzufriedenheitsziele; gegen sie ist grundsätzlich nichts einzuwenden, sie sollten allerdings nicht – wie in den betrachteten Vergütungssystemen bisweilen der Fall – als „soziale" Ziele deklariert werden. Denn ihnen liegt kein soziales Anliegen, sondern das wirtschaftliche Interesse der Shareholder an stabilen Geschäftsbeziehungen ihres Unternehmens und an daraus folgenden künftigen Umsatzchancen zugrunde. Aus diesem Grund ist die Kundenzufriedenheit auch kein gemäß § 289c Abs. 2 Nr. 2 bis 4 HGB berichtspflichtiger sozialer Belang. Einige Unternehmen berücksichtigen neben ökologischen und sozialen Zielen gemäß dem ESG-Konzept auch Governance-Gesichtspunkte in ihrer Vergütungsgestaltung. Dagegen bestehen keine Bedenken, gesetzlich gemäß § 87 Abs. 1 S. 2 AktG n. F. geboten sind sie indes – anders als ökologische und soziale Ziele nach hier vertretener Auffassung – nicht.

Negativ zu bewerten sind die erheblichen Unterschiede in der Ausführlichkeit der zu ökologischen und sozialen Vergütungszielen von den Unternehmen veröffentlichten Informationen. Gesetzte Ziele werden oft nur oberflächlich erläutert; konkrete Zielwerte werden überwiegend nur retrospektiv publiziert und meist nicht näher begründet oder in Kontext gesetzt. Für Anleger und die Öffentlichkeit ist damit schwer überprüfbar, ob der Aufsichtsrat relevante und ambitionierte Ziele gesetzt hat. Teilweise entsteht – auch angesichts ihrer bezogen auf die Ziel-Gesamtvergütung in der Regel geringen Gewichtung – der Eindruck, dass die Einbeziehung von ökologischen und sozialen Zielen in Vergütungsstruktur oft eher eine Alibi-Funktion gegenüber Investoren und der Öffentlichkeit übernimmt und damit quasi eine neue Form des „Greenwashings" darstellt: Es soll der Eindruck vermittelt werden, dass das Unternehmen dem Thema Nachhaltigkeit eine wichtige, auch vergütungsrelevante Bedeutung zumesse – in Wirklichkeit werden ökologische und soziale Ziele nur als kleiner Nebenfaktor in der Vergütungsstruktur berücksichtigt. Man wird den Unternehmen angesichts des erst seit 2019 geltenden § 87 Abs. 1 S. 2 AktG n. F. eine gewisse Anpassungszeit einräumen müssen, die stets benötigt wird, bis sich eine neue Rechtsvorgabe – zumal, wenn sie derart abstrakt formuliert ist – in der Praxis eingespielt hat. Im Laufe der Jahre werden die Unternehmen Erfahrungen sammeln und ihre Anreizgestaltung bei der Vorstandsvergütung entsprechend anpassen. Die Nachhaltigkeitsdebatte wird (auch jenseits des Bereichs der Vorstandsvergütung) allgegenwärtig bleiben und in nächster Zeit angesichts eines rasch voranschreitenden Klimawandels stetig an Bedeutung gewinnen. Wünschenswert wären Klarstellungen des Gesetzgebers hinsichtlich des Nachhaltigkeitsbegriffs in § 87 Abs. 1 S. 2 AktG und anleitende Empfehlungen im DCGK für eine einheitliche(re) und vergleichbare(re) Anwendung der Norm in der Praxis.[482]

Die betrachteten Vergütungssysteme und -berichte weisen in der Regel darauf hin, dass die langfristigen und nachhaltigkeitsbezogenen vergütungsrelevanten Ziele und Zielwerte mit Rücksicht auf die Unternehmensstrategie und ggf. die vom Vorstand bestimmten (ökologischen und sozialen) Nachhaltigkeitsziele der Gesellschaft festgelegt werden. Wie diese berücksichtigende Festlegung konkret erfolgt, wird zwar oftmals – möglicherweise auch im Interesse der Geheimhaltung der strategischen Ziele des Unternehmens – nicht oder nur oberflächlich erläutert. Für das aufgezeigte gesetz-

482 Für einen Ausblick *de lege ferenda* siehe unter G. II.

lich angelegte Spannungsverhältnis zwischen § 87 Abs. 1 S. 2 und § 76 Abs. 1 AktG[483] scheint in der Praxis aber Bewusstsein zu herrschen und ihm angemessen Rechnung getragen zu werden.

483 Dazu bereits unter D. III. 2.

F. Missachtung von § 87 Abs. 1 S. 2 AktG und Rechtsfolgen

Die bisherigen Ausführungen führen zu der Frage, *ob* und bejahendenfalls *welche* Rechtsfolgen drohen, wenn der Aufsichtsrat einer börsennotierten Gesellschaft die Vergütungsstruktur der Vorstandsmitglieder entgegen der Vorgabe des § 87 Abs. 1 S. 2 AktG nicht auf eine „nachhaltige und langfristige Entwicklung der Gesellschaft" ausrichtet. Verschiedene Formen des Normverstoßes sind denkbar: Er kann in einer vollständigen Missachtung der Norm durch den Aufsichtsrat liegen oder aber durch eine – schwieriger festzustellende und zu bewertende – mangelhafte, d. h. den Normzweck verfehlende, Anwendung der Norm erfolgen. Konkret wäre etwa vorstellbar, dass der Aufsichtsrat einer börsennotierten Gesellschaft eine (teil-)variable Vergütung der Vorstandsmitglieder entgegen der Langfristigkeitsvorgabe des § 87 Abs. 1 S. 2 AktG grundlos rein kurzfristig ausrichtet und/oder entgegen der Nachhaltigkeitsvorgabe der Norm eine Festlegung sozialer und ökologischer Ziele, von der die Höhe der variablen Vergütung abhängt, trotz seiner nach hier vertretener Ansicht bestehenden Pflicht[484] ohne ausreichende Rechtfertigung unterlässt. Als weitere Beispiele ließen sich nennen, dass der Aufsichtsrat die variable Vergütung zwar teilweise langfristig gestaltet, dies aber unberechtigt nicht im von § 87 Abs. 1 S. 2 AktG geforderten Umfang tut,[485] oder dass er zwar soziale und ökologische Ziele festlegt, diese aber für das Unternehmen in seiner konkreten Situation entweder gänzlich irrelevant sind oder derart ambitionslos angesetzt werden, dass sie den Zweck der Nachhaltigkeitsvorgabe in § 87 Abs. 1 S. 2 AktG nicht erfüllen können.

484 Siehe dazu oben unter C. IV. 3. a) und b).

485 Dazu oben unter C. IV. 3. c) bb).

Rechtliche Folgen solcher oder vergleichbarer Verstöße waren – soweit ersichtlich – bislang nicht Gegenstand gerichtlicher Urteile. In der Literatur werden, wenn überhaupt, meist nur generell die Rechtsfolgen eines Verstoßes gegen das Angemessenheitsgebot des § 87 Abs. 1 AktG diskutiert, und zwar vorrangig mit Blick auf eine unangemessene Gesamthöhe der Vorstandsbezüge, weniger mit Blick auf ihre konkrete Zusammensetzung.[486] Die stiefmütterliche Behandlung der Rechtsfolgenfrage dürfte zum einen auf die sehr abstrakte Formulierung des § 87 Abs. 1 S. 2 AktG zurückzuführen sein, die erheblichen Interpretationsspielraum belässt und bereits die Feststellung eines Verstoßes gegen die Norm schwierig gestaltet. Zum anderen ist – wie sogleich zu zeigen sein wird – die Zahl der in Betracht kommenden Rechtsfolgen gering und ihre jeweilige Durchsetzbarkeit sehr fraglich.

Weitestgehende Einigkeit besteht, dass § 87 Abs. 1 AktG insgesamt (und damit auch dessen Satz 2) nach Wortlaut und Sinn und Zweck kein gesetzliches Verbot im Sinne des § 134 BGB enthält, dessen Missachtung zur Nichtigkeit des Anstellungsvertrags führen würde – es handelt sich vielmehr lediglich um eine ermessensbeschränkende Vorschrift.[487] Eine Nichtigkeit des Anstellungsvertrags wird in der Literatur allenfalls im Falle einer vollkommen überzogenen Gesamthöhe der Vorstandsbezüge unter den strengen Voraussetzungen des § 138 BGB für möglich gehalten.[488] Für die Herleitung anderer denkbarer Rechtsfolgen muss man sich zunächst vergegenwärtigen, dass die Einhaltung von § 87 Abs. 1 S. 2 AktG zum Pflichtenprogramm des Aufsichtsrats gehört. Jede Pflichtverletzung der Aufsichtsratsmitglieder kann gemäß §§ 116 S. 1, 93 Abs. 2 S. 1 AktG potenziell Haftungsfolgen nach sich ziehen (dazu sogleich unter I.). Daneben verdient die Möglichkeit der Anfechtung

486 Paradigmatisch in jüngerer Zeit *Melot de Beauregard*, DB 2021, 2825 ff., der § 87 Abs. 1 S. 2 AktG eher beiläufig erwähnt.

487 BGH NZG 2020, 64, 67 Rn. 33; *Koch*, § 87 Rn. 45; *Spindler*, AG 2011, 725, 728 f., jeweils m. w. N.; a. A. *Säcker/Stenzel*, JZ 2006, 1151, 1152 ff.

488 Etwa GK-AktG/*Kort*, § 87 Rn. 333 f.; *Koch*, § 87 Rn. 45.

eines dem Aufsichtsrat Entlastung gewährenden Hauptversammlungsbeschlusses nach den Grundsätzen der „Macrotron"-Rechtsprechung[489] nähere Betrachtung (dazu unter II.). Zuletzt ist auf potenzielle Auswirkungen eines Verstoßes gegen §87 Abs.1 S.2 AktG auf die Hauptversammlungsbeschlüsse zur Billigung des Vorstandsvergütungssystem (§120a Abs.1 AktG) und zur Billigung des Vergütungsberichts (§120a Abs.4 AktG) einzugehen (dazu unter III.).

I. Schadensersatzpflicht der Aufsichtsratsmitglieder (§116 S.3 AktG)

Die Festlegung der Vorstandsvergütung gehört zu den nicht an einen Ausschuss delegierbaren Aufgaben des Aufsichtsrats (§107 Abs.3 S.7 AktG), ist also zwingend gemeinsame Aufgabe aller Aufsichtsratsmitglieder. Gemäß §116 S.1 AktG gilt für die Sorgfaltspflicht und Verantwortlichkeit der Aufsichtsratsmitglieder §93 AktG (mit Ausnahme des Absatzes 2 Satz 3) über die Sorgfaltspflicht und Verantwortlichkeit der Vorstandsmitglieder sinngemäß. Selbstverständlich müssen auch die Aufsichtsratsmitglieder bei ihrem Handeln das geltende Recht einhalten, andernfalls verletzen sie ihre Sorgfaltspflicht.[490] Zwar handelt es sich bei der Festlegung der Vorstandsbezüge im Grundsatz um eine unternehmerische – keine rechtlich gebundene – Entscheidung, bei der den Aufsichtsratsmitgliedern das Privileg des §93 Abs.1 S.2 AktG zugutekommt;[491] der Aufsichtsrat hat bei der Vergütungsgestaltung aber die durch §87 Abs.1 AktG gesetzten Ermessensgrenzen zu beachten. Im Hinblick auf §87 Abs.1 S.2 AktG bedeutet dies, dass der

489 BGHZ 153, 47ff.

490 Statt vieler nur *Raiser/Veil*, KapGesR, §15 Rn. 93.

491 Siehe dazu schon oben einleitend unter D.

Aufsichtsrat der börsennotierten Gesellschaft zum einen keinen Ermessensspielraum hat, „ob“ er die Vergütungsstruktur der Vorstandsmitglieder auf eine langfristige und nachhaltige Entwicklung der Gesellschaft ausrichtet: Diese Ausrichtung ist dem Aufsichtsrat verbindlich vorgegeben. Im Hinblick auf das „Wie“ der Ausrichtung steht dem Aufsichtsrat zum anderen zwar ein durch die Business Judgement Rule geschützter Ermessensspielraum zu; bei der Ermessensausübung hat er allerdings im Unternehmensinteresse zu handeln.[492]

Für einen aus einer Pflichtverletzung entstehenden Schaden sind die Aufsichtsratsmitglieder gemäß §§ 116 S. 1, 93 Abs. 1 S. 1, Abs. 2 S. 1 AktG der Gesellschaft als Gesamtschuldner zum Ersatz verpflichtet. § 116 S. 3 AktG hebt ausdrücklich hervor, dass die Aufsichtsratsmitglieder namentlich dann zum Ersatz verpflichtet sind, „wenn sie eine unangemessene Vergütung festsetzen (§ 87 Absatz 1)“. Der im Jahr 2009 mit dem VorstAG neu eingefügte § 116 S. 3 AktG wurde vom Gesetzgeber bewusst so formuliert, dass er jedweden Verstoß gegen § 87 Abs. 1 AktG erfasst: Die Vorstandsbezüge sind nicht nur dann unangemessen festgesetzt, wenn sie entgegen § 87 Abs. 1 S. 1 AktG *der Höhe nach* überzogen sind, sondern auch dann, wenn sie *in ihrer Zusammensetzung* bei börsennotierten Gesellschaften entgegen § 87 Abs. 1 S. 2 AktG nicht auf eine nachhaltige und langfristige Entwicklung der Gesellschaft ausgerichtet sind.[493]

492 Dazu bereits oben unter C. IV. 3. und D. III.

493 *Thüsing/Forst*, GWR 2010, 515, 516; *Eichner/Delahaye*, ZIP 2010, 2082, 2085; *Cahn*, FS Hopt, 2010, 431, 449 f.

1. Problem der Schadensfeststellung

Hochproblematisch ist allerdings die Feststellung eines der Gesellschaft infolge einer fehlerhaft ausgerichteten Vergütungsstruktur entstehenden und ersetzbaren Schadens. Unterstellt man einmal die Richtigkeit der Analyse des deutschen Gesetzgebers, dass Auslöser der Wirtschafts- und Finanzkrise von 2008/2009 auch Vorstandsvergütungsstrukturen in Großunternehmen waren, die zu stark auf kurzfristigen Erfolg unter Ausblendung fataler, sich in der Krise verwirklichender Langfristrisiken ausgerichtet waren,[494] so wäre zwar denkbar, dass eine entgegen dem *Langfristigkeits*gebot des § 87 Abs. 1 S. 2 AktG ausgerichtete Vergütungsstruktur zur wirtschaftlichen Schieflage und ggf. sogar zur Insolvenz eines Unternehmens führt. Der Nachweis eines kausalen Zusammenhangs zwischen Fehlanreizen in der Vorstandsvergütung und nachteiliger wirtschaftlicher Entwicklung des Unternehmens wäre aber mit enormen Hindernissen verbunden.[495] Die Beweislastumkehr der §§ 116 S. 1, 93 Abs. 2 S. 2 AktG gilt nur im Hinblick auf die Einhaltung der erforderlichen Sorgfalt, nicht auch für den Kausalzusammenhang zwischen Organhandeln und Schaden.[496] Die wirtschaftliche Schieflage eines Unternehmens kann auf einer Vielzahl von Ursachen beruhen; denkbare Gründe wie die Insolvenz von Geschäftspartnern, die Erhöhung von Rohstoffpreisen oder verlustverursachende ausländische Importverbote stehen mit der Vorstandsvergütung offenkundig in keinem Zusammenhang.[497] Erforderlich wäre vielmehr ein gerade durch Vergütungsanreize provoziertes, riskantes Fehlverhalten des Vorstands, das den wirtschaftlichen Einbruch herbeiführt. Selbst der Nachweis einer (für die Haftungsbegründung grundsätzlich ausreichenden) Mitursächlichkeit kurzfristiger Vergütungsanreize

494 Näher zu den Ursachen der Finanzkrise und der Rolle von Vergütungsanreizen oben unter C. II.

495 *Cahn*, FS Hopt, 2010, 431, 450.

496 Siehe nur *Koch*, § 93 Rn. 103; BeckOGK/*Fleischer*, AktG, Stand: 01. 04. 2023, § 93 Rn. 274 f.

497 Beispiele nach *Cahn*, FS Hopt, 2010, 431, 450.

für ein konkretes Vorstandshandeln dürfte angesichts der Fülle denkbarer Beweggründe kaum einmal mit der notwendigen Sicherheit gelingen. Dies umso mehr, als es – wie die Existenz von § 93 Abs. 1 S. 2 AktG belegt – gerade Aufgabe des Vorstandes ist, unternehmerische Entscheidungen auch unter Eingehung gewisser Risiken zu tätigen.

Die Probleme verschärfen sich bei einem Verstoß gegen das nunmehr die Einbeziehung sozialer und ökologischer Gesichtspunkte gebietende *Nachhaltigkeits*postulat des § 87 Abs. 1 S. 2 AktG. Der Vorstand kann bei dessen Missachtung weniger stark zur Berücksichtigung von sozialen und ökologischen Aspekten bei der Unternehmensführung angereizt sein, als er dies nach dem Zweck der gesetzlichen Vorgabe sein müsste. Sehr fraglich ist allerdings, welcher ersatzfähige (in Geld quantifizierbare) Schaden der Gesellschaft daraus entstehen könnte, geht es doch gerade nicht um finanzielle Indikatoren, die infolge der fehlenden oder falschen Anreizsetzung möglicherweise „zu schlecht" durch den Vorstand gefördert werden. Ein finanzieller Schaden der Gesellschaft ist dann allenfalls indirekt denkbar, etwa wenn infolge der schlechteren ESG-Performance des Unternehmens seine Bewertung am Kapitalmarkt negativ(er) ausfällt, was angesichts der zunehmenden Bedeutung von ESG-Kennzahlen für Investoren[498] zumindest nicht vollkommen undenkbar erscheint. Über entsprechende „Kursschäden" wird in der Literatur des Öfteren für den Fall einer entgegen § 161 AktG erfolgenden Nichtabgabe oder fehlerhaften Abgabe der Entsprechenserklärung zum DCGK diskutiert.[499] Dort ist ein Schaden der Gesellschaft ebenfalls in erster Linie indirekt über eine schlechtere Bewertung des Unternehmens

498 Die zunehmende Bedeutung von ESG-Kennzahlen für die Unternehmensbewertung hervorhebend etwa *Warnke/Thomas/Müller*, DB 2023, 977, 980 f.; zur Berücksichtigung von ESG-Risiken im Rahmen der Kreditvergabe- und -überwachungsprozesse von Finanzinstituten *Gadow/Hartmann/Lienland/Bruhn*, DB 2023, 564 ff.

499 Etwa KK-AktG/*Lutter*, § 161 Rn. 167; *Kiethe*, NZG 2003, 559, 564; *Ettinger/Grützediek*, AG 2003, 353, 362.

durch den das Fehlverhalten negativ quittierenden Kapitalmarkt denkbar, sodass sich entsprechende Überlegungen im Grundsatz auf hiesige Konstellation übertragen lassen. Durch einen fallenden Aktienkurs wird zwar in erster Linie das Vermögen der Anleger geschädigt, nicht dasjenige der Gesellschaft.[500] Indes können sich auch negative Auswirkungen auf Kapitalbeschaffungsmaßnahmen der Gesellschaft in Form von ungünstigeren Bedingungen (z. B. geringerer Emissionspreis), Verzögerung oder gar Vereitelung der Kapitalaufnahme ergeben.[501] Der Gesellschaft können damit konkrete Vermögensvorteile entgehen.

Realistischerweise wird sich aber bereits nicht nachweisen lassen, dass der Grund für die schlechte ESG-Performance des Unternehmens gerade in fehlenden oder fehlerhaften ESG-Anreizen in der variablen Vorstandsvergütung liegt, zumal das Nachhaltigkeitsgebot des § 87 Abs. 1 S. 2 AktG dem Aufsichtsrat einen sehr breiten Ermessensspielraum belässt und sich daher schon nicht bestimmen lassen wird, welche konkreten Anreize der Aufsichtsrat richtigerweise hätte setzen müssen, geschweige denn, inwiefern der Vorstand sich in diesem hypothetischen Fall anders verhalten hätte, als er es getan hat. In der Praxis ist zudem schon ganz grundsätzlich der Nachweis von adäquat kausal hervorgerufenen Kursschäden schwierig, da Kursveränderungen in der Regel multikausal verursacht sind.[502] Einzelne Kursausschläge auf eine schlechte(re) ESG-Performance des Unternehmens zurückzuführen, mag angesichts der zunehmenden Bedeutung von ESG-Kennzahlen für den Kapitalmarkt im Einzelfall noch gelingen – einen adäquat-kausalen Zusammenhang zwischen der Kursveränderung und fehlenden ESG-Anreizen in der Vorstandsvergütung nachzuweisen, aber wohl kaum.

500 *Ettinger/Grützediek*, AG 2003, 353, 362; Grigoleit/*Grigoleit/Zellner*, § 161 Rn. 40.

501 Hölters/Weber/*Hölters/Hölters*, § 161 Rn. 57; Grigoleit/*Grigoleit/Zellner*, § 161 Rn. 40.

502 K. Schmidt/Lutter/*Spindler*, § 161 Rn. 65; Hölters/Weber/*Hölters/Hölters*, § 161 Rn. 56 ff.

2. Problem der Anspruchsgeltendmachung

Weitere Schwierigkeiten ergäben sich bei der Anspruchsgeltendmachung gegen die Aufsichtsratsmitglieder. Zuständig dafür wäre nämlich nach der allgemeinen aktienrechtlichen Kompetenzordnung der Vorstand (§ 78 Abs. 1 S. 1 AktG). Indessen wird kaum zu erwarten sein, dass der Vorstand Aufsichtsratsmitglieder wegen einer gesetzwidrigen Vorstandsvergütung in Anspruch nimmt.[503] Denn dafür müsste der Vorstand ja zu dem Ergebnis kommen, dass seine eigene – von ihm maßgeblich mitausgehandelte – Vergütung gesetzwidrig ausgerichtet ist.[504] Ferner würde im Falle eines (durch falsche oder fehlende Anreize in der Vergütungsstruktur mitausgelösten) schadensverursachenden Verhaltens des Vorstands wohl vorrangig der Vorstand selbst im Fokus aller Haftungsüberlegungen stehen, denn ein fehlerhafter Vergütungsanreiz stellt selbstverständlich keine Rechtfertigung für eine Pflichtverletzung durch ihn dar.[505] Den entsprechenden Schadensersatzanspruch der Gesellschaft gegen den Vorstand hätte aber wiederum der Aufsichtsrat geltend zu machen (§ 112 AktG) – beiderseitiges Stillhalten der Organe trotz Gesetzesverstoßes stünde zu erwarten.[506] Anders könnten die Dinge allenfalls liegen, wenn ein Insolvenzverwalter für die Gesellschaft bestellt würde, der die Geltendmachung von Schadensersatzansprüchen gegen Organmitglieder übernimmt. Auch der Insolvenzverwalter würde seinen Blick dabei aber wohl vorrangig auf den Vorstand richten.

503 Vgl. *Schubert*, FS Windbichler, 2020, 1065, 1079; *Cahn*, FS Hopt, 2010, 431, 451.

504 Vgl. *Cahn*, FS Hopt, 2010, 431, 451.

505 Insoweit gilt der von der Rechtsprechung anerkannte Grundsatz, dass im Schadensfall kein Gesellschaftsorgan gegenüber Innenhaftungsansprüchen einwenden kann, ein anderes Gesellschaftsorgan sei für den Schaden mitverantwortlich: BGH NJW 1983, 1856; BGH NZG 2008, 104; BGH NZG 2015, 38; grundlegend bereits RG JW 1920, 1032, 1033.

506 *Schubert*, FS Windbichler, 2020, 1065, 1079.

§§ 147, 148 AktG ermöglichen freilich auch Aktionären die Geltendmachung von Ersatzansprüchen gegen Aufsichtsratsmitglieder. Gemäß § 147 Abs. 1 S. 1 AktG sind Ersatzansprüche der Gesellschaft aus der Geschäftsführung gegen die Mitglieder des Vorstands und des Aufsichtsrats geltend zu machen, wenn es die Hauptversammlung mit einfacher Stimmenmehrheit beschließt; zur Geltendmachung des Ersatzanspruchs kann die Hauptversammlung besondere Vertreter bestellen (§ 147 Abs. 2 S. 1 AktG). Beschlüsse der Hauptversammlung gemäß § 147 Abs. 1 S. 1 AktG sind in der Praxis indes rar geblieben.[507] Angesichts des in § 120a Abs. 1 AktG vorgesehenen Votums zum Vergütungssystem würde sich die Hauptversammlung auch gewissermaßen widersprüchlich verhalten, wenn sie ein Vergütungssystem zunächst billigt, hinterher die Aufsichtsratsmitglieder aber wegen einer fehlerhaften Ausrichtung desselben Systems in Anspruch nehmen wollte. Zwar bewirkt ein das Vergütungssystem bestätigender Hauptversammlungsbeschluss keine Enthaftung des Aufsichtsrats (vgl. § 120a Abs. 1 S. 2 AktG), er lässt dessen Eigenverantwortung nach § 116 S. 3 AktG für die Einhaltung von § 87 AktG vielmehr unberührt.[508] Dennoch erschiene ein anschließendes Vorgehen der Hauptversammlung nach § 147 Abs. 1 S. 1 AktG paradox und insgesamt eher unwahrscheinlich.

Gemäß § 148 AktG kann auch eine Minderheit von Aktionären, deren Anteile im Zeitpunkt der Antragstellung zusammen 1 % des Grundkapitals oder einen anteiligen Betrag von 100 000 Euro erreichen, unter bestimmten Voraussetzungen die in § 147 Abs. 1 S. 1 AktG bezeichneten Ersatzansprüche der Gesellschaft im eigenen Namen geltend machen. Sie müssen dazu jedoch Tatsachen darlegen, die den Verdacht rechtfertigen, dass der Gesellschaft durch Unredlichkeit oder grobe Verletzung des Gesetzes oder der Satzung

507 Vgl. etwa BeckOGK/*Mock*, AktG, Stand: 01. 04. 2023, § 147 Rn. 30: „Die praktische Bedeutung von § 147 war seit seiner Schaffung eher gering".

508 Vgl. Begründung zum Gesetzentwurf der Bundesregierung BT-Drucks. 19/9739 S. 93.

ein Schaden entstanden ist (§ 148 Abs. 1 S. 2 Nr. 3 AktG). Diese hohe Voraussetzung dürfte im Hinblick auf eine fehlerhaft ausgerichtete Vergütungsstruktur für Vorstandsmitglieder allenfalls in Extremkonstellationen erfüllt sein. Darüber hinaus besteht für einzelne Aktionäre schon ganz generell nur ein geringer Anreiz, von der Möglichkeit des § 148 AktG Gebrauch zu machen: Zwar bekommen die Kläger, sofern sie nicht die Zulassung ihrer Klage durch vorsätzlich oder grob fahrlässigen unrichtigen Vortrag erwirkt haben, selbst im Falle einer Klageabweisung die von ihnen zu tragenden Kosten von der Gesellschaft gemäß § 148 Abs. 6 S. 5 AktG erstattet. Trotzdem verbleibt ihnen ein erheblicher (zeitlicher, organisatorischer etc.) Aufwand für die Prozessführung, während eine etwaig erfolgreich durchgesetzte Ersatzleistung an die Gesellschaft fließt (vgl. § 148 Abs. 4 S. 2 AktG) und den Klägern daher nur zu einem sehr geringen Anteil mittelbar zugutekommt.[509]

II. Anfechtbarkeit der Entlastung der Aufsichtsratsmitglieder

Folge einer (groben) Gesetzesverletzung der Aufsichtsratsmitglieder kann unter Umständen auch die Anfechtbarkeit eines ihnen Entlastung gewährenden Hauptversammlungsbeschlusses sein.

1. Grundlagen

Gemäß § 120 Abs. 1 S. 1 AktG beschließt die Hauptversammlung alljährlich in den ersten acht Monaten des Geschäftsjahrs über die Entlastung der Mitglieder des Vorstands und über die Entlastung der Mitglieder des Aufsichts-

509 Hierauf zu Recht hinweisend *Cahn*, FS Hopt, 2010, 431, 451 f.

rats. Durch die Entlastung billigt die Hauptversammlung die Verwaltung der Gesellschaft durch die Mitglieder des Vorstands und des Aufsichtsrats (§120 Abs.2 S.1 AktG). Sie enthält gemäß §120 Abs.2 S.2 AktG keinen Verzicht auf Ersatzansprüche, hat aufgrund ihrer Öffentlichkeitswirkung aber eine nicht unerhebliche Bedeutung für das Prestige der Verwaltungsmitglieder.[510]

Nach der „Macrotron"-Rechtsprechung des BGH ist ein Entlastungsbeschluss dann wegen Inhaltsfehlers anfechtbar, wenn „Gegenstand der Entlastung ein Verhalten ist, das eindeutig einen schwerwiegenden Gesetzes- oder Satzungsverstoß darstellt".[511] Dies gebiete die Treuepflicht der Aktionärsmehrheit gegenüber der -minderheit und folge auch aus der Wertung des §243 Abs.1 AktG.[512] In der Literatur ist diese Rechtsprechung teils auf Kritik gestoßen, da sich eine Inhaltskontrolle von Entlastungsbeschlüssen angesichts der Tatsache, dass sie ohnehin praktisch rechtsfolgenlos seien (§120 Abs.2 S.2 AktG), auch mit Verweis auf die gesellschaftsrechtliche Treuepflicht nicht begründen lasse.[513] Mehrheitlich folgt die Literatur indes der Rechtsprechung,[514] und zwar zu Recht: Ein vollkommen freies Entlastungsermessen ist nicht anzuerkennen, vielmehr gebieten Treuepflicht und Wertung des §243 Abs.1 AktG eine Ermessensbeschränkung der Hauptversammlung, da sonst eine zur Billigung rechtsbrechenden Verhaltens entschlossene Mehrheit gegen den Widerstand einer gesetzes- und satzungstreuen Minderheit eine Entlastung der Verwaltung jederzeit durchsetzen

510 Vgl. Hölters/Weber/*Drinhausen*, §120 Rn.5; K. Schmidt/Lutter/*Spindler*, §120 Rn.4: „erhebliche Außenwirkung".

511 BGHZ 153, 47, 51 f.

512 BGHZ 153, 47, 51 f.

513 MüKoAktG/Kubis §120 Rn.17; *Kubis*, NZG 2005, 791, 793 ff.; Hölters/Weber/*Drinhausen*, §120 Rn.18.

514 Etwa K. Schmidt/Lutter/*Spindler*, §120 Rn.32 f.; BeckOGK/*Hoffmann*, AktG, Stand: 01.01.2023, §120 Rn.29; *Koch*, §120 Rn.12; Grigoleit/*Herrler*, §120 Rn.13 f.

könnte.[515] Den gebotenen richtigen Ausgleich zwischen Ermessensfreiheit der Hauptversammlung einerseits und den Vorgaben von Treuepflicht und Wertung des § 243 Abs. 1 AktG andererseits hat der BGH überzeugend dadurch gefunden, dass er für das Vorliegen eines Inhaltsfehlers des Entlastungsbeschlusses einen eindeutigen und schwerwiegenden Gesetzes- oder Satzungsverstoß der Verwaltung fordert. Die „Macrotron"-Grundsätze des BGH zur inhaltlichen Kontrolle von Entlastungsbeschlüssen verdienen daher grundsätzlich Zustimmung. Es stellt sich die Frage, ob ein Verstoß gegen § 87 Abs. 1 S. 2 AktG die Anfechtbarkeit der Entlastung der Aufsichtsratsmitglieder wegen Inhaltsfehlers begründen kann.

2. Blick auf die (strenge) Rechtsprechung im Falle eines Verstoßes gegen § 161 AktG

Das Erfordernis eines eindeutigen und schwerwiegenden Gesetzes- bzw. Satzungsverstoßes stellt grundsätzlich eine hohe Hürde für den Erfolg einer entsprechenden Anfechtung dar. Allerdings geht die Rechtsprechung wertend vor und setzt die Schwelle auch nicht übertrieben hoch an. Im Kontext der Pflicht zur Abgabe der Entsprechenserklärung zum DCGK gemäß § 161 AktG hat der BGH etwa bereits wiederholt einen Erklärungsfehler im Hinblick auf nur eine einzelne Empfehlung des DCGK für ausreichend gehalten, um die Anfechtbarkeit der Entlastung sämtlicher Verwaltungsmitglieder zu begründen: In den beiden Fällen „Kirch/Deutsche Bank"[516] und „Umschreibungsstopp"[517] hatte der Aufsichtsrat jeweils die damalige Ziff. 5.5.3 S. 1 DCGK (Information der Hauptversammlung über aufgetretene Interessenkonflikte und deren Behandlung) missachtet, obwohl in der vorausgegan-

515 BGHZ 153, 47, 51; Grigoleit/*Herrler*, § 120 Rn. 14.

516 BGHZ 180, 9, 19 ff.

517 BGHZ 182, 272, 278 ff.

genen Entsprechenserklärung eine Befolgung erklärt worden war. Eine –bei unterjähriger Änderung der Befolgungsabsicht erforderliche[518] – umgehende Erklärungsaktualisierung war nicht erfolgt. Die Anfechtbarkeit der den Verwaltungsmitgliedern dennoch durch die Hauptversammlung erteilten Entlastung begründete der BGH unter Verweis auf seine „Macrotron"-Rechtsprechung damit, dass ein eindeutiger und schwerwiegender Gesetzesverstoß anzunehmen sei, weil ein über einen Formalverstoß hinausgehender Erklärungsfehler vorliege, der auch im konkreten Einzelfall Gewicht habe.[519] Bei der betroffenen Empfehlung handele es sich um einen „nicht unwesentlichen Punkt" der Entsprechenserklärung. Auch sei der streitgegenständliche Interessenskonflikt weder unerheblich gewesen noch den Aktionären auf anderem Wege offenbart worden.[520]

Seine strenge Rechtsprechung rechtfertigt der BGH explizit auch damit, dass Verstöße gegen §161 AktG anderenfalls faktisch (rechts-)folgenlos blieben.[521] Zwar stellt ein Zuwiderhandeln gegen §161 AktG eine Missachtung der Legalitätspflicht und damit eine Pflichtverletzung der Verwaltungsmitglieder dar; unter den weiteren Voraussetzungen des §93 Abs.2 S.1 AktG (in Verbindung mit §116 S.1 AktG) können sie deshalb gegenüber der Gesellschaft auch schadensersatzpflichtig sein. Allerdings wird ein auf dem Verstoß gegen §161 AktG beruhender Schaden – sehr ähnlich wie im Falle eines Verstoßes gegen §87 Abs.1 S.2 AktG – in der Regel nicht feststellbar bzw. nachweisbar sein.[522]

518 BGHZ 180, 9, 19 Rn.19: „‚Dauererklärung', die jeweils binnen Jahresfrist zu erneuern und im Fall vorheriger Abweichung von den DCGK-Empfehlungen umgehend zu berichtigen ist".

519 BGHZ 182, 272, 281 Rn.18.

520 BGHZ 182, 272, 281 Rn.18 ff.

521 BGHZ 180, 9, 24 Rn.28 a.E.

522 Vgl. zum Problem der Feststellung eines durch den Verstoß gegen §161 AktG adäquat kausal hervorgerufenen Schadens K. Schmidt/Lutter/*Spindler*, §161 Rn.65; Hölters/Weber/*Hölters/Hölters*, §161 Rn.56 ff.

3. Übertragbarkeit auf den Fall eines Verstoßes gegen § 87 Abs. 1 S. 2 AktG?

Eine Missachtung von § 87 Abs. 1 S. 2 AktG als im Einzelfall ebenso „eindeutigen" und „schwerwiegenden" Gesetzesverstoß im Sinne der „Macrotron"-Rechtsprechung einzustufen, erscheint bei vergleichendem Blick auf die rigide Rechtsprechung zu § 161 AktG zumindest denkbar. In der Literatur hat – soweit ersichtlich als bislang Einziger – *Martens* die Anfechtbarkeit der Entlastung der Aufsichtsratsmitglieder als potenzielle Folge eines Verstoßes gegen § 87 Abs. 1 AktG in Erwägung gezogen.[523] Seiner Ansicht nach dürfte die Entlastung der Aufsichtsratsmitglieder stets dann inhaltlich anfechtbar sein, „wenn eindeutig ist, dass die Grenzen zulässiger Vergütungsregelung überschritten sind".[524] Eine solche eindeutige Verletzung des Ausrichtungsgebots des § 87 Abs. 1 S. 2 AktG wird man angesichts seiner vagen Formulierung und unterschiedlichen Interpretation in der Literatur allerdings eher nur in Extremfällen annehmen können. Auch der BGH scheint einer auf die Verletzung von § 87 Abs. 1 AktG gestützten Anfechtung eines Entlastungsbeschlusses eher zurückhaltend gegenüberzustehen: Im Rahmen einer Nichtzulassungsbeschwerde, über die das Gericht im Jahr 2009 zu befinden hatte, hatten die Beschwerdeführer bemängelt, dass das Berufungsgericht einen vermeintlich eindeutigen und schwerwiegenden Verstoß der Aufsichtsratsmitglieder gegen die Norm nicht als ausreichenden Grund für eine Anfechtung der von der Hauptversammlung erteilten Entlastung gewertet hatte.[525] Gerichtet war die Nichtzulassungsbeschwerde gegen das bereits angesprochene Urteil des OLG München, dessen Gegenstad die Ausrichtung des Vorstandsvergütungssystem einer abhängigen Gesellschaft im faktischen Konzern an der Lage der herrschenden Gesellschaft – nicht

523 *Martens*, ZHR 169 (2005), 124, 150 f.

524 *Martens*, ZHR 169 (2005), 124, 151.

525 BGH, Beschluss vom 09.11.2009 - II ZR 154/08.

derjenigen der abhängigen Gesellschaft – war.[526] Der BGH wies darauf hin, dass die Zulässigkeit dieser Vorgehensweise in der Literatur sehr umstritten sei; ein eindeutig schwerwiegender Gesetzesverstoß der Aufsichtsratsmitglieder im Sinne der „Macrotron"-Rechtsprechung könne unter diesen Umständen nicht angenommen werden.

Diese Argumentation des BGH ist nachvollziehbar, zieht aber die problematische Konsequenz nach sich, dass sie dem Vorgehen des Aufsichtsrats – ohne die streitige Rechtsfrage zu klären – faktisch stattgibt, weil die Rechtmäßigkeit jener Vergütungsgestaltung mangels anderer ernsthaft in Betracht kommender Rechtsfolgen nur in einem Verfahren über die inhaltliche Anfechtbarkeit der Entlastung der Aufsichtsratsmitglieder hätte geklärt werden können. Für die Geltendmachung eines Verstoßes gegen das Nachhaltigkeits- und Langfristigkeitsgebots des § 87 Abs. 1 S. 2 AktG im Rahmen der Anfechtung eines Entlastungsbeschlusses lässt dies wenig erhoffen: Die in der Literatur anzutreffende Meinungsvielfalt zu den sich hieraus ergebenden Anforderungen ist derart groß, dass ein eindeutiger und schwerwiegender Gesetzesverstoß im Sinne der „Macrotron"-Formel nur in äußersten Extremfällen feststellbar sein wird. Die erfolgreiche Anfechtung der Entlastung der Aufsichtsratsmitglieder als Konsequenz eines Verstoßes gegen § 87 Abs. 1 S. 2 AktG erscheint damit derzeit ebenfalls wenig realistisch. Dies könnte sich in (naher) Zukunft allerdings ändern, wenn die sich derzeit auf europäischer Ebene im Gesetzgebungsverfahren befindliche „Corporate Sustainability Due Diligence"-Richtlinie tatsächlich – wie im Vorschlag der Kommission vorgesehen[527] – eine Koppelung der Organvergütung (zumindest) an die Klimabilanz des Unternehmens europaweit

526 Eingehend zum Streit um die Zulässigkeit eines solchen Vorgehens oben C. IV. 3. C) ff).

527 Art. 15 Abs. 3 des Richtlinienentwurfs der Kommission COM(2022) 71 final; näher zur geplanten „Corporate Sustainability Due Diligence"-Richtlinie noch unter G. I. 3.

verbindlich vorgeben und der Thematik damit eine nochmals vergrößerte rechtliche Bedeutungsdimension verleihen sollte.

III. Auswirkungen auf Hauptversammlungsbeschlüsse gemäß § 120a Abs. 1 und 4 AktG

In Betracht zu ziehen sind zuletzt noch mögliche Auswirkungen eines Verstoßes gegen § 87 Abs. 1 S. 2 AktG auf die Beschlüsse der Hauptversammlung zur Billigung des Vergütungssystems (§ 120a Abs. 1 AktG) und zur Billigung des Vergütungsberichts (§ 120a Abs. 4 AktG).

1. Keine Anfechtbarkeit

Da sich eine Missachtung von § 87 Abs. 1 S. 2 AktG sowohl in den Darstellungen des Vergütungssystems als auch in denjenigen des Vergütungsberichts widerspiegeln wird, könnte man meinen, dass der Verstoß – obwohl zunächst vom Aufsichtsrat begangen – auch zum inhaltlichen Gegenstand dieser Hauptversammlungsbeschlüsse werde und damit ihre Anfechtbarkeit gemäß § 243 Abs. 1 AktG wegen Inhaltsfehlers begründen könnte. Derlei Überlegungen erledigen sich allerdings schnell mit einem Blick auf § 120a Abs. 1 S. 3, Abs. 4 S. 2 AktG: Beide Hauptversammlungsbeschlüsse wurden vom Gesetzgeber ausdrücklich für unanfechtbar erklärt. Sie sollen bloße Meinungsbekundung der Hauptversammlung zur Vergütungspolitik der Gesellschaft sein und begründen konsequentermaßen auch weder Rechte noch Pflichten (§ 120a Abs. 1 S. 2, Abs. 4 S. 2 AktG).

2. Faktisches Risiko eines missbilligenden Hauptversammlungsvotums

Auswirkungen eines Verstoßes gegen § 87 Abs. 1 S. 2 AktG auf die Beschlüsse gemäß § 120a Abs. 1 und 4 AktG können daher allenfalls faktischer Natur sein. Die Ausrichtung der Vorstandsvergütungsstruktur auf eine nachhaltige und langfristige Entwicklung der Gesellschaft entspricht nicht nur der gesetzlichen Forderung des § 87 Abs. 1 S. 2 AktG, sondern wird unabhängig davon auch von (institutionellen) Investoren und Stimmrechtsberatern aktiv eingefordert. Zunehmend gilt dies insbesondere auch für die Einbeziehung von ESG-Zielen in der Vergütungsstruktur: So schreibt etwa Allianz Global Investors in seinen aktuellen Global Corporate Governance Guidelines: „AllianzGI expects large-cap companies in Europe to integrate social, environmental and governance metrics into their remuneration policies based on their respective materiality analysis. AllianzGI generally votes against remuneration policies of those European large-cap companies that have not included ESG KPIs in their remuneration policies".[528] Union Investment formuliert in seiner Proxy Voting Policy: „Union Investment expects the following quality aspects to be applied to variable remuneration components: [...] Integration of materially significant and ambitious ESG targets ('key sustainability indicators', e.g. for environmental and social aspects) into long-term variable remuneration; these targets should be derived from the company's sustainability strategy and should be measurable, transparent and verifiable".[529] Ähnliche Forderungen stellen Deka Investment und die Deutsche Gesellschaft für Wertpapiersparen (DWS).[530] Etwas

528 Allianz Global Investors, Global Corporate Governance Guidelines, Stand: Januar 2023, S. 3, 17.

529 Union Investment, Proxy Voting Policy, Stand: 31. März 2023, S. 4 f.

530 Deka Investment, Grundsätze der Abstimmungspolitik bei Hauptversammlungen, Stand: Januar 2023, S. 10; DWS, Corporate Governance and Proxy Voting Policy 2023, S. 9.

zurückhaltender äußern sich indes bislang noch die großen angloamerikanischen Investoren und Stimmrechtsberater.[531]

Bei Nichtberücksichtigung der Investorenerwartungen droht ein negatives Hauptversammlungsvotum, welches mit Ausnahme der Pflicht des § 120a Abs. 3 AktG zur Vorlage eines überprüften Vergütungssystems zur Beschlussfassung spätestens in der darauf folgenden ordentlichen Hauptversammlung zwar keine unmittelbaren rechtlichen Folgen nach sich zieht (§ 120a Abs. 1 S. 2, Abs. 4 S. 2 AktG), aber doch eine beträchtliche negative Öffentlichkeitswirkung für die Gesellschaft und ihre Aufsichtsratsmitglieder hätte. Wenngleich sich ein Verstoß gegen § 87 Abs. 1 S. 2 AktG somit zwar nicht rechtlich auf die Beschlüsse nach § 120a Abs. 1 und 4 AktG auswirkt, so kann er dies doch zumindest in gewissem Maße faktisch, da er die Gefahr eines ablehnenden Hauptversammlungsvotums oder jedenfalls einer erheblich reduzierten Zustimmungsquote mit sich bringt.

IV. Zusammenfassung

Das Fazit zur rechtlichen Durchsetzungskraft der Vorgabe des § 87 Abs. 1 S. 2 AktG fällt somit ernüchternd aus. Ein Verstoß gegen die Norm wird *de lege lata* in der Regel keine sanktionierenden Rechtsfolgen für die Aufsichtsratsmitglieder nach sich ziehen. Für die vom Gesetzgeber angedachte Haftungsfolge gemäß §§ 116 S. 1 und 3, 93 Abs. 2 AktG wird der erforderliche Nachweis eines adäquat kausal hervorgerufenen Schadens im Normalfall nicht gelingen; darüber hinaus würden sich erhebliche praktische Probleme bei der Schadensgeltendmachung stellen. Für eine Anfechtung der Entlastung der Aufsichtsratsmitglieder nach „Macrotron"-Grundsätzen wird es ange-

531 Dazu *Arnold/Herzberg/Zeh*, AG 2021, 141 f.

sichts der vagen Formulierung des § 87 Abs. 1 S. 2 AktG und seiner kontroversen Interpretation in der Literatur – von Extremfällen abgesehen – an der erforderlichen „Eindeutigkeit“ und „Schwere“ des Gesetzesverstoßes fehlen. Unmittelbare rechtliche Auswirkungen eines Verstoßes auf die Hauptversammlungsbeschlüsse gemäß § 120a Abs. 1 und 4 AktG sind schon wegen des gesetzlich angeordneten Anfechtungsausschlusses gemäß § 120a Abs. 1 S. 3, Abs. 4 S. 2 AktG nicht möglich. Denkbar sind allenfalls faktische Auswirkungen einer Missachtung von § 87 Abs. 1 S. 2 AktG auf das Abstimmungsverhalten der Hauptversammlung – nämlich dann, wenn der Verstoß mit einer Enttäuschung von Investorenerwartungen zur Vorstandsvergütung einhergeht, die sich inhaltlich in jüngere Zeit immer stärker mit der Vorgabe des § 87 Abs. 1 S. 2 AktG in der hier vertretenen Auslegung decken.

De lege ferenda sollten die Anforderungen von § 87 Abs. 1 S. 2 AktG konkretisiert werden (näher sogleich unter G. II. 2.). Dadurch würde die aktuell bestehende Rechtsunsicherheit verringert und gleichzeitig die Wahrscheinlichkeit einer Sanktionierung von Verstößen gegen die Norm durch erfolgreiche Anfechtungsklagen gegen den Aufsichtsratsmitgliedern Entlastung erteilende Hauptversammlungsbeschlüsse erhöht.

G. Ausblick auf aktuelle rechtspolitische Entwicklungen und Reformoptionen

Zum Abschluss der bisherigen Betrachtungen zur Vorgabe des § 87 Abs. 1 S. 2 AktG möchte das folgende Kapitel einen Ausblick auf aktuelle rechtspolitische Entwicklungen im Kontext des Themas der vorliegenden Arbeit geben und Optionen für die Gestaltung der Rechtslage *de lege ferenda* skizzieren. Zunächst sollen die gesetzgeberischen Tätigkeiten auf europäischer Ebene betrachtet werden. Dort ist das Thema Nachhaltigkeit im Kontext des Kapitalmarkt- und Unternehmensrechts in jüngster Zeit massiv in den Fokus gerückt. Darauf aufbauend werden Weiterentwicklungsmöglichkeiten des deutschen Gesetzgeber umrissen.

I. Entwicklungen auf europäischer Ebene

Die Europäische Kommission treibt die Einbeziehung von Nachhaltigkeitsaspekten im europäischen Wirtschaftsrecht mit großem Druck voran. Mit ihrem 2019 veröffentlichten „European Green Deal" beabsichtigt sie, „die EU zu einer fairen und wohlhabenden Gesellschaft mit einer modernen, ressourceneffizienten und wettbewerbsfähigen Wirtschaft" zu machen, in der „im Jahr 2050 keine Netto-Treibhausgasemissionen mehr freigesetzt werden und das Wirtschaftswachstum von der Ressourcennutzung abgekoppelt ist".[532] Der European Green Deal dient ausdrücklich der Umsetzung der Agenda 2030 der Vereinten Nationen und der Ziele für nachhaltige Ent-

532 COM(2019) 640 final, S. 2.

wicklung.[533] Er beinhaltet eine Vielzahl von Gesetzgebungsprojekten, wobei dem Bereich des Kapitalmarkt- und Unternehmensrechts eine zentrale Bedeutung zukommt. Die wichtigsten diesbezüglich bereits erlassenen Legislativakte sind die Offenlegungsverordnung (EU) 2019/2088 und die Taxonomie-Verordnung (EU) 2020/852. Erst kürzlich beschlossen wurde ferner eine Änderung der durch die CSR-Richtlinie 2014/95/EU eingeführten Vorgaben zur nichtfinanziellen Berichterstattung. Noch im Gesetzgebungsprozess befindet sich aktuell außerdem eine „Corporate Sustainability Due Diligence"-Richtlinie.

1. Offenlegungsverordnung und Taxonomie-Verordnung

Bereits im Jahr 2019 erließ der europäische Gesetzgeber die Verordnung (EU) 2019/2088 über nachhaltigkeitsbezogene Offenlegungspflichten im Finanzdienstleistungssektor (Offenlegungs-VO). Sie legt harmonisierte Vorschriften für Finanzmarktteilnehmer und Finanzberater über Transparenz bei der Einbeziehung von Nachhaltigkeitsrisiken und der Berücksichtigung nachteiliger Nachhaltigkeitsauswirkungen in ihren Prozessen und bei der Bereitstellung von Informationen über die Nachhaltigkeit von Finanzprodukten fest (Art. 1 Offenlegungs-VO). Zweck der Verordnung ist es, Informationsasymmetrien in den Beziehungen zwischen Endanlegern und Finanzmarktteilnehmern bzw. Finanzberatern im Hinblick auf die Einbeziehung von Nachhaltigkeitsrisiken, die Berücksichtigung nachteiliger Nachhaltigkeitsauswirkungen, die Bewerbung ökologischer oder sozialer Merkmale sowie im Hinblick auf nachhaltige Investitionen abzubauen.[534] Als „Nachhaltigkeitsrisiko" definiert Art. 2 Nr. 22 Offenlegungs-VO „ein Ereignis oder eine Bedingung in den Bereichen Umwelt, Soziales oder

533 COM(2019) 640 final, S. 3.

534 Vgl. Erwägungsgrund 10 der Verordnung (EU) 2019/2088.

Unternehmensführung, dessen beziehungsweise deren Eintreten tatsächlich oder potenziell wesentliche negative Auswirkungen auf den Wert der Investition haben könnte". Art. 3 ff. Offenlegungs-VO beinhalten umfangreiche Veröffentlichungspflichten für Finanzmarktteilnehmer und Finanzberater hinsichtlich der Einbeziehung von Nachhaltigkeitsrisiken und der Berücksichtigung nachteiliger Nachhaltigkeitsauswirkungen bei ihrer Investitions- bzw. Beratungstätigkeit auf ihrer Internetseite. Zudem sind Auskunftspflichten im Hinblick auf die Nachhaltigkeit von Finanzprodukten in vorvertraglichen Informationen und in regelmäßigen Berichten – etwa Jahresberichten – vorgesehen. Finanzprodukte sollen so für institutionelle und private Anleger im Hinblick auf die Beeinträchtigung von Nachhaltigkeitsfaktoren besser vergleichbar gemacht werden. Gleichermaßen interessant wie komplex ist die Definition der „nachhaltigen Investition" in Art. 2 Nr. 17 Offenlegungs-VO: Eine solche soll vorliegen, wenn es sich um eine Investition „in eine wirtschaftliche Tätigkeit, die zur Erreichung eines Umweltziels beiträgt, gemessen beispielsweise an Schlüsselindikatoren für Ressourceneffizienz bei der Nutzung von Energie, erneuerbarer Energie, Rohstoffen, Wasser und Boden, für die Abfallerzeugung, und Treibhausgasemissionen oder für die Auswirkungen auf die biologische Vielfalt und die Kreislaufwirtschaft, oder eine Investition in eine wirtschaftliche Tätigkeit, die zur Erreichung eines sozialen Ziels beiträgt, insbesondere eine Investition, die zur Bekämpfung von Ungleichheiten beiträgt oder den sozialen Zusammenhalt, die soziale Integration und die Arbeitsbeziehungen fördert oder eine Investition in Humankapital oder zugunsten wirtschaftlich oder sozial benachteiligter Bevölkerungsgruppen, vorausgesetzt, dass diese Investitionen keines dieser Ziele erheblich beeinträchtigen und die Unternehmen, in die investiert wird, Verfahrensweisen einer guten Unternehmensführung anwenden, insbesondere bei soliden Managementstrukturen, den Beziehungen zu den Arbeitnehmern, der Vergütung von Mitarbeitern sowie der Einhaltung der Steuervorschriften".

Zur Ergänzung der Offenlegungs-VO wurde im Jahr 2020 die Verordnung (EU) 2020/852 über die Einrichtung eines Rahmens zur Erleichterung nachhaltiger Investitionen und zur Änderung der Verordnung (EU) 2019/2088 (Taxonomie-VO) verabschiedet. Ihr Zweck ist die Festlegung von Kriterien für die Bestimmung, ob eine Wirtschaftstätigkeit als ökologisch nachhaltig einzustufen ist, um damit den Grad der ökologischen Nachhaltigkeit einer Investition ermitteln zu können (Art. 1 Abs. 1 Taxonomie-VO). Ökologisch nachhaltig im Sinne der Taxonomie-VO ist eine Wirtschaftstätigkeit dann, wenn sie (1.) einen wesentlichen Beitrag zur Verwirklichung mindestens eines von sechs festgelegten Umweltzielen – Klimaschutz, Anpassung an den Klimawandel, Schutz von Wasser- und Meeresressourcen, Übergang zur Kreislaufwirtschaft, Vermeidung von Umweltverschmutzung, Schutz der Biodiversität und der Ökosysteme – leistet, gleichzeitig (2.) keines dieser Umweltziele erheblich beeinträchtigt und zudem (3.) gewisse Mindestanforderungen in Bezug auf Soziales und die Achtung der Menschenrechte erfüllt. Finanzmarktteilnehmer, die ein Finanzprodukt als ökologisch nachhaltig bewerben, müssen über den Anteil an ökologisch nachhaltigen Wirtschaftstätigkeiten im Sinne der Taxonomie-VO berichten, in die mit diesem Finanzprodukt investiert wird. Jedes Unternehmen, das zur nicht-finanziellen Berichterstattung gemäß der CSR-Richtlinie 2014/95/EU verpflichtet ist, muss zudem in seiner nicht-finanziellen Erklärung Angaben darüber aufnehmen, wie und in welchem Umfang die Tätigkeiten des Unternehmens mit ökologisch nachhaltigen Wirtschaftstätigkeiten verbunden sind. Zur Konkretisierung der Kriterien, unter denen eine Wirtschaftstätigkeit als taxonomiekonform gilt, erlässt die Europäische Kommission delegierte Rechtsakte. Schon die erste in diesem Zusammenhang erlassene Delegierte Verordnung (EU) 2021/2139 der Kommission zur „Festlegung der technischen Bewertungskriterien, anhand deren bestimmt wird, unter welchen Bedingungen davon auszugehen ist, dass eine Wirtschaftstätigkeit einen wesentlichen Beitrag zum Klimaschutz oder zur Anpassung an den Klimawandel leistet, und anhand deren bestimmt wird, ob diese Wirtschaftstätigkeit erhebliche Beeinträchtigungen eines der übrigen Umweltziele vermeidet" geriet allerdings sehr umfangreich und komplex; schnell wurde Kritik laut, dass eine eindeutige Einordnung wirtschaftlicher Tätigkeiten mithilfe der technischen Bewertungskriterien – trotz oder möglicherweise auch gerade wegen ihres Umfangs – oftmals sehr schwer fällt.[535]

2. Verschärfung der Vorgaben zur CSR-Berichterstattung

Im Dezember 2022 wurde das Gesetzgebungsverfahren für eine Änderung der durch die Richtlinie 2014/95/EU eingeführten Vorgaben zur CSR-Berichterstattung abgeschlossen.[536] Beschlossen wurde eine erhebliche Ausweitung der Berichtspflichten, wobei das Ziel die Einführung einer umfassenden Nachhaltigkeitsberichterstattung von europäischen Unternehmen (Corporate Sustainability Reporting) ist.[537] Konkret wird zum einen der dem Anwendungsbereich unterfallende Unternehmenskreis deutlich erweitert: Große Unternehmen im Sinne der Kategorisierung von Art. 3 der Bilanzrichtlinie 2013/34/EU sollen zukünftig unabhängig von ihrer Börsennotierung berichtspflichtig sein, kleine und mittlere Unternehmen – mit Ausnahme von Kleinstunternehmen – dann, wenn sie börsennotiert sind. Daneben wird die Pflicht zur Berichterstattung auch inhaltlich deutlich erweitert und konkretisiert. Insbesondere wird klargestellt, dass Unternehmen nicht nur verpflichtet sind, aus der „Outside-in-Perspektive" darüber zu berichten, wie sich Nachhaltigkeitsaspekte auf ihr Geschäftsergebnis, ihre

535 Etwa *Wellerdt*, NZG 2021, 1344, 1346 f.: „[S]chwer greifbar, welche wirtschaftliche Tätigkeit wie klassifiziert wird".

536 Richtlinie (EU) 2022/2464 des Europäischen Parlaments und des Rates vom 14. Dezember 2022 zur Änderung der Verordnung (EU) Nr. 537/2014 und der Richtlinien 2004/109/EG, 2006/43/EG und 2013/34/EU hinsichtlich der Nachhaltigkeitsberichterstattung von Unternehmen.

537 Eingehend dazu und zu den Auswirkungen auf die Organpflichten *Bingel/Rothenburg/Schumann*, DB 2023, 118 ff.

Lage und ihren Geschäftsverlauf auswirken, sondern auch aus der „Inside-out-Perspektive“ dazu Stellung nehmen müssen, welche Auswirkungen ihre Tätigkeit auf Mensch und Umwelt hat (sog. Prinzip der „doppelten Wesentlichkeit“).[538] Als „Nutzer“ der künftigen Nachhaltigkeitsberichterstattung hat der europäische Gesetzgeber nicht nur Investoren und Vermögensverwalter im Blick, sondern auch Akteure der Zivilgesellschaft, etwa Nichtregierungsorganisationen und Sozialpartner, welche „Unternehmen im Hinblick auf ihre Auswirkungen auf Mensch und Umwelt stärker in die Verantwortung nehmen wollen“.[539] Die genauen Anforderungen an die Nachhaltigkeitsberichterstattung werden durch EU-Standards näher bestimmt (sog. European Sustainability Reporting Standards, ESRS), die die Kommission im Wege des Erlasses delegierter Rechtsakte festlegt. Der durch die Richtlinie neu in die Bilanz-Richtlinie 2013/34/EU eingefügte Art. 29b Abs. 2 Unterabs. 2 führt auf, hinsichtlich welcher Themenbereiche zukünftig eine Berichterstattung gefordert sein wird. Er lautet:

„In den Standards für die Nachhaltigkeitsberichterstattung werden unter Berücksichtigung des jeweiligen Gegenstands des Standards für die Nachhaltig-keitsberichterstattung

a) *die Informationen präzisiert, die Unternehmen zu folgenden Umweltfaktoren offenlegen müssen:*

   i) *Klimaschutz, auch in Bezug auf Scope-1-, Scope-2- und gegebenenfalls Scope-3-Treibhausgasemissionen;*

   ii) *Anpassung an den Klimawandel;*

538 Erwägungsgrund 29 der Richtlinie (EU) 2022/2464; näher dazu Arbeitskreis Integrated Reporting und Sustainable Management (AKIR) der Schmalenbach-Gesellschaft für Betriebswirtschaft e. V., DB 2023, 1105 ff.

539 Erwägungsgrund 9 der Richtlinie (EU) 2022/2464.

iii) *Wasser- und Meeresressourcen;*

iv) *Ressourcennutzung und die Kreislaufwirtschaft;*

v) *Verschmutzung;*

vi) *Biodiversität und Ökosysteme;*

b) *die Informationen präzisiert, die Unternehmen zu folgenden Sozial- und Menschenrechtsfaktoren offenlegen müssen:*

i) *Gleichbehandlung und Chancengleichheit für alle, einschließlich Geschlechtergerechtigkeit und gleichem Lohn bei gleichwertiger Arbeit, Ausbildung und Kompetenzentwicklung, Beschäftigung und Inklusion von Menschen mit Behinderungen, Maßnahmen gegen Gewalt und Belästigung am Arbeitsplatz sowie Vielfalt;*

ii) *Arbeitsbedingungen, einschließlich sicherer Beschäftigung, Arbeitszeit, angemessene Löhne, sozialer Dialog, Vereinigungsfreiheit, Existenz von Betriebsräten, Tarifverhandlungen, einschließlich des Anteils der Arbeitnehmer, für die Tarifverträge gelten, Informations-, Anhörungs- und Mitbestimmungsrechte der Arbeitnehmer, Vereinbarkeit von Beruf und Privatleben sowie Gesundheit und Sicherheit;*

iii) *Achtung der Menschenrechte, Grundfreiheiten, demokratischen Grundsätze und Standards, die in der Internationalen Charta der Menschenrechte und anderen grundlegenden Menschenrechtsübereinkommen der Vereinten Nationen, einschließlich des Übereinkommens der Vereinten Nationen über die Rechte von Menschen mit Behinderungen und der Erklärung der Ver-*

einten Nationen über die Rechte der indigenen Völker, sowie in der Erklärung der Internationalen Arbeitsorganisation über grundlegende Prinzipien und Rechte bei der Arbeit und den grundlegenden Übereinkommen der IAO, der Europäischen Konvention zum Schutz der Menschenrechte und Grundfreiheiten, der europäischen Sozialcharta und der Charta der Grundrechte der Europäischen Union festgelegt sind;

c) *die Informationen präzisiert, die Unternehmen zu folgenden Governance-Faktoren offenlegen müssen:*

i) *die Rolle der Verwaltungs-, Leitungs- und Aufsichtsorgane des Unternehmens im Zusammenhang mit Nachhaltigkeitsaspekten und ihre Zusammensetzung sowie ihr Fachwissen und ihre Fähigkeiten zur Wahrnehmung dieser Rolle oder ihr Zugang zu solchem Fachwissen und solchen Fähigkeiten;*

ii) *die Hauptmerkmale der internen Kontroll- und Risikomanagementsystem des Unternehmens in Bezug auf den Prozess der Nachhaltigkeitsberichterstattung und der Beschlussfassung;*

iii) *Unternehmensethik und Unternehmenskultur, einschließlich der Bekämpfung von Korruption und Bestechung, des Schutzes von Hinweisgebern und des Tierwohls;*

iv) *Tätigkeiten und Verpflichtungen des Unternehmens im Zusammenhang mit der Ausübung seines politischen Einflusses, einschließlich seiner Lobbytätigkeiten;*

v) *die Pflege und die Qualität der Beziehungen zu Kunden, Lieferanten und Gemeinschaften, die von den Tätigkeiten des Unter-*

nehmens betroffen sind, einschließlich Zahlungspraktiken, insbesondere in Bezug auf verspätete Zahlungen an kleine und mittlere Unternehmen.

Diese Liste berichtspflichtiger – durch die ESRS präzisierter – Informationen dürfte nach ihrer Umsetzung in deutsches Recht inhaltlich wohl die Aufzählung der CSR-Aspekte in § 289c Abs. 2 HGB ersetzen. An dieser kann und sollte sich *de lege lata,* wie ausgeführt,[540] der Aufsichtsrat für die Festsetzung unternehmensspezifischer ESG-Parameter für die Vorstandsvergütung im Rahmen der Umsetzung der Nachhaltigkeitsvorgabe des § 87 Abs. 1 S. 2 AktG orientieren; künftig wird insoweit die neue Aufzählung der rechtliche Wegweiser sein. Erwähnenswert ist im Übrigen auch der durch die Richtlinie neu eingeführte Art. 19a Abs. 2 lit. e) der Bilanz-Richtlinie 2013/34/EU, demzufolge die Nachhaltigkeitsberichterstattung von Unternehmen demnächst auch „Angaben über das Vorhandensein von mit Nachhaltigkeitsaspekten verknüpften Anreizsystemen, die Mitgliedern der Verwaltungs-, Leitungs- und Aufsichtsorgane angeboten werden" enthalten muss. Erfasst werden dürften davon wohl auch nachhaltigkeitsbezogene Vergütungsanreize, die diesen Personen gesetzt werden.

Allzu viel Zeit bleibt dem deutschen Gesetzgeber für die Umsetzung der neuen Richtlinie nicht. Sie sieht zwar nach Unternehmensgröße gestaffelte Umsetzungsfristen für die geänderten Vorgaben vor. Gemäß ihres Art. 5 Abs. 2 lit. a) i) sollen die neuen Bestimmungen aber zumindest für große börsennotierte Unternehmen bereits für Geschäftsjahre, die am oder nach dem 1. Januar 2024 beginnen, zur Anwendung kommen.

540 Zur Orientierungsfunktion des § 289c Abs. 2 HGB im Hinblick auf die Nachhaltigkeitsvorgabe des § 87 Abs. 1 S. 2 AktG nach aktueller Rechtslage oben D. III. 1.

3. Pläne für eine „Corporate Sustainability Due Diligence"-Richtlinie

Im Kontext des Themas der vorliegenden Arbeit besonders spannend ist schließlich der von der Europäischen Kommission im Februar 2022 vorgelegte Entwurf für eine Richtlinie über Sorgfaltspflichten von Unternehmen im Hinblick auf Nachhaltigkeit.[541] Regelungsgegenstand ist gemäß Art. 1 des Entwurfs zum einen die Festlegung von Vorschriften über „Verpflichtungen von Unternehmen in Bezug auf tatsächliche und potenzielle negative Auswirkungen auf die Menschenrechte und die Umwelt in Bezug auf ihre eigenen Tätigkeiten, die Tätigkeiten ihrer Tochterunternehmen und die Tätigkeiten von Unternehmen in der Wertschöpfungskette, mit denen das Unternehmen eine etablierte Geschäftsbeziehung unterhält" sowie zum anderen die Regelung der Haftung für Verstöße gegen diese Verpflichtungen. Inhaltlich ähneln viele Vorgaben des Entwurfs denen des deutschen Lieferkettensorgfaltspflichtengesetzes, gehen teilweise allerdings deutlich weiter als diese.[542] Vom Geltungsbereich der Richtlinienvorgaben umfasst sein sollen nicht nur große EU-Unternehmen, sondern auch bestimmte in der EU tätige Unternehmen aus Drittstaaten. Gemäß Art. 4 ff. des Richtlinienentwurfs sollen die Mitgliedstaaten sicherstellen, dass Unternehmen (1.) ihre Sorgfaltspflicht im Hinblick auf Nachhaltigkeitsfaktoren in ihre Unternehmenspolitik einbeziehen, (2.) tatsächliche oder potenzielle negative Auswirkungen ihrer Wirtschaftstätigkeit auf Nachhaltigkeitsfaktoren ermitteln, (3.) entsprechende potenzielle negative Auswirkungen vermeiden und abschwächen bzw. tatsächliche negative Auswirkungen beheben und ihr

541 COM(2022) 71 final; eingehend dazu *Lutz-Bachmann/Vorbeck/Wengenroth*, BB 2022, 835 ff.

542 Für einen eingehenden Vergleich des aktuellen Vorschlags der EU-Kommission einer „Corporate Sustainability Due Diligence"-Richtlinie mit dem deutschen Lieferkettensorgfaltspflichtengesetz siehe *Hübner/Habrich/Weller*, NZG 2022, 644 ff.; ferner *Lutz-Bachmann/Vorbeck/Wengenroth*, BB 2022, 835 ff.

Ausmaß minimieren, (4.) ein näher bestimmtes Beschwerdeverfahren für Dritte einrichten, (5.) die Wirksamkeit ihrer Strategien und Maßnahmen zur Erfüllung der Sorgfaltspflicht überwachen sowie (6.) über die Erfüllung ihrer Sorgfaltspflicht öffentlich kommunizieren, falls sie nicht ohnehin zur CSR-Berichterstattung verpflichtet sind.

Besondere Beachtung verdient zudem Art. 15 des Richtlinienentwurfs, der sich mit der „Eindämmung des Klimawandels“ befasst. Gemäß dessen Abs. 1 sollen Unternehmen verpflichtet werden, einen Klimaschutzplan festzulegen, um sicherzustellen, dass ihr Geschäftsmodell und ihre Strategie mit dem Übergang zu einer nachhaltigen Wirtschaft und der Begrenzung der Erderwärmung auf 1,5 Grad Celsius entsprechend dem Übereinkommen von Paris vereinbar sind. In diesem Plan soll insbesondere ermittelt werden, inwieweit der Klimawandel ein Risiko für die Unternehmenstätigkeit darstellt bzw. sich darauf auswirkt. Stellt der Klimawandel ein Hauptrisiko oder eine Hauptauswirkung der Unternehmenstätigkeit dar, hat ein Unternehmen nach Art. 15 Abs. 2 des Richtlinienentwurfs Emissionsreduktionsziele in seinen Klimaschutzplan aufzunehmen. Bemerkenswert ist sodann Art. 15 Abs. 3 des Richtlinienentwurfs: Danach sollen „die Unternehmen der Erfüllung der Verpflichtungen nach den Absätzen 1 und 2 bei der Festlegung variabler Vergütungen gebührend Rechnung tragen, wenn die variable Vergütung an den Beitrag eines Mitglieds der Unternehmensleitung zur Strategie und zu den langfristigen Interessen und zur Nachhaltigkeit des Unternehmens geknüpft ist“. Offensichtlich erwägt die Europäische Kommission also, die Vergütung von Mitgliedern der Unternehmensleitung europaweit durch gesetzliche Anordnung als Mittel zur Steuerung der Unternehmenstätigkeit in Richtung einer klimaneutralen Wirtschaft nutzbar machen. Eine vor Erarbeitung des Richtlinienentwurfs von der Europäischen Kommission in Auftrag gegebene Studie war zu dem Ergebnis gekommen, dass gesetzlich verpflichtende ESG-Anreize in der Managervergütung eine sinnvolle und wirkungsstarke Möglichkeit wären, um die Beachtung von Nachhaltigkeitsaspekten in der Unternehmensführung in Europa zu fördern.[543] Die aktuelle Formulierung von Art. 15 Abs. 3 des Richtlinienentwurfs bleibt allerdings vage und wirft zahlreiche Fragen auf. Der Deutsche Anwaltsverein hat in einer Stellungnahme zum Richtlinienvorschlag darauf hingewiesen, dass die dreifache Konditionalität der Maßgabe („wenn die variable Vergütung an den Beitrag eines Mitglieds der Unternehmensleitung zur Strategie und zu den langfristigen Interessen und zur Nachhaltigkeit des Unternehmens geknüpft ist") dazu führen könnte, dass ihr Anwendungsbereich eher gering bleibe.[544] Jene Unternehmen, die Nachhaltigkeitsaspekte bereits in die Vergütungssysteme für die Mitglieder ihrer Unternehmensleitung einbeziehen, würden überdies meist ohnehin schon Klimaaspekte berücksichtigen.[545] Davon abgesehen bleibt auch unklar, was konkret von den Unternehmen erwartet wird, wenn sie „der Erfüllung der Verpflichtungen nach den Absätzen 1 und 2 bei der Festlegung variabler Vergütungen gebührend Rechnung tragen" sollen. Abzielen dürfte die Regelung wohl auf eine Incentivierung der Unternehmensleitung zu Emissionsreduktionen über variable Vergütungskomponenten – die insoweit bestehenden Anforderungen sollten aber noch klarer zum Ausdruck gebracht werden.

Daneben sollen die Mitgliedstaaten nach Art. 25 des Richtlinienentwurfs sicherstellen, dass Mitglieder der Unternehmensleitung die Folgen ihrer Entscheidungen für Nachhaltigkeitsaspekte, insbesondere auch für Menschenrechte, Klimawandel und Umwelt, berücksichtigen. Die Umsetzung dieser Vorgabe – so sie denn in ihrer aktuellen Entwurfsfassung verabschiedet

543 „Study on directors' duties and sustainable corporate governance" der Wirtschaftsprüfungsgesellschaft EY im Auftrag der EU-Kommission, abrufbar unter https://data.europa.eu/doi/10.2838/472901 (zuletzt abgerufen am 10. 08. 2023), S. 118 ff.

544 Ausschüsse Handelsrecht, Corporate Social Responsibility und Compliance sowie Menschenrechte des DAV, NZG 2022, 909, 914.

545 Ausschüsse Handelsrecht, Corporate Social Responsibility und Compliance sowie Menschenrechte des DAV, NZG 2022, 909, 914.

wird – könnte eine Klarstellung des gesetzlichen Pflichtenprogramms von Vorstand und Aufsichtsrat durch den deutschen Gesetzgeber gebieten.[546] Denkbar wäre eine Bezugnahme in § 76 Abs. 1 bzw. § 93 Abs. 1 AktG auf das bislang im Gesetz nicht ausdrücklich erwähnte interessenpluralistische Unternehmensinteresse, welches bei dieser Gelegenheit gleich näher definiert werden sollte (siehe sogleich unter II. 1.).

II. Weiterentwicklungsmöglichkeiten des deutschen Gesetzgebers

Die bereits beschlossene Verschärfung der Vorgaben zur CSR-Berichterstattung sowie die Pläne der EU-Kommission für eine „Corporate Sustainability Due Diligence"-Richtlinie werden den deutschen Gesetzgeber voraussichtlich schon bald zu weiteren Änderungen des deutschen Handels- und Aktienrechts veranlassen. Angezeigt und ratsam dürfte dabei auch eine Regelung der Verpflichtung der Vorstands- und Aufsichtsratsmitglieder auf das Unternehmensinteresse sein (sogleich unter 1.). Angesichts des bestehenden Meinungsstreits in Literatur und Praxis über den Aussagegehalt von § 87 Abs. 1 S. 2 AktG sollte in diesem Zusammenhang auch diese Norm erneut überarbeitet und konkretisiert werden (unter 2.). Die Etablierung von „Best-Practice-Standards" im Hinblick auf die Ausrichtung der Vergütungsstruktur der Vorstandsmitglieder börsennotierter Unternehmen auf eine nachhaltige und langfristige Entwicklung der Gesellschaft kann allerdings dem DCGK überlassen bleiben, der dafür noch stärker nutzbar gemacht werden sollte (unter 3.).

546 Vgl. *Dörrwächter*, NZG 2022, 1083, 1088; *Hübner/Habrich/Weller*, NZG 2022, 644, 650; zu den potenziellen Implikationen von Art. 15 und 25 des Richtlinienentwurfs für die Corporate Governance deutscher Gesellschaften auch *Grothaus/MacDonald*, DB-Beilage 22/2022, 40 f.

1. Kodifizierung und Konkretisierung der Verpflichtung auf das Unternehmensinteresse

Eine Modifikation der Vorschriften über die Vorstandspflichten durch explizite Einbeziehung auch von sozialen und ökologischen Standards war in Deutschland bereits wiederholt Gegenstand von Gesetzesinitiativen, die sich bislang allerdings nie durchsetzen konnten. Schon im Jahr 2012 hatte ein Gesetzentwurf von Bündnis 90/Die Grünen vorgeschlagen, in § 93 Abs. 1 AktG klarzustellen, dass eine Pflichtverletzung auch dann nicht vorliege, „wenn das Vorstandsmitglied eine unternehmerische Entscheidung auf Grundlage menschenrechtlicher, sozialer oder ökologischer Standards getroffen hat, zu deren Einhaltung sich die Bundesrepublik Deutschland völkerrechtlich verpflichtet hat“.[547] Ein Gesetzentwurf der SPD-Fraktion aus dem Jahr 2017 sah vor, die Vorgabe des § 76 Abs. 1 AktG dahin zu ergänzen, dass der Vorstand bei seiner Leitung „dem Wohl des Unternehmens, der Arbeitnehmerinnen und Arbeitnehmer, der Aktionärinnen und Aktionäre und dem Wohl der Allgemeinheit verpflichtet“ ist.[548]

Der sich abzeichnende Erlass einer europäischen „Corporate Sustainability Due Diligence“-Richtlinie dürfte die Diskussion um eine ausdrückliche Einbeziehung von sozialen und auch ökologischen Aspekten in die Vorschriften über das Pflichtenprogramm der Verwaltungsorgane der Aktiengesellschaft neu entfachen. Die komplexe Problematik soll hier nicht abschließend erörtert, sondern Anpassungsmöglichkeiten lediglich skizziert werden.[549] Eine

547 Gesetzentwurf von Bündnis 90/Die Grünen, BT-Drucks. 17/11686, S. 3.

548 Gesetzentwurf der SPD-Fraktion zur Angemessenheit von Vorstandsvergütungen und zur Beschränkung der steuerlichen Absetzbarkeit, Stand: 20.02.2017, abrufbar unter https://www.spdfraktion.de/system/files/documents/gesetzentwurf_manager-verguetungen_spdbt_final.pdf (zuletzt abgerufen am 10.08.2023), S. 6.

549 Vertiefend und einen die Sozialverantwortung von Unternehmen betonenden Vorschlag vorbringend *Schubert*, Das Unternehmensinteresse – Maßstab für die Organwalter der Aktiengesellschaft, S. 210 ff.; de lege ferenda eine Vorgabe befürwortend, nach der das

Regelung und Konkretisierung der Verpflichtung der Verwaltungsmitglieder auf ein interessenpluralistisch zu verstehendes Unternehmensinteresse würde den aktuellen rechtspolitischen Diskussionsstand auf nationaler und europäischer Ebene durchaus angemessen widerspiegeln. Freilich sollte man sich keinen Illusionen hingeben: Eine Modifikation von §76 Abs.1 AktG nach dem Vorbild des Gesetzentwurfs der SPD-Fraktion aus dem Jahr 2017 bliebe in ihrem konkreten Aussagegehalt zwangsläufig weiterhin vage. Ihr könnte dennoch eine wichtige klarstellende und programmatische Bedeutung zukommen, zumal einer reinen Shareholder Value-Verpflichtung damit endgültig eine Absage erteilt würde.[550] Konkretisiert würde die Maßgabe durch weitere – teils bereits geltende, teils zukünftige – Einzelnormen, etwa den Vorgaben des Lieferkettensorgfaltspflichtengesetzes oder einer Pflicht zur Erstellung eines Klimaschutzplans, wie sie die Umsetzung von Art.15 des Entwurfs einer „Corporate Sustainability Due Diligence"-Richtlinie in deutsches Recht nach derzeitigem Stand erforderlich machen dürfte. Die mit jener Richtlinie beabsichtigte Pflicht zur Berücksichtigung von Nachhaltigkeitsbelangen könnte bei ihrer Umsetzung in deutsches Recht die Etablierung einer Abwägungsdogmatik im Aktienrecht erforderlich machen, die sich, wie bereits erwähnt, am Vorbild des deutschen Verwaltungsrechts orientieren könnte.[551] Auch ein nochmals zu modifizierender §87 Abs.1 S.2 AktG (siehe sogleich unter 2.) wäre Ausdruck der allgemeinen Leitlinie eines novellierten §76 Abs.1 AktG.

Ziel unternehmerischen Wirkens und damit das Unternehmensinteresse auf eine „nachhaltige Wertschöpfung innerhalb der planetaren Grenzen" ausgerichtet ist, *Mittwoch,* Nachhaltigkeit und Unternehmensrecht, S.360; die Justiziabilität und damit den Mehrwert solcher und ähnlicher Vorgaben bezweifelnd indes *Bachmann,* ZHR 187 (2023), 166, 181 ff. („bleibt eine Worthülse").

550 Ebenso *Mittwoch,* Nachhaltigkeit und Unternehmensrecht, S. 359.

551 Dazu bereits oben D. II. 3. b); erste Überlegungen, wie die Ermessenskontrolle nach Umsetzung der Corporate Sustainability Due Diligence-Richtlinie aussehen könnte, bei *Weller/Fischer,* ZIP 2022, 2253 ff.

Als sprachliche Vorlage könnte das österreichische Aktiengesetz dienen, dessen §70 Abs.1 lautet: „Der Vorstand hat unter eigener Verantwortung die Gesellschaft so zu leiten, wie das Wohl des Unternehmens unter Berücksichtigung der Interessen der Aktionäre und der Arbeitnehmer sowie des öffentlichen Interesses es erfordert." Daran könnte sich der deutsche Gesetzgeber anlehnen. Um die Einbeziehung der Rücksichtnahme auf Menschenrechte und des Schutzes der Umwelt noch stärker hervorzuheben, könnte das „öffentliche Interesse" sodann noch näher erläutert werden. Ein neu zu formulierender §76 Abs.1 AktG könnte etwa lauten: „Der Vorstand hat unter eigener Verantwortung die Gesellschaft so zu leiten, wie das Wohl des Unternehmens unter Berücksichtigung der Interessen der Aktionäre und der Arbeitnehmer sowie des öffentlichen Interesses es erfordert. Das öffentliche Interesse umfasst insbesondere auch die Wahrung der Menschenrechte und den Schutz der Umwelt im Rahmen der Tätigkeit des Unternehmens.". In der Business Judgement Rule des §93 Abs.1 S.2 AktG könnte sodann zur sprachlichen Vereinheitlichung das „Wohl der Gesellschaft" durch das „Wohl des Unternehmens" ersetzt und zu seiner Konkretisierung auf §76 Abs.1 verwiesen werden. Ein neuer §93 Abs.1 S.2 AktG könnte lauten: „Eine Pflichtverletzung liegt nicht vor, wenn das Vorstandsmitglied bei einer unternehmerischen Entscheidung vernünftigerweise annehmen durfte, auf der Grundlage angemessener Information zum Wohle des Unternehmens (§76 Abs.1 AktG) zu handeln." Alternativ könnte auf den expliziten Verweis verzichtet und nur in der Gesetzesbegründung Bezug auf §76 Abs.1 AktG genommen werden. Die Änderung von §93 Abs.1 S.2 AktG würde dafür sorgen, dass über die Verweisungsnorm des §116 S.1 AktG auch der Aufsichtsrat auf das dann in §76 Abs.1 AktG definierte und in §93 Abs.1 S.2 AktG aufgegriffene Unternehmensinteresse explizit verpflichtet würde.

2. Klarstellung zur Nachhaltigkeitsvorgabe des § 87 Abs. 1 S. 2 AktG

Die Novellierung von § 87 Abs. 1 S. 2 AktG durch das ARUG II hat, wie im Rahmen dieser Arbeit dargelegt, nicht die vom Gesetzgeber beabsichtigte Klärung im Hinblick auf das Erfordernis der Einbeziehung auch sozialer und ökologischer Ziele in der Vergütungsstruktur der Vorstandsmitglieder börsennotierter Unternehmen gebracht. Um die aktuell herrschende Rechtsunsicherheit zu beenden und ggf. auch um Art. 15 Abs. 3 der geplanten „Corporate Sustainability Due Diligence"-Richtlinie – so er denn in der Fassung des Vorschlags der EU-Kommission verabschiedet wird – umzusetzen, wird der deutsche Gesetzgeber erneut tätig werden müssen. Wünschenswert wäre eine klarstellende Konkretisierung des Nachhaltigkeitsbegriffs in § 87 Abs. 1 S. 2 AktG. Möchte der Gesetzgeber die Verankerung von sozialen und ökologischen Zielen in der Vergütungsstruktur der Vorstandsmitglieder börsennotierter Gesellschaften verpflichtend vorsehen, sollte er dies im Gesetz auch unmissverständlich so formulieren. Ein neugefasster § 87 Abs. 1 S. 2 AktG könnte etwa lauten: „Die Vergütungsstruktur ist bei börsennotierten Gesellschaften auf eine wirtschaftlich langfristige sowie sozial und ökologisch nachhaltige Entwicklung der Gesellschaft auszurichten". Einem rein zeitlichen Nachhaltigkeitsverständnis, wie es in der Literatur derzeit noch immer vielfach vertreten wird, würde damit endgültig eine Absage erteilt. Um jegliches Potential für weitere Missverständnisse auszuräumen, könnte sodann auch der erläuternde § 87 Abs. 1 S. 3AktG um eine Mindestvorgabe zur Berücksichtigung sozialer und ökologischer Ziele in der variablen Vergütung ergänzt werden. Denkbar wäre etwa folgende Fassung: „Variable Vergütungsbestandteile sollen daher eine mehrjährige Bemessungsgrundlage haben und sind mindestens zu einem Viertel von der Erreichung anspruchsvoller sozialer und ökologischer Nachhaltigkeitsziele abhängig zu machen; für außerordentliche Entwicklungen soll der Aufsichtsrat eine Begrenzungsmöglichkeit vereinbaren." Diese Formulierung würde gewährleisten, dass ökologischen und sozialen Vergütungszielen in der Vorstandsvergütung zukünftig (anders als oft derzeit) das für eine spürbare Anreizwirkung notwendige Gewicht zukäme; gleichzeitig würde damit eine Forderung des Sustainable-Finance-Beirats der Bundesregierung aufgegriffen, der in seinem Abschlussbericht 2021 eine Mindestvorgabe für einen nachhaltigkeitsbezogenen Vergütungsanteil – sogar in Höhe von 30 % bezogen auf die Gesamtvergütung – angeregt hatte.[552] Das Adjektiv „anspruchsvoll" würde den Aufsichtsrat noch stärker in die Pflicht nehmen, ehrgeizige ökologische und soziale Zielwerte zu bestimmen; dadurch würde einer Umgehung des Gesetzeszwecks durch eine Bestimmung lediglich unambitionierter Ziele präventiv entgegengewirkt.

Weitere Detailregelungen sollten allerdings unterbleiben, um das Gesetz nicht zu überfrachten. Nähere Ausführungen zur Umsetzung der Nachhaltigkeitsmaßgabe könnten stattdessen zum einen in die Gesetzesbegründung aufgenommen werden. Die Erfahrungen mit dem ARUG II lehren, dass eine allzu knappe Bemerkung in der Gesetzesbegründung nicht geeignet ist, einen in der juristischen Literatur schwelenden Streit zu beenden. Schon allein deshalb sollte die Erläuterung einer erneuten Änderung von § 87 Abs. 1 S. 2 AktG umfangreich ausfallen. Sie sollte die Beweggründe des Gesetzgebers ausführlich erörtern, einen Verweis auf §§ 289b ff. HGB enthalten und als Handreichung für die Praxis Umsetzungsbeispiele aufzeigen. Eine eingehende Gesetzesbegründung, die die Bedeutung der neuen Vorgabe für eine ökologisch-soziale Transformation der deutschen Wirtschaft hervorhebt, würde auch die Wahrscheinlichkeit erhöhen, dass Verstöße gegen die Norm strenger durch die Rechtsprechung im Rahmen von Anfechtungskla-

552 „Shifting the Trillions" – Abschlussbericht des Sustainable-Finance-Beirats der Bundesregierung, 2021, abrufbar unter https://sustainable-finance-beirat.de/wp-content/uploads/2021/02/210224_SFB_-Abschlussbericht-2021.pdf, S. 94 ff.; der Beirat plädiert freilich dafür, diese Vorgabe im DCGK und nicht im Gesetz zu platzieren. Dies würde den Unternehmen allerdings die Möglichkeit einer – gemäß § 161 AktG offenzulegenden – Abweichung von der Vorgabe eröffnen.

gen gegen die Entlastung der Aufsichtsratsmitglieder „sanktioniert“ werden könnten. Damit würde gleichzeitig das Problem behoben, dass derzeit realistischerweise kaum Rechtsfolgen im Falle einer Missachtung von § 87 Abs. 1 S. 2 AktG durch den Aufsichtsrat drohen.[553] Folglich würde die rechtliche Durchsetzungskraft von § 87 Abs. 1 S. 2 AktG erhöht. Neben der Gesetzesbegründung kann und sollte zudem der DCGK für die Regelung weiterer Umsetzungsdetails genutzt gemacht werden (sogleich unter 3.).

3. Stärkere Nutzbarmachung des DCGK

Zuletzt und besonders empfiehlt sich eine stärkere Nutzbarmachung des DCGK für die weitere Regulierung nachhaltiger und langfristiger Vorstandsvergütung.[554] Der DCGK ist an börsennotierte Unternehmen gerichtet, die sich gemäß § 161 AktG hinsichtlich der Befolgung der Kodex-Empfehlungen erklären müssen – sein Adressatenkreis ist daher mit demjenigen von § 87 Abs. 1 S. 2 AktG identisch. DCGK-Empfehlungen könnten als Testballons und Blaupause für die sachgemäße Einbeziehung ökologischer und sozialer Ziele in der Vergütungsstruktur dienen; derzeit stellt dies für die Unternehmen, insbesondere für kleinere börsennotierte Einheiten, vielfach noch Neuland dar. Im Laufe der Zeit werden sich bewährte Vorgehensweisen und Mechanismen etablieren, die der Kodex flexibel aufgreifen kann. Deshalb – und auch um das Aktiengesetz vor einer Überfrachtung zu bewahren – empfiehlt es sich, Detailregelungen zur Umsetzung „langfristiger“ und „nachhaltiger“ Vorstandsvergütung der Kodex-Kommission zu überantworten. Über DCGK-Empfehlungen kann der Praxis eine kon-

553 Ausführlich zu diesem Problem bereits oben Kapitel F. Konkret zur Anfechtbarkeit der Entlastung der Aufsichtsratsmitglieder im Falle eines Verstoßes gegen § 87 Abs. 1 S. 2 AktG siehe F. II.

554 Die aktuelle Zurückhaltung des Kodex zu dieser Thematik zu Recht monierend *Mock/Velte*, AG 2022, 885, 891 f.; zuvor schon *Velte*, DStR 2022, 440, 446.

kretisierende Hilfestellung in Form von „Best-Practice-Standards“ bei der Umsetzung der Vorgabe des § 87 Abs. 1 S. 2 AktG gegeben werden. Den Aspekt der „Langfristigkeit“ verdeutlicht Empfehlung G. 6 DCGK bereits jetzt dahingehend, dass diejenige variable Vergütung, die sich aus dem Erreichen langfristig orientierter Ziele ergibt, den Anteil aus kurzfristig orientierten Zielen übersteigen soll. Empfehlung G. 7 S. 1 DCGK besagt, dass der Aufsichtsrat für das bevorstehende Geschäftsjahr für jedes Vorstandsmitglied für alle variablen Vergütungsbestandteile die Leistungskriterien festlegen soll, „die sich – neben operativen – vor allem an strategischen Zielsetzungen orientieren“ sollen. Empfehlungen G. 6 und G. 7 illustrieren beispielhaft den Beitrag, den der DCGK im Hinblick auf die Konkretisierung der Vorgabe des § 87 Abs. 1 S. 2 AktG leisten kann.

Zur Ausrichtung der Vergütungsstruktur auf eine (sozial und ökologisch) „nachhaltige“ Entwicklung der Gesellschaft sucht man bislang allerdings vergebens nach Ausführungen im DCGK. Obwohl der Kodex erst kürzlich um nachhaltigkeitsbezogene Empfehlungen erweitert wurde,[555] blieb das Thema der Vorstandsvergütung in diesem Zusammenhang ausgespart.[556] Dass ein Bedürfnis der Praxis für eine entsprechende Konkretisierung besteht und dass eine solche Konkretisierung auch formulierbar ist, beweist indes ein White Paper[557] des Arbeitskreises „Leitlinien für eine nachhaltige Vorstandsvergütung“, dem eine Reihe namhafter Aufsichtsratsvorsitzender deutscher börsennotierter Unternehmen, Vertreter institutioneller Investoren, Wissenschaftler und Berater auf dem Gebiet der Corporate Governance

555 Siehe eingehend zur nachhaltigkeitsfokussierten DCGK-Novelle 2022 etwa *von der Linden*, DStR 2022, 1765 ff.; *Timmel*, ZRP 2022, 70 ff.; *Mock/Velte*, AG 2022, 885 ff.

556 Kritisch dazu *Mock/Velte*, AG 2022, 885, 891 f.

557 White Paper „Nachhaltigkeit, ESG-Ziele und deren Verankerung in der Vorstandsvergütung“, Stand: September 2021, abrufbar unter http://www.leitlinien-vorstandsverguetung.de/wp-content/uploads/2021/09/whitepaper_esg.pdf (zuletzt abgerufen am 10. 08. 2023).

angehören. Jenes White Paper spricht gar selbst von „Best-Practice-Empfehlungen", die es zur Verankerung von ESG-Zielen in der Vorstandsvergütung beinhalte.[558] Demnach sollen ESG-Ziele (1.) unternehmensspezifisch und relevant sein, (2.) signifikant gewichtet werden, (3.) vorrangig langfristig ausgerichtet sowie (4.) nachvollziehbar messbar sein. Sie sollen außerdem (5.) anspruchsvoll sein und transparent offengelegt werden, (6.) möglichst integriert in der Unternehmenssteuerung verwendet und berichtet werden und (7.) hinsichtlich ihrer Materialität anhand des Geschäftsmodells hergeleitet werden. Zuletzt sollen (8.) Verantwortlichkeiten für ESG-Ziele innerhalb der Unternehmensleitung klar zugeordnet sein.[559]

Man mag darüber streiten, ob sich einzelne dieser White-Paper-Empfehlungen als inhaltliche Vorgabe schon aus dem Gesetz selbst ableiten lassen und daher keiner zusätzlichen Regelung im DCGK bedürfen. Eine Festsetzung von ESG-Zielen etwa, die nicht „unternehmensspezifisch und relevant" sind, dürfte offensichtlich dem Normzweck von § 87 Abs. 1 S. 2 AktG widersprechen. Auch Offenlegungs- und Berichtspflichten im Hinblick auf vergütungsrelevante ESG-Ziele enthält das Gesetz bereits, nämlich (allerdings nur in retrospektiver Hinsicht) in § 162 Abs. 1 S. 2 Nr. 1 AktG. *De lege ferenda* empfiehlt sich – wie ausgeführt – zudem eine gesetzliche Vorgabe zur Mindestgewichtung von sozialen und ökologischen Nachhaltigkeitszielen innerhalb der variablen Vergütung, womit sich auch diese Empfehlung des White Papers erübrigen würde. Es blieben dennoch genügend Denkanstöße des Arbeitskreises übrig, die die Kodex-Kommission für die Formulierung eigener Empfehlungen aufgreifen könnte und sollte. Der Praxis würde sie damit eine sinnvolle Unterstützung beim Umgang mit der Vorgabe des § 87 Abs. 1 S. 2 AktG bieten; zugleich könnte sie einen Beitrag zu einer ein-

558 White Paper „Nachhaltigkeit, ESG-Ziele und deren Verankerung in der Vorstandsvergütung" (Fn. 557), S. 4.

559 White Paper „Nachhaltigkeit, ESG-Ziele und deren Verankerung in der Vorstandsvergütung" (Fn. 557), S. 4 f.

heitlicheren und vergleichbareren Handhabung der Norm durch die Unternehmen bei der Vergütungsgestaltung leisten. Eine größere rechtspolitische Diskussion hierzu in der Fachliteratur wäre wünschenswert.

H. Zusammenfassung der Ergebnisse in Thesen

Die in den vorstehenden Kapiteln erarbeiteten Ergebnisse lassen sich im Wesentlichen wie folgt zusammenfassen:

1. Der dem Bereich der Forstwirtschaft entstammende und dort seit dem 18. Jahrhundert eine ressourcenschonende, weit vorausschauende Waldbewirtschaftungsmethode bezeichnende Begriff der Nachhaltigkeit ist im heutigen Sprachgebrauch präsenter denn je, besitzt jedoch eine problematische Mehrdeutigkeit und Unschärfe. Unterscheiden lassen sich grob drei Sinnrichtungen, nämlich (1.) eine zeitliche Bedeutung im Sinne einer langfristigen, dauerhaften Wirkung, (2.) eine (rein) ökologische Bedeutung im Sinne eines ressourcen- und umweltschonenden Prinzips und (3.) eine „dreidimensionale" Bedeutung im Sinne des Nachhaltigkeitskonzepts der UN, die ein Handeln unter möglichst ausgewogener Berücksichtigung ökonomischer, ökologischer und sozialer Belange bezeichnet. Konkretisiert wird diese letztere sehr abstrakte Sinnrichtung durch die Agenda 2030 der UN und das Pariser Klimaabkommen sowie die zu deren Umsetzung beschlossenen Gesetze und Strategiepapiere auf europäischer und deutscher Ebene. Trotz dieser Konkretisierung verbleibt der dreidimensionale Nachhaltigkeitsbegriff vage und ist vor allem als Abwägungsgebot zu verstehen.

2. Übermäßig auf kurzfristigen Erfolg ausgerichtete variable Managervergütungen waren nach Einschätzung des deutschen Gesetzgebers ein Mitauslöser der Finanz- und Wirtschaftskrise 2008/2009. Als Reaktion darauf brachte das VorstAG im Jahr 2009 in § 87

Abs. 1 S. 2 AktG a. F. die Vorgabe, dass die Vergütungsstruktur der Vorstandsmitglieder bei börsennotierten Gesellschaften auf eine „nachhaltige Unternehmensentwicklung" auszurichten ist. Entstehungshintergrund, Gesetzesbegründung und Sinn und Zweck der Vorgabe sprechen dafür, dass sie in ihrer damaligen Fassung von der herrschenden Ansicht zu Recht (nur) zeitlich im Sinne einer Ausrichtung der Vergütungsstruktur auf den langfristigen wirtschaftlichen Erfolg des Unternehmens interpretiert wurde. Nur vereinzelt gab es Tendenzen zu einem „weiten" (dreidimensionalen) Nachhaltigkeitsverständnis, die im Laufe der Zeit aber an Zustimmung gewannen.

3. Seit Inkrafttreten des ARUG II im Jahr 2019 ist die Vergütungsstruktur der Vorstandsmitglieder bei börsennotierten Gesellschaften gemäß § 87 Abs. 1 S. 2 AktG n. F. auf eine „nachhaltige und langfristige Entwicklung der Gesellschaft" auszurichten. Die Gesetzesmaterialien sprechen sich explizit gegen eine rein zeitliche Interpretation im Sinne einer lediglich „langfristigen Entwicklung" aus. Mit der Doppelung „nachhaltig" und „langfristig" solle deutlich gemacht werden, dass der Aufsichtsrat bei der Festsetzung der Vergütung, insbesondere der Wahl der Vergütungsanreize „auch soziale und ökologische Gesichtspunkte in den Blick zu nehmen hat". Richtigerweise kommt dem Begriff der „Nachhaltigkeit" somit nunmehr ein neuer, gegenüber dem der „Langfristigkeit" eigenständiger Bedeutungsgehalt zu. Neben der Gesetzesbegründung spricht dafür auch die breite Diskussion der letzten Jahre um Nachhaltigkeit im Unternehmensrecht auf europäischer Ebene, die im Zuge der Verabschiedung von Agenda 2030 und des Pariser Klimaabkommens durch die UN nochmals enorm an Fahrt gewonnen hat. Die CSR-Gesetzgebung aus dem Jahr 2014 sowie der „European Green Deal" der Europäischen Kommission aus dem Jahr 2019

und die mit letzterem verbundenen Einzelgesetzinitiativen, insbesondere die Offenlegungs- und die Taxonomieverordnung sowie die geplante „Corporate Sustainability Due Diligence"-Richtlinie, sind Ausfluss davon und weisen deutlich auf ein dreidimensionales Nachhaltigkeitsverständnis hin. Darüber hinaus empfiehlt auch Erwägungsgrund 29 der Zweiten Aktionärsrechterichtlinie explizit die Integration von ESG-Zielen in die Vorstandsvergütung; er ist bei der Auslegung von § 87 Abs. 1 S. 2 AktG in seiner Fassung nach dem ARUG II einzubeziehen.

4. Nach neuer Rechtslage kann der Aufsichtsrat nur bei ausreichender Rechtfertigung von der Festsetzung sozialer und ökologischer Vergütungsziele absehen. Die Anforderungen an die Rechtfertigung sind hoch anzusetzen:

    a) Im Ausgangspunkt ist jedenfalls davon auszugehen, dass der Aufsichtsrat ökologische und soziale Vergütungsziele mit der gebotenen Ernsthaftigkeit in Erwägung zu ziehen (eben „in den Blick zu nehmen") hat. Orientierung bieten die in § 289c HGB genannten CSR-Belange (näher noch unter 7.b)). Unterlässt er derartige Erwägungen, verletzt er bereits deshalb seine Pflicht aus § 87 Abs. 1 S. 2 AktG.

    b) Von einer Festsetzung ökologischer und sozialer Ziele kann der Aufsichtsrat sodann nach dem Zweck der Nachhaltigkeitsvorgabe nur bei ausreichender Rechtfertigung absehen. Voraussetzung wäre, dass von dem konkreten Unternehmen keine (oder jedenfalls keine wesentlichen) negativen ökologischen und sozialen Auswirkungen auf Umwelt und Gesellschaft ausgehen, deren Verringerung der Gesetzgeber über die neue Nachhaltigkeitsvorgabe beabsichtigt. Solche Fälle mögen theoretisch vorstellbar sein, praktisch derzeit aber kaum vorkommen.

5. Der in § 87 Abs. 1 S. 2 AktG n. F. daneben weiterhin enthaltenen Langfristigkeitsvorgabe kommt folgende Bedeutung zu:

   a) Sie dient zum einen (negativ) dazu, Vergütungsanreize auszuschließen, die dazu führen, dass kurzfristige, möglicherweise durch Substanzverzehr erzielte Gewinne auf Kosten eines anschließenden, umso stärkeren Einbruchs angestrebt (sog. „Strohfeuereffekt") werden. Der sog. „Zeitpräferenzkonflikt" des Managements soll zugunsten einer größeren Zukunftsausrichtung aufgelöst werden.

   b) Indes erschöpft sich die Maßgabe nicht in einem rein negativen Bedeutungsgehalt. Seine zentrale positive Ausprägung hat das Langfristigkeitsgebot in § 87 Abs. 1 S. 3 AktG gefunden, dem zufolge variable Vergütungsbestandteile „daher" eine mehrjährige Bemessungsgrundlage haben sollen. Jedoch geht der positive Inhalt des Langfristigkeitsgebots richtigerweise über die Vorgabe des § 87 Abs. 1 S. 3 AktG hinaus. Entscheidend ist nämlich auch eine Auswahl geeigneter Erfolgsparameter, mittels derer sich die langfristige (wirtschaftliche) Entwicklung der Gesellschaft feststellen und messen lässt. Den langfristigen Bestand des Unternehmens gefährdende Fehlanreize könnten etwa auch von einer ausschließlichen Koppelung der Vergütung an die Dividendenausschüttung über den mehrjährigen Bemessungszeitraum ausgehen.[560]

560 Beispiel nach *Wagner*, AG 2010, 774, 778.

6. Deutete schon bislang die Mehrzahl der Anhaltspunkte darauf hin, dass das deutsche Aktienrecht einem interessenpluralistischen Stakeholder Value-Ansatz folgt, wird dies durch § 87 Abs. 1 S. 2 AktG n. F. erneut und nachdrücklich bestätigt:

   a) Da die Vorstandsvergütung Entlohnung für eine aufgaben- und leistungsbezogene Vorstandstätigkeit ist, lässt das Gebot, dass die Vergütungsstruktur bei börsennotierten Unternehmen auf eine nachhaltige und langfristige Entwicklung der Gesellschaft auszurichten ist, die Schlussfolgerung zu, dass das Hinwirken auf eine solche Entwicklung der Gesellschaft (jedenfalls bei börsennotierten Gesellschaften) gesetzlicher Auftrag an den Vorstand ist.

   b) Weil § 87 Abs. 1 S. 2 AktG n. F. neben einer Ausrichtung auf den langfristigen wirtschaftlichen Erfolg des Unternehmens nunmehr auch auf eine ökologisch und sozial verträgliche Entwicklung des Unternehmens abzielt, muss das Herbeiführen einer solchen Entwicklung – trotz aller damit verbundenen Konkretisierungsschwierigkeiten – folglich zu den Aufgaben des Vorstands zählen. Dies deutet stark darauf hin, dass die Organe der AG ökologische und soziale Stakeholder-Belange im Rahmen ihrer Unternehmensführung auch jenseits spezialgesetzlicher Mindestvorgaben und trotz ggf. damit einhergehender wirtschaftlicher Belastungen für das Unternehmen zu berücksichtigen und abzuwägen haben. *De lege ferenda* ist eine Abwägungsdogmatik zu entwickeln, die sich an der Abwägungsfehlerlehre des Verwaltungsrechts orientieren könnte.

7. Möchte der Aufsichtsrat keine (weiterhin zulässige, aber praxisunübliche) reine Festvergütung festlegen, hat er zur Umsetzung der

Vorgabe des § 87 Abs. 1 S. 2 AktG diejenigen Indikatoren eruieren, die für die nachhaltige und langfristige Entwicklung der konkreten Gesellschaft die relevanten Parameter darstellen:

a) Im Hinblick auf die *langfristige* Entwicklung der Gesellschaft naheliegend ist dabei die Heranziehung der mehrjährig betrachteten Entwicklung der Aktienkurses der Gesellschaft, weil er die wirtschaftliche Gesamtentwicklung der Gesellschaft relativ zuverlässig abbildet. Daneben können (ggf. auch kumulativ) etwa die Entwicklung von Gewinn, Umsatz und/oder Liquidität des Unternehmens im Bemessungszeitraum genutzt werden.

b) Hinsichtlich der *nachhaltigen* Entwicklung der Gesellschaft hat sich der Aufsichtsrat mit den ökologischen und sozialen Auswirkungen der Unternehmenstätigkeit zu befassen. Orientierung bietet die in § 289c Abs. 2 HGB enthaltene Aufzählung von CSR-Aspekten, die je nach Relevanz für das jeweilige Unternehmen herangezogen werden können. Stützen kann sich der Aufsichtsrat auch auf die Vorarbeit, die der Vorstand gemäß § 289c Abs. 3 Nr. 5 HGB leistet. Danach hat der Vorstand in der nichtfinanziellen Erklärung unter anderem die „bedeutsamsten nichtfinanziellen Leistungsindikatoren, die für die Geschäftstätigkeit der Kapitalgesellschaft von Bedeutung sind“ anzugeben. Bei der Sammlung der relevanten Indikatoren hat der Aufsichtsrat zu bedenken, inwieweit diese sich vernünftigerweise für eine Anreizsetzung über die Vorstandsvergütung eignen; sie sollten insbesondere nachvollziehbar messbar sein. Sinnvoll sind zudem nur Ziele, die über zwingende gesetzliche Vorgaben hinausgehen, da der Vorstand diese aufgrund seiner Legalitätspflicht ohnehin einhalten muss.

c) Das im Gesetz angelegte Spannungsverhältnis zwischen „Lenkungskompetenz“ des Aufsichtsrats gemäß § 87 Abs. 1 S. 2 AktG und Leitungskompetenz des Vorstands gemäß § 76 Abs. 1 AktG ist möglichst in gegenseitiger Kooperation aufzulösen. Vom Aufsichtstrat entwickelte vergütungsrelevante Ziele sind grundsätzlich aus der Unternehmensstrategie – in deren Entwicklung der Aufsichtsrat als Dialogpartner eingebunden ist – abzuleiten. Sie müssen so abstrakt sein, dass sie den Vorstand nicht übermäßig in seiner Leitungsautonomie einengen. Trotz Gebot der Ableitung vergütungsrelevanter Ziele aus der Unternehmensstrategie überschreitet der Aufsichtsrat seine Kompetenzen jedenfalls noch nicht, wenn er einzelne vom Vorstand entwickelte Unternehmensziele mangels Nachhaltigkeit bzw. Langfristigkeit nicht über Vergütungsanreize fördert. Im Übrigen ist die Grenze zwischen legitimer Steuerung des Vorstandshandelns und unzulässiger mittelbarer Übernahme der Unternehmensplanung anhand einer wertenden Einzelfallbetrachtung zu ziehen.

d) Bei der Festlegung der Vergütungsziele hat der Aufsichtsrat Zielkonflikte ebenso wie eine Überkomplexität des Vergütungssystems im Rahmen des Möglichen zu vermeiden.

8. Die Umsetzung von § 87 Abs. 1 S. 2 AktG in der Praxis ist sehr vielgestaltig. Die Einbeziehung ökologischer und sozialer Parameter in der Vergütungsgestaltung ist jedenfalls im DAX 40 mittlerweile Standard, sie werden bislang aber oft nur gering gewichtet:

a) Für die Ausrichtung auf eine *langfristige* Entwicklung der Gesellschaft hat sich in der Praxis mit sog. „Stock Awards“, „Stock Appreciation Rights“, „virtuellen Aktien“ und ähnlichen Vehikeln eine Vielzahl von Vergütungsmechanismen etabliert. In der Regel wird die langfristig-variable Vergütung von der Entwicklung der – ggf. relativ zu einem Index gemessenen – Gesamtaktionärsrendite („Total Shareholder Return") im Bemessungszeitraum abhängig gemacht. Die bisweilen komplexen Systeme berücksichtigen teilweise daneben weitere Parameter wie die Entwicklung des Gewinns oder der Liquidität des Unternehmens.

b) Hinsichtlich der Ausrichtung auf eine *nachhaltige* Entwicklung der Gesellschaft ist die Vielfalt der Mechanismen noch größer. ESG-Ziele werden teilweise in der kurzfristig-variablen, teilweise in der langfristig-variablen Vergütung verankert. Häufig verwendete ökologische Indikatoren sind die CO_2-Bilanz und der Energieverbrauch des Unternehmens. Die soziale Nachhaltigkeitsdimension wird vielfach durch Diversitätsziele oder Ziele für die über Umfragen gemessene Mitarbeiterzufriedenheit im Unternehmen abgedeckt. Kritisch zu sehen sind die erheblichen Unterschiede in der Ausführlichkeit der zu ökologischen und sozialen Vergütungszielen von den Unternehmen veröffentlichten Informationen. Gesetzte Ziele werden oft nur oberflächlich erläutert; konkrete Zielwerte werden meist nicht näher begründet oder in Kontext gesetzt. Eine Überprüfung ihrer Angemessenheit ist damit nur schwer möglich. Teilweise entsteht – auch angesichts ihrer bezogen auf die Ziel-Gesamtvergütung in der Regel geringen Gewichtung – der Eindruck, dass die Einbeziehung von ökologischen und sozialen Zielen in der Vergütungsstruktur derzeit oft noch eher eine Alibi-Funktion gegenüber Investoren und der Öffentlichkeit übernimmt.

9. § 87 Abs. 1 S. 2 AktG besitzt *de lege lata* nur geringe Durchsetzungskraft. Eine Missachtung der Norm wird in aller Regel keine sanktionierenden Rechtsfolgen für die Aufsichtsratsmitglieder nach sich ziehen, zumal seine vage Formulierung bereits die Feststellung eines Verstoßes schwierig macht:

   a) Für die vom Gesetzgeber angedachte Haftungsfolge gemäß §§ 116 S. 1 und 3, 93 Abs. 2 AktG wird der erforderliche Nachweis eines adäquat kausal hervorgerufenen Schadens im Normalfall nicht gelingen. Darüber hinaus würden sich erhebliche praktische Probleme bei der Schadensgeltendmachung stellen.

   b) Für eine Anfechtung der Entlastung der Aufsichtsratsmitglieder nach „Macrotron"-Grundsätzen wird es angesichts der vagen Formulierung des § 87 Abs. 1 S. 2 AktG und seiner aktuell sehr unterschiedlichen Interpretation in der Literatur regelmäßig an der erforderlichen Eindeutigkeit und Schwere des Gesetzesverstoßes fehlen. Dies könnte sich in Zukunft allerdings ändern, wenn, wie derzeit angedacht, eine Koppelung der Organvergütung (zumindest) an die Klimabilanz bei großen Unternehmen europaweit verbindlich vorgeben und der Thematik damit eine nochmals vergrößerte rechtliche Bedeutungsdimension verliehen werden sollte.

   c) Unmittelbare rechtliche Auswirkungen einer Missachtung von § 87 Abs. 1 S. 2 AktG auf die Hauptversammlungsbeschlüsse gemäß § 120a Abs. 1 und 4 AktG sind schon wegen des gesetzlich angeordneten Anfechtungsausschlusses gemäß § 120a Abs. 1 S. 3, Abs. 4 S. 2 AktG nicht möglich. Denkbar sind allenfalls faktische Auswirkungen auf das Abstimmungsverhalten der Hauptversammlung – nämlich dann, wenn der Verstoß gleichzeitig mit einer Enttäuschung der Investorenerwartungen zur Vorstandsvergütung einhergeht, die sich inhaltlich in jüngerer Zeit immer öfter mit der Vorgabe des § 87 Abs. 1 S. 2 AktG in der hier vertretenen Auslegung decken.

10. Die Richtlinie der EU zur Verschärfung der Vorgaben über die CSR-Berichterstattung sowie die noch in Planung befindliche Richtlinie zur „Corporate Sustainability Due Diligence" werden den deutschen Gesetzgeber schon bald zu weiteren Änderungen des deutschen Handels- und Aktienrechts veranlassen.

    a) *De lege ferenda* angezeigt und ratsam dürfte dabei auch eine Regelung der Verpflichtung der Vorstands- und Aufsichtsratsmitglieder auf ein interessenpluralistisch zu verstehendes Unternehmensinteresse sein, dessen konkrete Verwirklichung durch neue Vorgaben zur Umsetzung der „Corporate Sustainability Due Diligence"-Richtlinie näher bestimmt würde.

    b) Angesichts der dargelegten Unklarheit in Literatur und Praxis über den Aussagegehalt von § 87 Abs. 1 S. 2 AktG sollte in diesem Zusammenhang auch diese Norm erneut überarbeitet, inhaltlich klargestellt und konkretisiert werden.

    c) Für die Etablierung von „Best-Practice-Standards" im Hinblick auf die Ausrichtung der Vergütungsstruktur der Vorstandsmitglieder börsennotierter Unternehmen auf eine nachhaltige und langfristige Entwicklung der Gesellschaft kann und sollte der DCGK stärker nutzbar gemacht werden. Obwohl er einen eigenen Abschnitt zur Vorstandsvergütung enthält, finden sich dort aktuell keine Empfehlungen zur Integration von ökologischen und sozialen Zielen in der Vergütungsstruktur.

Literaturverzeichnis:

Adams, Michael: Aktienoptionspläne und Vorstandsvergütungen, ZIP 2002, 1325 ff.

Allianz Global Investors: Global Corporate Governance Guidelines, Stand: Januar 2023, abrufbar unter https://www.allianzglobalinvestors.de/MDBWS/doc/AllianzGI+Global+Corporate+Governance+Guidelines_EN.pdf?f8bc44bad4d0f884d7e161500b30cdbfcc6674f4 (zuletzt abgerufen am 10.08.2023).

Annuß, Georg: Risikomanagement und Vergütungspolitik – Die Institutsvergütungsverordnung aus arbeitsrechtlicher Sicht, NZA-Beilage 2014, 121 ff.

Annuß, Georg; Theusinger, Ingo: Das VorstAG – Praktische Hinweise zum Umgang mit dem neuen Recht, BB 2009, 2434 ff.

Arbeitskreis Integrated Reporting und Sustainable Management (AKIR) der Schmalenbach-Gesellschaft für Betriebswirtschaft e. V., „Doppelte Wesentlichkeit" – Zehn Thesen zur Relevanz für den Aufsichtsrat, DB 2023, 1105 ff.

Arnold, Christian: Variable Vergütung von Vorstandsmitgliedern im faktischen Konzern, in: Festschrift für Jobst-Hubertus Bauer, 2010, S. 35 ff.

Arnold, Christian; Herzberg, Julia; Zeh, Ricarda: Vorstandsvergütung und Nachhaltigkeit, AG 2021, 141 ff.

Arnold, Christian; Zeh, Ricarda; Hanke, Luca: Malus- und Clawback-Regelungen in Vergütungssystemen börsennotierter Gesellschaften, AG 2022, 843 ff.

Arnold, Michael: Verantwortung und Zusammenwirken des Vorstands und Aufsichtsrats bei Compliance-Untersuchungen, ZGR 2014, 76 ff.

Ausschüsse Handelsrecht, Corporate Social Responsibility und Compliance sowie Menschenrechte des deutschen Anwaltvereins: Stellungnahme zum Vorschlag für eine Richtlinie des Europäischen Parlaments und des Rates über die Sorgfaltspflichten von Unternehmen im Hinblick auf Nachhaltigkeit und zur Änderung der RL (EU) 2019/1937, NZG 2022, 909 ff.

Austmann, Andreas: Integration der Zielgesellschaft nach Übernahme, ZGR 2009, 277 ff.

Baeck, Ulrich; Götze, Cornelius; Arnold, Christian: Festsetzung und Herabsetzung der Geschäftsführervergütung – Welche Änderungen bringt das VorstAG?, NZG 2009, 1121 ff.

Bachmann, Gregor: CSR-bezogene Vorstands- und Aufsichtsratspflichten und ihre Sanktionierung, ZGR 2018, 231 ff.

Bachmann, Gregor: Neue Vergütungsregeln im Kodex, ZHR 184 (2020), 127 ff.

Bachmann, Gregor: Zielsetzung und Governance von Unternehmen im Lichte der Klimaverantwortung, ZHR 187 (2023), 166 ff.

Backhaus, Richard; Tielmann, Jörgen: Der Aufsichtsrat, 2. Auflage 2023 (zitiert als: Backhaus/Tielmann/*Bearbeiter*, Der Aufsichtsrat).

Bauer, Jobst-Hubertus; Arnold, Christian: Festsetzung und Herabsetzung der Vorstandsvergütung nach dem VorstAG, AG 2009, 717 ff.

Bayer, Walter: Die Vergütung von Vorstands- und Aufsichtsratsmitgliedern börsennotierter Gesellschaften nach dem RefE für das ARUG II, DB 2018, 3034 ff.

Becker, Fred G.; Kramarsch, Michael H.: Leistungs- und erfolgsorientierte Vergütung für Führungskräfte, 2006.

Behme, Caspar: Die Vergütung der Mitglieder von Vorstand und Aufsichtsrat – gesellschaftsrechtliche Rahmenbedingungen und Haftungsrisiken, BB 2019, 451 ff.

Behrens, Walther; Rinsdorf, Hauke: Eingriff in die Weisungsunabhängigkeit von Vorständen durch Zielvereinbarungen, in: Festschrift zum 25-jährigen Bestehen der Arbeitsgemeinschaft Arbeitsrecht im DAV, 2006, S. 449 ff.

Berle, Adolf A.; Means, Gardiner C.: The Modern Corporation and Private Property, 1932.

Bingel, Adrian; Rothenburg, Vera; Schumann, Julia: Nachhaltigkeitsberichterstattung nach CSRD – Auswirkungen auf die Organpflichten, DB 2023, 118 ff.

Binz, Mark; Sorg, Martin: Erfolgsabhängige Vergütungen von Vorstandsmitgliedern einer Aktiengesellschaft auf dem Prüfstand, BB 2002, 1273 ff.

Bürgers, Tobias; Körber, Torsten; Lieder, Jan (Hrsg.): Aktiengesetz, 5. Auflage 2021 (zitiert als: Bürgers/Körber/Lieder/*Bearbeiter*).

Cahn, Andreas: Vorstandsvergütung als Gegenstand rechtlicher Regulierung, in: Festschrift für Klaus J. Hopt, 2010, S. 431 ff.

Carlowitz, Hans Carl von, Sylvicultura Oeconomica, oder Hauswirthliche Nachricht und Naturmäßige Anweisung zur Wilden Baum-Zucht, Leipzig 1713.

Charnitzky, Milena: Die Festsetzung variabler Vergütungsbestandteile im Vorstandsvergütungssystem börsennotierter Gesellschaften – Ein Praxisüberblick, NZG 2021, 1438 ff.

Dauner-Lieb, Barbara: Die Verrechtlichung der Vorstandsvergütung durch das VorstAG als Herausforderung für den Aufsichtsrat, Der Konzern 2009, 583 ff.

Dauner-Lieb, Barbara; von Preen, Alexander; Simon, Stefan: Das VorstAG – Ein Schritt auf dem Weg zum Board-System?, DB 2010, 377 ff.

Deilmann, Barbara; Otte, Sabine: Auswirkungen des VorstAG auf die Struktur der Vorstandsvergütung, GWR 2009, 261 ff.

Deka Investment, Grundsätze der Abstimmungspolitik bei Hauptversammlungen, Stand: Januar 2023, abrufbar unter https://www.deka.de/site/privatkunden_site/get/params_E-869046963/13519132/Grundsätze%20der%20Abstimmungspolitik%20der%20Deka%20Vermögensmanagement%20GmbH.pdf (zuletzt abgerufen am 10.08.2023).

Deter, Gerhard: „Nationale Nachhaltigkeitsstrategie" und Grundgesetz, ZUR 2012, 157 ff.

Deutsche Gesellschaft für Wertpapiersparen (DWS), Corporate Governance and Proxy Voting Policy 2023, abrufbar unter https://www.dws.com/AssetDownload/Index?assetGuid=501ac2a6-2703-468a-a3b6-99d754b34749&consumer=E-Library (zuletzt abgerufen am 10.08.2023).

Dillerup, Ralf; Stoi, Roman: Unternehmensführung, 6. Auflage 2022.

Dörrwächter, Jan: Nachhaltigkeit und Gesellschaftsinteresse – Zu den Pflichten des Vorstands im Zusammenhang mit ESG, NZG 2022, 1083 ff.

Drescher, Ingo; Fleischer, Holger; Schmidt, Karsten (Hrsg.): Münchener Kommentar zum Handelsgesetzbuch. Band 4 (§§ 238–342e HGB), 4. Auflage 2020 (zitiert als: MüKoHGB/*Bearbeiter*).

Drygala, Tim: Die neue Pflicht des Vorstands zur Bescheidenheit, in: Festschrift für Uwe H. Schneider, 2011, S. 275 ff.

Dzida, Boris; Naber, Sebastian: Risikosteuerung durch variable Vergütung, BB 2011, 2613 ff.

Eichner, Christian; Delahaye, Lukas: Sorgfaltspflichten und Gestaltungsmöglichkeiten des Aufsichtsrats bei Vorstandsverträgen nach dem VorstAG, ZIP 2010, 2082 ff.

Ekardt, Felix: Das Prinzip Nachhaltigkeit, 3. Auflage 2016.

Empt, Martin: Corporate Social Responsibility – Das Ermessen des Managements zur Berücksichtigung von Nichtaktionärsinteressen im US-amerikanischen und deutschen Aktienrecht, 2004.

Ettinger, Jochen; Grützediek, Elke: Haftungsrisiken im Zusammenhang mit der Corporate Governance Entsprechenserklärung gemäß § 161 AktG, AG 2003, 353 ff.

Fleischer, Holger: Das Mannesmann-Urteil des Bundesgerichtshofs: Eine aktienrechtliche Nachlese, DB 2006, 542 ff.

Fleischer, Holger: Das Gesetz zur Angemessenheit der Vorstandsvergütung (VorstAG), NZG 2009, 801 ff.

Fleischer, Holger (Hrsg.): Mysterium „Gesetzesmaterialien", 2013.

Fleischer, Holger: Walther Rathenau: Vom Aktienwesen – Eine geschäftliche Betrachtung (1917), JZ 2017, 991 ff.

Fleischer, Holger: Ehrbarer Kaufmann – Grundsätze der Geschäftsmoral – Reputationsmanagement: Zur „Moralisierung“ des Vorstandsrechts und ihren Grenzen, DB 2017, 2015 ff.

Florstedt, Tim: Die wesentlichen Änderungen des ARUG II nach den Empfehlungen des Rechtsausschusses – Weitere sozial- und ökopolitische Indienstnahme der AG, Höchstgrenzen für Vorstandsgehälter und Effektuierung des Aktionärsschutzes bei related party transactions, ZIP 2020, 1 ff.

Gadow, Stefanie; Hartmann, Ullrich; Lienland, Dieter; Bruhn, Benjamin: Berücksichtigung von ESG-Risiken im Rahmen der Kreditvergabe- und -überwachungsprozesse von Finanzinstituten, DB 2023, 564 ff.

Gaul, Björn; Janz, Alexandra: Wahlkampfgetöse im Aktienrecht: Gesetzliche Begrenzung der Vorstandsvergütung und Änderungen der Aufsichtsratstätigkeit, NZA 2009, 809 ff.

Glass Lewis, 2023 Policy Guidelines, abrufbar unter https://www.glasslewis.com/wp-content/uploads/2022/11/Germany-Voting-Guidelines-GL-2023.pdf?hsCtaTracking=30fc18cc-691d-4b62-8806-a1562241a80a%7C0d0290cb-7f96-4ee6-b05d-50577803ca42 (zuletzt abgerufen am 10. 08. 2023).

Goette, Wulf: Zur Orientierung der Vorstandsvergütung an der Lage der Muttergesellschaft, in Festschrift für Klaus J. Hopt, 2010, 689 ff.

Goette, Wulf; Arnold, Michael: Handbuch Aufsichtsrat, 2021 (zitiert als: Goette/Arnold/*Bearbeiter*, AR-HdB).

Goette, Wulf; Habersack Mathias (Hrsg.): Münchner Kommentar zum Aktiengesetz, Band 2 (§§ 76–117, MitbestG, DrittelbG), 5. Auflage 2019 (zitiert als: MüKoAktG/*Bearbeiter*, 5. Auflage 2019).

Goette, Wulf; Habersack, Mathias (Hrsg.): Münchner Kommentar zum Aktiengesetz,
- Band 2 (§§ 76–117, MitbestG, DrittelbG), 6. Auflage 2023,
- Band 3 (§§ 118–178), 5. Auflage 2022,
- Band 4 (§§ 179–277), 5. Auflage 2021

(zitiert als: MüKoAktG/*Bearbeiter*).

Goslar, Sebastian: Organvergütung nach ARUG II und dem neuen DCGK, DB 2020, 937 ff.

Grigoleit, Hans Christoph: Aktiengesetz. Kommentar, 2. Auflage 2020 (zitiert als: Grigoleit/*Bearbeiter*).

Grober, Ulrich: Die Entdeckung der Nachhaltigkeit – Kulturgeschichte eines Begriffs, 2013.

Grober, Ulrich: Von Freiberg nach Rio – Die „Sylvicultura oeconomica“ des Hans Carl von Carlowitz und die Karriere des Begriffs „nachhaltig“ / „sustainable“, 2013.

Grothaus, Julia; MacDonald, Julia: Neue Pflichten zur nachhaltigen Unternehmensführung, DB-Beilage 22/2022, 40 f.

Grundei, Jens; Graumann, Matthias: Die Rolle des Aufsichtsrats im Strategieprozess, DB 2021, 181 ff.

Gsell, Beate; Krüger, Wolfgang; Lorenz, Stephan; Reymann, Christoph (Gesamtherausgeber): beck-online. Großkommentar zum Zivilrecht (zitiert als: BeckOGK/*Bearbeiter*).

Habersack, Mathias: Die Einbeziehung des Tochtervorstands in das Aktienoptionsprogramm der Muttergesellschaft – ein Problem der §§ 311 ff. AktG?, in: Festschrift für Thomas Raiser, 2005, S. 111 ff.

Habersack, Mathias: Vorstands- und Aufsichtsratsvergütung – Grundsatz- und Anwendungsfragen im Lichte der Aktionärsrechterichtlinie, NZG 2018, 127 ff.

Habersack, Mathias: Gemeinwohlbindung und Unternehmensrecht, AcP 220 (2020), 594 ff.

Hanau, Peter: Der (sehr vorsichtige) Entwurf eines Gesetzes zur Angemessenheit der Vorstandsvergütung, NJW 2009, 1652 ff.

Handelsrechtsausschuss des Deutschen Anwaltsvereins: Stellungnahme zum Entwurf eines Gesetzes zur Angemessenheit der Vorstandsvergütung (VorstAG), NZG 2009, 612 ff.

Harbarth, Stephan: Aktienrecht, Gemeinwohl und Vergütungsparameter, ZGR 2018, 379 ff.

Harbarth, Stephan: Die Aktiengesellschaft im Wandel der Zeit zwischen Wirtschaftlichkeit und Gemeinwohl, ZGR 2022, 533 ff.

Harbarth, Stephan: „Corporate Sustainability Due Diligence"-Richtlinie – (Kein) Systemumbruch im deutschen Aktienrecht?, AG 2022, 633 ff.

Hasel, Karl; Schwartz, Ekkehard: Forstgeschichte, 2. Auflage 2002.

Haussmann, Fritz: Die Aktiengesellschaft als „Unternehmen an sich", JW 1927, 2953 ff.

Henssler, Martin (Gesamtherausgeber): beck-online.Großkommentar zum Handels- und Gesellschaftsrecht (zitiert als: BeckOGK/*Bearbeiter*).

Henssler, Martin; Strohn, Lutz (Hrsg.): Gesellschaftsrecht, 5. Auflage 2021 (zitiert als: Henssler/Strohn/*Bearbeiter*, GesR).

Henze, Hartwig: Leitungsverantwortung des Vorstands – Überwachungspflicht des Aufsichtsrats, BB 2000, 209 ff.

Hexel, Dietmar: Bausteine für eine angemessene Vorstandsvergütung, Der Aufsichtsrat 2008, 128 f.

Hirte, Heribert; Mülbert, Peter O.; Roth, Markus (Hrsg.): Aktiengesetz. Großkommentar, Band 4/1 (§§ 76–91), 5. Auflage 2015 (zitiert als GK-AktG/*Bearbeiter*).

Hirte, Heribert; Heidel, Thomas (Hrsg.): Das neue Aktienrecht, 2020 (zitiert als: Hirte/Heidel/*Bearbeiter*).

Hoffmann-Becking, Michael (Hrsg.): Münchener Handbuch des Gesellschaftsrechts. Band 4. Aktiengesellschaft, 5. Auflage 2020 (zitiert als: MünchHdb AG/*Bearbeiter*).

Hoffmann-Becking, Michael; Krieger, Gerd: Leitfaden zur Anwendung des Gesetzes zur Angemessenheit der Vorstandsvergütung (VorstAG), NZG-Beilage 16/2009, 1 ff.

Hohaus, Benedikt; Weber, Christoph: Die Angemessenheit der Vorstandsvergütung gem. § 87 AktG nach dem VorstAG, DB 2009, 1515 ff.

Hohenstatt, Klaus-Stefan: Das Gesetz zur Angemessenheit der Vorstandsvergütung, ZIP 2009, 1349 ff.

Hohenstatt, Klaus-Stefan; Kuhnke, Michael: Vergütungsstruktur und variable Vergütungsmodelle für Vorstandsmitglieder nach dem VorstAG, ZIP 2009, 1981 ff.

Hohmann, Harald: Ergebnisse des Erdgipfels von Rio – Weiterentwicklung des Umweltvölker-rechts durch die UN-Umweltkonferenz von 1992, NVwZ 1993, 311 ff.

Hölters, Wolfgang; Weber, Markus: Aktiengesetz. Kommentar, 4. Auflage 2022 (zitiert als: Hölters/Weber/*Bearbeiter*).

Hommelhoff, Peter: CSR-Vorstands- und -Aufsichtsratspflichten, NZG 2017, 1361 ff.

Hommelhoff, Peter: Vorstandsbezüge und gesteuertes Organverhalten, in: Festschrift für Klaus J. Hopt, 2020, S. 467 ff.

Hopt, Klaus J.: Aktionärskreis und Vorstandsneutralität, ZGR 1993, 534 ff.

Hübner, Leonhard; Habrich, Victor; Weller, Marc-Philippe: Corporate Sustainability Due Diligence – Der EU-Richtlinienentwurf für eine Lieferkettenregulierung, NZG 2022, 644 ff.

Hüffer, Uwe: Das Leitungsermessen des Vorstands in der Aktiengesellschaft, in: Festschrift für Thomas Raiser, 2005, S. 163 ff.

Ihrig, Hans-Christoph; Schäfer, Carsten: Rechte und Pflichten des Vorstands, 1. Auflage 2014 und 2. Auflage 2020.

Jaeger, Georg; Balke, Michaela: Zu den Auswirkungen des VorstAG auf bestehende Vorstandsdienstverträge, ZIP 2010, 1471 ff.

Jahn, Joachim: Das VorstAG: Neue Vorschriften gegen „unangemessene" Managerbezüge, GWR 2009, 135 ff.

Jensen, Michael C.; Meckling, William H.: Theory of the Firm: Managerial Behavior, Agency Costs and Ownership Structure, Journal of Financial Economics 3 (1976), 305 ff.

Johannsen-Roth, Tim; Ghassemi-Tabar, Nima; Illert, Staffan: Deutscher Corporate Governance Kodex. Kommentar, 2020 (zitiert als: JIG/*Bearbeiter*, DCGK).

Johannsen-Roth, Tim; Kießling, Arne: Einfluss von ESG-Faktoren auf die Vorstandsvergütung, DB-Beilage 20/2021, 31 ff.

Jung, Stefanie; Krebs, Peter; Stiegler, Sascha (Hrsg.): Gesellschaftsrecht in Europa, 2019.

Kahl, Wolfgang (Hrsg.): Nachhaltigkeit als Verbundbegriff, 2008.

Ketteler, Gerd: Der Begriff der Nachhaltigkeit im Umwelt- und Planungsrecht, NuR 2002, 513 ff.

Kiethe, Kurt: Falsche Erklärung nach § 161 AktG – Haftungsverschärfung für Vorstand und Aufsichtsrat?, NZG 2003, 559 ff.

Kling, Michael: Die Angemessenheit der Vorstandsvergütung gemäß § 87 AktG n. F., DZWIR 2010, 221 ff.

Klöhn, Lars: Die Herabsetzung der Vorstandsvergütung gem. § 87 Abs. 2 AktG in der börsennotierten Aktiengesellschaft, ZGR 2012, 1 ff.

Koch, Jens: Aktiengesetz, 17. Auflage 2023.

Kocher, Dirk; Bednarz, Liane: Mehrjährigkeit der variablen Vorstandsvergütung im Lichte der Nachhaltigkeit nach dem VorstAG, Der Konzern 2011, 77 ff.

Kort, Michael: Vorstandshandeln im Spannungsverhältnis zwischen Unternehmensinteresse und Aktionärsinteressen, AG 2012, 605 ff.

Kremer, Thomas; Bachmann, Gregor; Lutter, Marcus; von Werder, Axel: Deutscher Corporate Governance Kodex. Kodex-Kommentar, 8. Auflage 2021 (zitiert als: KBLW/*Bearbeiter*, DCGK).

Kropff, Bruno: Aktiengesetz, 1965.

Kubis, Dietmar: Die Entlastung nach rechtswidrigem Organhandeln in der Aktiengesellschaft, NZG 2005, 791 ff.

Kubis, Dietmar; Tödtmann, Ulrich (Hrsg.): Arbeitshandbuch für Vorstandsmitglieder, 3. Auflage 2022 (zitiert als: Kubis/Tödtmann/*Bearbeiter*, Arbeitshandbuch für Vorstandsmitglieder).

Küster, Hansjörg: Geschichte des Waldes – Von der Urzeit bis zur Gegenwart, 3. Auflage 2013.

Laux, Helmut: Risiko, Anreiz und Kontrolle, 1990.

Lingemann, Stefan: Angemessenheit der Vorstandsvergütung – Das VorstAG ist in Kraft, BB 2009, 1918 ff.

Löbbe, Marc; Fischbach, Jonas: Die Neuregelungen des ARUG II zur Vergütung von Vorstand und Aufsichtsrat börsennotierter Aktiengesellschaften, AG 2019, 373 ff.

Louven, Christoph; Ingwersen, Malte: Wie nachhaltig muss die Vorstandsvergütung sein?, BB 2013, 1219 ff.

Lutter, Marcus; Krieger, Gerd; Verse, Dirk: Rechte und Pflichten des Aufsichtsrats, 7. Auflage 2020.

Lutz-Bachmann, Sebastian; Vorbeck, Kristin; Wengenroth, Lenard: Nachhaltigkeitsbezogene Sorgfaltspflichten in Geschäftsbeziehungen – zum Entwurf der EU für eine „Lieferkettenrichtlinie“, BB 2022, 835 ff.

Marsch-Barner, Reinhard: Zum Begriff der Nachhaltigkeit in § 87 Abs. 1 AktG, ZHR 175 (2011), 737 ff.

Martens, Klaus-Peter: Stand und Entwicklung im Recht der Stock-Options, in: Festschrift für Peter Ulmer, 2003, S. 399 ff.

Martens, Klaus-Peter: Rechtliche Rahmenbedingungen der Vorstandsvergütung, in: Festschrift für Uwe Hüffer, 2010, S. 647 ff.

Martini, Mario; Finkenzeller, Xaver: Die Abwägungsfehlerlehre, JuS 2012, 126 ff.

Maurer, Hartmut; Waldhoff, Christian: Allgemeines Verwaltungsrecht, 20. Auflage 2020.

Melot de Beauregard, Paul: Unangemessene Vorstandsvergütung und ihre Rechtsfolgen, DB 2021, 2825 ff.

Mertens, Hans-Joachim: Vorstandsvergütung in börsennotierten Aktiengesellschaften – Bemerkungen zu § 87 Abs. 1 Satz 2 und 3 AktG, AG 2011, 57 ff.

Meyer, Elske: Vorstandsvergütung, 2013.

Mittwoch, Anne-Christin: Nachhaltigkeit und Unternehmensrecht, 2022.

Mock, Sebastian; Velte, Patrick: Nachhaltigkeit im (neuen) Deutschen Corporate Governance Kodex, AG 2022, 885 ff.

Muckel, Stefan; Ogorek, Markus: Öffentliches Baurecht, 4. Auflage 2020.

Mülbert, Peter O.: Shareholder Value aus rechtlicher Sicht, ZGR 1997, 129 ff.

Mülbert, Peter O.: Soziale Verantwortung von Unternehmen im Gesellschaftsrecht, AG 2009, 766 ff.

Murswiek, Dietrich: „Nachhaltigkeit" – Probleme der rechtlichen Umsetzung eines umweltpolitischen Leitbildes, NuR 2002, 641 ff.

Nikolay, Judith C.: Die neuen Vorschriften zur Vorstandsvergütung – Detaillierte Regelungen und offene Fragen, NJW 2009, 2640 ff.

Noack, Ulrich; Zetzsche, Dirk (Hrsg.): Kölner Kommentar zum Aktiengesetz. Band 7. §§ 76–94 AktG, 4. Auflage 2023 (zitiert als: KK-AktG/*Bearbeiter*).

Oehlrich, Marcus: Vorstands- und Aufsichtsratsvergütung im Lichte der Principal-Agent- und Kapitalmarkttheorie, NZG 2019, 1049 ff.

Pletke, Matthias; Schrader, Peter; Siebert, Jens; Thoms, Tina; Klagges, Rhea-Christina; Teubert, René: Rechtshandbuch Flexible Arbeit, 2. Auflage 2022.

Poelzig, Dörte: Rückforderung der variablen Vorstandsvergütung (Clawback) in börsennotierten Gesellschaften, NZG 2020, 41 ff.

Pufé, Iris: Nachhaltigkeit, 3. Auflage, 2017.

Raiser, Thomas: Das Unternehmensinteresse, in: Festschrift für Reimer Schmidt, 1976, S. 101 ff.

Raiser, Thomas; Veil, Rüdiger: Recht der Kapitalgesellschaften, 6. Auflage 2015 (zitiert als: *Raiser/Veil*, KapGesR).

Rathenau, Walther: Vom Aktienwesen – Eine geschäftliche Betrachtung, Berlin 1917.

Reichert, Jochem; Ott, Nicolas: Die Zuständigkeit von Vorstand und Aufsichtsrat zur Aufklärung von Non Compliance in der AG, NZG 2014, 241 ff.

Reuter, Dieter: Der Einfluß der Mitbestimmung auf das Gesellschafts- und Arbeitsrecht, AcP 179 (1979), 509 ff.

Rieckhoff, Helge: Vergütung des Vorstands mit langfristiger Anreizwirkung – Retrospektive vs. prospektive Bestimmung der mehrjährigen Bemessungsgrundlage, AG 2010, 617 ff.

Ringleb, Henrik-Michael; Kremer, Thomas; Lutter, Marcus; v. Werder, Axel: Kommentar zum Deutschen Corporate Governance Kodex, 5. Auflage 2014 (zitiert als RKLW/*Bearbeiter*, DCGK, 5. Auflage 2014).

Röttgen, Norbert; Kluge, Hans-Georg: Nachhaltigkeit bei Vorstandsvergütungen, NJW 2013, 900 ff.

Säcker, Franz Jürgen; Stenzel, Sonja: Das zivilrechtliche Schicksal von gegen § 87 Abs. 1 AktG verstoßenden Vergütungsvereinbarungen, JZ 2006, 1151 ff.

Schäfer, Carsten: Variable Vorstandsvergütung als unzulässiges Mittel der Einflussnahme des Aufsichtsrats auf die Unternehmensleitung?, in: Liber Amicorum Martin Winter, 2011, 557 ff.

Schilling, Wolfgang: Das Aktienunternehmen, ZHR 144 (1980), 136 ff.

Schlegelberger, Franz; Quassowski, Leo; Herbig, Gustav; Geßler, Ernst; Hefermehl, Wolfgang: Aktiengesetz, 1937.

Schmidt, Karsten; Lutter, Marcus (Hrsg.): Aktiengesetz. Kommentar, Band I (§§ 1–132 AktG) und II (§§ 133–410), 4. Auflage 2020 (zitiert als: K. Schmidt/Lutter/*Bearbeiter*).

Schubert, Claudia: Zur Begrenzung der Vergütung von Vorstandsmitgliedern, in: Festschrift für Christine Windbichler, 2020, S. 1065 ff.

Schubert, Claudia: Das Unternehmensinteresse – Maßstab für die Organwalter der Aktiengesellschaft, 2020.

Schubert, Werner; Hommelhoff, Peter (Hrsg.): Die Aktienrechtsreform am Ende der Weimarer Republik, 1987.

Schuster, Doris-Maria: Clawback-Klauseln – probates Mittel zukunftsgerechter Gestaltung von Bonus-Vereinbarungen?, in: Festschrift für Jobst-Hubertus Bauer, 2010, S. 973 ff.

Schüller, Anette M.: Vorstandsvergütung, 2002.

Seibert, Ulrich: Das VorstAG – Regelungen zur Angemessenheit der Vorstandsvergütung und zum Aufsichtsrat, WM 2009, 1489 ff.

Seibert, Ulrich: Das Gesetzgebungsverfahren und die politischen Verhandlungen zum Gesetz zur Angemessenheit der Vorstandsvergütung (VorstAG) vom Kabinettbeschluss bis zu seinem Inkrafttreten (März bis August 2009), in: Festschrift für Wulf Goette, 2011, S. 487 ff.

Seibt, Christoph H.: Corporate Reputation Management: Rechtsrahmen für

Geschäftsleiterhandeln, DB 2015, 171 ff.

Semler, Johannes: Mitverantwortung der Vorstandsmitglieder einer Aktiengesellschaft für die eigenen Vergütungen, Liber Amicorum Happ, 2006, 277 ff.

Seyfarth, Georg: Clawback-Vereinbarungen in Vorstandsverträgen – Teil II –, WM 2019, 569 ff.

Sieben, Peter: Was bedeutet Nachhaltigkeit als Rechtsbegriff?, NVwZ 2003, 1173 ff.

Simon, Oliver; Koschker, Maximilian: Vergütungssysteme auf dem Prüfstand – Neue aufsichtsrechtliche Anforderungen für Banken und Versicherungen, BB 2011, 120 ff.

Spindler, Gerald: Vorstandsgehälter auf dem Prüfstand – das Gesetz zur Angemessenheit der Vorstandsvergütung (VorstAG), NJOZ 2009, 3282 ff.

Spindler, Gerald: Rechtsfolgen einer unangemessenen Vorstandsvergütung, AG 2011, 725 ff.

Spindler, Gerald: Die Neuregelung der Vorstands- und Aufsichtsratsvergütung im ARUG II, AG 2020, 61 ff.

Stinglwagner, Gerhard; Haseder, Ilse; Erlbeck, Reinhold: Das Kosmos Wald & Forstlexikon, 5. Auflage 2016.

Suchan, Stefan; Winter, Stefan: Rechtliche und betriebswirtschaftliche Überlegungen zur Festsetzung angemessener Vorstandsbezüge nach Inkrafttreten des VorstAG, DB 2009, 2531 ff.

Thüsing, Gregor: Das Gesetz zur Angemessenheit der Vorstandsvergütung, AG 2009, 517 ff.

Thüsing, Gregor; Forst, Gerrit: Nachhaltigkeit als Zielvorgabe für die Vorstandsvergütung, GWR 2010, 515 ff.

Timmel, Jakob C.: Der Entwurf zum DCGK 2022 – Nachhaltigkeit im Fokus, ZRP 2022, 70 ff.

Tröger, Tobias: Anreizorientierte Vorstandsvergütung im faktischen Konzern, ZGR 2009, 447 ff.

Ulmer, Peter: Aktienrecht im Wandel, AcP 202 (2002), 143 ff.

Union Investment, Proxy Voting Policy, Stand: 31. März 2023, abrufbar unter https://cdn.dam.union-investment.de//522020_Proxy_Voting_Policy_2023_english.pdf (zuletzt abgerufen am 10. 08. 2023).

van Kann, Jürgen (Hrsg.): Vorstand der AG, 3. Auflage 2021 (zitiert als: van Kann/*Bearbeiter*, Vorstand der AG).

van Kann, Jürgen; Keiluweit, Anjela: Das neue Gesetz zur Angemessenheit der Vorstandsvergütung – Wichtige Reform oder viel Lärm um nichts?, DStR 2009, 1587 ff.

Velte, Patrick: „Nachhaltige" Vorstandsvergütung bei börsennotierten Aktiengesellschaften – Notwendige Einbeziehung von nichtfinanziellen Leistungsindikatoren?, NZG 2016, 294 ff.

Velte, Patrick: „Nachhaltige und langfristige" Vorstandsvergütung nach dem ARUG II – Erste Anmerkungen zur zwingenden Einbeziehung von Sozial- und Umweltaspekten nach § 87 I 2 AktG, NZG 2020, 12 ff.

Velte, Patrick: Regulierung der nachhaltigen Corporate Governance? – Eine kritische Würdigung unter Berücksichtigung des geplanten Finanzmarktintegritätsstärkungsgesetzes (FISG), NZG 2021, 3 ff.

Velte, Patrick: Nachhaltige Vergütungssysteme als Treiber der unternehmerischen Nachhaltigkeitsleistung? – Ein Beitrag zur EU-Sustainable Corporate Governance-Debatte vor dem Hintergrund empirischer Befunde, DStR 2022, 440 ff.

Vetter, Jochen: Geschäftsleiterpflichten zwischen Legalität und Legitimität, ZGR 2018, 338 ff.

von der Linden, Klaus: Deutscher Corporate Governance Kodex 2022 – Grüner, diverser, kleinteiliger, DStR 2022, 1765 ff.

von Schenck, Kersten: Fehlvorstellungen von einem Budgetrecht des Aufsichtsrats – Zugleich ein Beitrag zur Vertretungsbefugnis des Aufsichtsrats, in: Unternehmen, Kapitalmarkt, Finanzierung – Festschrift für Reinhard Marsch-Barner, 2018, S. 483 ff.

von Werder, Axel; Danilov, Kyrill; Schwarz, Pascal: Corporate Governance Report 2021: Akzeptanz und Anwendung des neuen Kodex, DB 2021, 2097 ff.

Wagner, Jens: Nachhaltige Unternehmensentwicklung als Ziel der Vorstandsvergütung – Eine Annäherung an den Nachhaltigkeitsbegriff in § 87 Abs. 1 AktG, AG 2010, 774 ff.

Wagner, Jens; Wittgens, Jonas: Corporate Governance als dauernde Reformanstrengung: Der Entwurf des Gesetzes zur Angemessenheit der Vorstandsvergütung, BB 2009, 906 ff.

Walden, Daniel: Corporate Social Responsibility: Rechte, Pflichten und Haftung von Vorstand und Aufsichtsrat, NZG 2020, 50 ff.

Warnke, Lina; Thomas, Nadja; Müller, Stefan: Von der freiwilligen zur verpflichtenden Nachhaltigkeitsberichterstattung im Rahmen der CSRD, DB 2023, 977 ff.

Waschbusch, Gerd; Kiszka, Sabrina; Schuster, Hannes; Biehl, Jonathan: Der vergütungsspezifische Nachhaltigkeitsbegriff in der Finanzbranche – Das regulatorische Verständnis im Wandel, BKR 2022, 374 ff.

Weller, Marc-Philippe; Fischer, Tim: ESG-Geschäftsleitungspflichten – Unternehmenstransformation zur Klimaneutralität, ZIP 2022, 2253 ff.

Wellerdt, Alexander: Europäische Entwicklungen zur Förderung einer nachhaltigen Unternehmenstätigkeit – Sustainable Corporate Governance, Sustainability Reporting, Sustainable Finance, NZG 2021, 1344 ff.

Wighardt, Nils Christian; Berger, Andreas: Angemessenheit von Vorstandsvergütungen und Beschränkung der steuerlichen Absetzbarkeit, NZG 2017, 1370 ff.

Wilsing, Hans-Ulrich; Paul, Carsten A.: Reaktionen der Praxis auf das Nachhaltigkeitsgebot des § 87 Abs. 1 Satz 2 AktG – Eine erste Zwischenbilanz, GWR 2010, 363 ff.

Wischmeyer, Thomas: Der „Wille des Gesetzgebers", JZ 2015, 957 ff.

Zitzewitz, Jens: Konzernrechtliche Probleme bei Stock Options, NZG 1999, 698 ff.

Zöllner, Wolfgang: Unternehmensinnenrecht: Gibt es das?, AG 2003, 2 ff.

Zöllner, Wolfgang; Noack, Ulrich: Kölner Kommentar zum Aktiengesetz. Band 2/2. §§ 95–117 AktG, 3. Auflage 2013, und Band 3/2. §§ 142–178 AktG, 3. Auflage 2015 (zitiert als: KK-AktG/*Bearbeiter*).

Rechtswissenschaftliche Forschung und Entwicklung

Herausgegeben von

Prof. Dr. jur. Michael Lehmann, Dipl.-Kfm.
Universität München

Band 858: Lorenz Fackler: **Nachhaltigkeit als gesetzliche Ausrichtungsvorgabe für die Vorstandsvergütung börsennotierter Unternehmen**
2024 · 264 Seiten · ISBN 978-3-8316-5046-0

Band 856: Paul Päfgen: **Forderungserlass (gegen Besserungsschein) und „qualifizierter" Rangrücktritt in der Handels- und Steuerbilanz von Kapitalgesellschaften**
2023 · 438 Seiten · ISBN 978-3-8316-5017-0

Band 855: Anna Caroline Rödiger: **Zum Umgang mit incidental findings in der neurowissenschaftlichen Forschung mit bildgebenden Verfahren**
2022 · 206 Seiten · ISBN 978-3-8316-4975-4

Band 854: Moritz Lochmann: **Bestimmtheitsgrundsatz und Strafgesetzgebung**
2022 · 340 Seiten · ISBN 978-3-8316-4962-4

Band 853: Caroline Rohling: **§ 33g GWB – Die Offenlegung von Beweismitteln im Kartellschadensersatzprozess**
2022 · 328 Seiten · ISBN 978-3-8316-4960-0

Band 852: Thomas Pallien: **Die Private Company Limited by Shares als Rechtsform für ausländische Direktinvestitionen in Indien** · Darstellung und Analyse der rechtlichen Rahmenbedingungen
2022 · 296 Seiten · ISBN 978-3-8316-4957-0

Band 851: Simon Untergruber: **Grenzen der Informationsfreiheit des Bürgers nach dem Informationsfreiheitsrecht im Polizeirecht**
2022 · 332 Seiten · ISBN 978-3-8316-4956-3

Band 850: Stephan Borries: **Kollektive Informationspflichten und das individuelle Informationsrecht des Kommanditisten** · Eine rechtsdogmatische Untersuchung aus Anlass der Reform des Personengesellschaftsrechts durch das MoPeG
2022 · 422 Seiten · ISBN 978-3-8316-4952-5

Band 849: Johannes Pfeiffer: **Das zwangsweise Entfernen eines Gesellschafters aus der GmbH** · Die Zwangseinziehung von Geschäftsanteilen sowie die statutarische Abtretungsverpflichtung und der Ausschluss ohne Satzungsregelung als Alternativen zur Zwangseinziehung
2022 · 244 Seiten · ISBN 978-3-8316-4863-4

Band 848: Philippe Bhering: **Grenzbeschlagnahme und Piraterie in Deutschland und Brasilien unter Berücksichtigung des Transits von Markenwaren**
2021 · 268 Seiten · ISBN 978-3-8316-4927-3

Band 847: Larinca Ritschl: **Die Reichweite der analogen Anwendung des § 47 Abs. 4 Satz 2 Alt. 1 GmbHG bei der Beteiligung eines GmbH-Gesellschafters an dem Vertragspartner der GmbH**
2021 · 232 Seiten · ISBN 978-3-8316-4921-1

Band 846: Konrad Hildebrand: **Der Schutz des Beschuldigten bei Medienauskünften von Staatsanwaltschaften im Ermittlungsverfahren**
2021 · 216 Seiten · ISBN 978-3-8316-4904-4

Band 845: Caroline Beyersdorf: **Mediale Öffentlichkeit als Strafzumessungskriterium** · Zugleich eine Untersuchung der empirischen und rechtlichen Befunde von Medienöffentlichkeit im Strafverfahren
2021 · 180 Seiten · ISBN 978-3-8316-4905-1

Band 844: Dominik Forstner: **Das US-amerikanische Tarifvertragsrecht aus der Perspektive der Luftfahrt**
2021 · 340 Seiten · ISBN 978-3-8316-4900-6

Band 843: Michael Richter: **Spielräume für die Landesgesetzgebung und sonstige Maßnahmen der Landes- und Kommunalpolitik im Kreislaufwirtschaftsrecht** · Gegenstände, Handlungsarenen und verfassungsrechtlicher Rahmen
2021 · 250 Seiten · ISBN 978-3-8316-4901-3

Band 842: Nanette von Tucher: **Der Mord an Kurt Eisner durch Anton Graf von Arco auf Valley**
2021 · 496 Seiten · ISBN 978-3-8316-4877-1

Band 841: Marcin Rodek: **Patente im Chemiebereich – Motor oder Bremse der Innovation?**
2021 · 372 Seiten · ISBN 978-3-8316-4867-2

Band 840: René Wünschmann: **Qualitätsmanagement in der akutstationären Versorgung von gesetzlich Krankenversicherten**
2020 · 222 Seiten · ISBN 978-3-8316-4829-0

Band 839: Dominik Angstwurm: **Kreativität vs. Urheberrecht im digitalen Bereich** · Chancen und Grenzen vorhandener Selbstregulierungsansätze
2019 · 290 Seiten · ISBN 978-3-8316-4808-5

Band 838: Karolina Vogel: **Die EUNAVFOR MED Operation Sophia zur Bekämpfung des Migrantenschmuggels auf Hoher See im Mittelmeer** · Eine rechtliche Einordnung auf drei Ebenen
2019 · 282 Seiten · ISBN 978-3-8316-4784-2

Band 837: Ines Marin: **Sonderverjährungstatbestände für Gewährleistungsrechte im Kauf- und Werkvertragsrecht** · Eine exemplarische Problemanalyse der Verjährung der Gewährleistungsrechte bei mangelhaften Photovoltaikanlagen unter besonderer Berücksichtigung der obergerichtlichen und höchstrichterlichen Rechtsprechung seit 2012
2019 · 538 Seiten · ISBN 978-3-8316-4779-8

Band 836: Chuan-Ching Liu: **Die hypothetische Einwilligung im Arztstrafrecht**
2019 · 314 Seiten · ISBN 978-3-8316-4772-9

Band 835: Stephanie Fay: **Die Novellierung des Sanktionensystems im Lauterkeitsrecht** · Entwicklungsperspektiven für ein einheitliches Verbraucherschutzniveau nach den Vorgaben der UGP-Richtlinie
2019 · 262 Seiten · ISBN 978-3-8316-4770-5

Band 834: Corinna Göggerle: **Fremdrechtsanwendung bei der Behandlung von EU/EWR-Auslandsgesellschaften sowie der Societas Europaea nach deutschem Strafrecht**
2019 · 260 Seiten · ISBN 978-3-8316-4765-1

Band 833: Raoul Müller: **Im Zweifel für den Fiskus** · Eine kritische Betrachtung des Umgangs der Strafverfolgungspraxis mit dem Straftatbestand der Steuerhinterziehung bei Umsatzsteuerkarussellen im Lichte des Bestimmtheitsgebots gemäß Art.103 Abs. 2 GG
2019 · 306 Seiten · ISBN 978-3-8316-4764-4

Band 832: Benedikt A. Groh: **Entwicklung eines Rechtsrahmens zum Betrieb ziviler unbemannter Fluggeräte** · Eine rechtsvergleichende Analyse des bestehenden nationalen Rechtsrahmens mit dem Rechtsrahmen der Vereinigten Staaten von Amerika
2019 · 218 Seiten · ISBN 978-3-8316-4763-7

Band 831: Enno Schley: **Das lauterkeitsrechtliche Trennungsgebot im Internet**
2018 · 236 Seiten · ISBN 978-3-8316-4753-8